新时代社会保障机制研究书系

中国农村留守
老年人护理
保障机制研究

ZHONGGUO NONGCUN LIUSHOU
LAONIANREN HULI
BAOZHANG JIZHI YANJIU

青秋蓉 著

西南财经大学出版社
Southwestern University of Finance & Economics Press
中国 · 成都

图书在版编目(CIP)数据

中国农村留守老年人护理保障机制研究/青秋蓉著.—成都:西南财经大学出版社,2021.9
ISBN 978-7-5504-4534-5

Ⅰ.①中… Ⅱ.①青… Ⅲ.①农村—老年人—护理—社会保障制度—研究—中国 Ⅳ.①D669.6

中国版本图书馆 CIP 数据核字(2020)第 169994 号

中国农村留守老年人护理保障机制研究
青秋蓉 著

责任编辑:乔雷
封面设计:何东琳设计工作室 张姗姗
责任印制:朱曼丽

出版发行	西南财经大学出版社(四川省成都市光华村街 55 号)
网　　址	http://cbs.swufe.edu.cn
电子邮件	bookcj@swufe.edu.cn
邮政编码	610074
电　　话	028-87353785
照　　排	四川胜翔数码印务设计有限公司
印　　刷	四川五洲彩印有限责任公司
成品尺寸	170mm×240mm
印　　张	16.5
字　　数	304 千字
版　　次	2021 年 9 月第 1 版
印　　次	2021 年 9 月第 1 次印刷
书　　号	ISBN 978-7-5504-4534-5
定　　价	78.00 元

序

农村留守老年人养老护理保障机制的完善，是构建农村老年人关爱服务体系的关键，事关留守老年人晚年幸福生活，事关乡村振兴，事关社会主义现代化建设的全局。尤其在社会转型持续深入和老龄化问题日益严竣的背景下，农村留守老年人养老护理问题，更是事关整个社会高质量发展和人民群众高品质生活建构。很高兴，青年学者青秋蓉能始终将自己的视野聚焦于农村留守老年人养老护理问题，并持之以恒地展开探索与研究。在我国社会主义现代化建设全面推进的开局之年，在中国共产党建党百年之际，她的专著《中国农村留守老年人护理保障机制研究》即将出版，并嘱我为之作序，十分欣慰，欣然应允。

十多年前，我初履职重庆师范大学之时，认识了当年求学于斯的青秋蓉。所谓青葱明媚，识于秋朗，所以我常亲切地唤她“青秋”。我所熟悉的青秋蓉，乡村于她，是生于斯长于斯的守望与期盼。她幼年奔跑于乡野，少年经事于乡间，成年求学立业于都市却不改其赤子情怀，始终对农村和农民有着难以割舍的深情。她熟悉农村，也深知农民的不易与艰辛，对那些步入暮年却无人照顾无人护理的留守老年人更是心心念念。近十年来，她致力于老年服务与管理的教学和研究，关注农村留守老年人的生活照料、心理护理问题，不断在城乡之间辗转求索解决之道。她认为，随着家庭结构的变迁及子女赡养的缺位，农村留守老年人的生活照料缺位和心理健康问题有日益凸显之弊。同时，留守老年人因地处偏僻农村，在交通便捷程度、医疗条件、饮食营养等方面都落后于城市，再加上子女远离自己，高流动性带来的时空冲突使农村留守老年人很难获得子女在生活方面的照顾及心理方面的支持。在失能、疾病、孤独等的摧残下，我国农村部分留守老年人面临严峻的生存性危机和精神性危机，这已严重威胁到了社会的良性发展，加大了社会风险。因此，深入研究和积极采取有效措施改善农村留守老年人的现状是当务之急。

基于此，青秋蓉从我国人口老龄化的现实背景出发，深入她所熟悉的农村中，深入研究农村留守老年人护理保障机制。她以重庆市农村为例，借鉴日本、英国、德国、澳大利亚等国老年人护理的典型模式、成功经验，提出了构建我国农村留守老年人护理保障机制的构想，对“健康中国”的实现实有助益。

农村留守老年人护理保障机制研究在今日之中国，已呈方兴未艾之势。农村留守老年人养老护理问题的解决，也需要仰赖多方之合力，且需持之以恒，久久为功。惟愿生于美丽中国之乡村的“青秋”能始终怀着赤子之心，行走在她所热爱的中国乡村，探索并见证中国美丽乡村的青葱繁荣之路。

此为序。

侯　玲

2021 年 5 月

目录

1 导论

1.1 研究背景

1.1.1 人口老龄化带来的严峻挑战

人口老龄化指的是随着人口出生率降低、人类寿命延长，社会总人口中的老年人越来越多，年轻人越来越少，全部人口中的老年人所占比例保持上涨趋势的现象。对于一个国家或地区来说，可以通过65岁以上人口在总人口中的比例是否达到7%来判断其是否进入老龄化社会；通过65岁以上人口在总人口中的比例是否达到14%来判断其是否进入深度老龄化社会；通过65岁以上人口在总人口中的比例是否达到21%来判断其是否进入超老龄化社会①。

人口老龄化的原因主要有两点：①出生率、生育率低；②人类寿命延长、死亡率降低。如果一个国家或地区处于高出生率、高死亡率的状态，整个社会人口的年龄结构呈正金字塔形状，则这个社会属于增长型社会。金字塔的塔底是婴幼儿所占的比例，塔顶是老年人所占的比例。相反，如果一个国家或地区处于低出生率、低死亡率的状态，整个社会人口的年龄结构呈倒金字塔形状，则这个社会属于缩减型社会，处于塔顶的老年人口所占比例高。目前，我国人口的年龄结构呈倒金字塔形状，人口金字塔类型见图1-1。

中国是全世界老年人口最多的国家。据统计，截至2017年年底，我国人口约为13.9亿，其中，60岁及以上老年人口约为2.41亿人，在总人口中占比17.3%。预计到2050年，我国老年人口将达到4.87亿人，在总人口中的占比上升为34.9%，将达到最高值。到那时，我国老年人口在全国总人口中的占比将达到66%。

---

①崔檬，王玉梅. 老年安宁疗护准入标准的研究进展［J］. 实用老年医学，2018（1）：23-25.

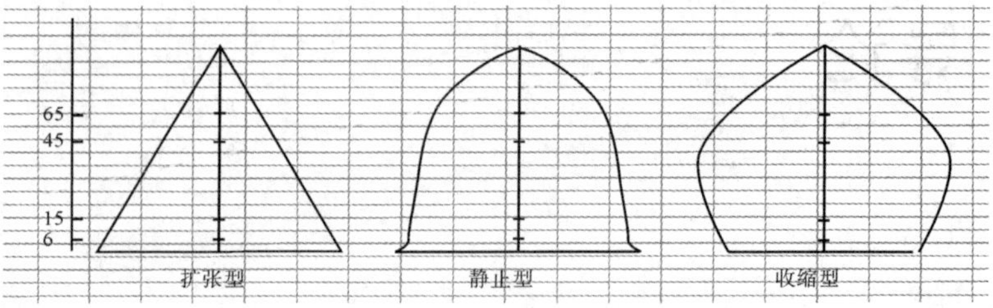

图 1-1　人口金字塔类型

截至 2019 年年底，我国有 2 亿多老年人，相当于印度尼西亚的全国总人口数，超过巴西、日本、俄罗斯等国家的总人口数①。与其他国家相比，我国的人口老龄化具有独特性，具体表现在 6 个方面：①“未富先老”是我国当前时期的重要国情；②养老保障体系尚未完善，传统的家庭养老功能却正在大大弱化；③人口红利和养老资源同时减少；④高龄化、失能化、空巢化老龄人口数量和比例都比较高；⑤我国老年人口基数大、增长速度快，尤其是未来 30 年，将处于递增状态；⑥随着人口流动的加快及子女进城务工的常态化，农村养老问题将更加严峻。未来，由人口老龄化带来的问题将更加凸显，这将与我国的城镇化、工业化、少子化、空巢化等现状相互叠加，与经济社会转型期的各种矛盾相互影响，对我国政治、经济、文化等将产生深远且复杂的影响。

1.1.2　农村留守老年人带来的现实压力

伴随着改革开放的推进，我国大量农村青壮年将老人、孩子留在农村，自己前往经济发达的城市务工。国家统计局数据显示：2019 年 1—3 季度全国农村外出务工人员数累计达 15 198 万。农村青壮年进城务工虽然促进了工业化和城市化的进程，但城乡分割的二元社会结构和户籍制度使得农村青壮年像候鸟一样在农村与城市之间迁徙。今天，部分新时代农民工可以在城市安居乐业，但农村的留守老年人，尤其是高龄留守老年人的数量仍然庞大。据全国老龄办数据②，截至 2015 年年底，我国约有农村老年人 1.24 亿，约占全国老年人口总数的 56%。其中，空巢、留守老年人约 5 000 万，失能、半失能老年人

①崔文香，杨丽慧，徐大成，等. 延边地区农村留守人口存在的健康问题及对策分析 [J]. 医学信息，2011 (1)：409-410.

②青秋蓉，肖建英. 中高职养老相关专业毕业生就业现状及发展趋势 [J]. 西部素质教育，2019 (20)：220-221.

约 2 240 万，低保老年人约 1 900 万，特困老年人约 443 万。这些留守老年人面临经济来源少、收入低、医疗资源缺乏、生活照护和心理护理缺乏等问题，如果这一群体的养老保障问题得不到切实解决，必然会对我国社会的发展产生很大的制约和阻碍。所以，深入研究和积极采取有效措施改善农村留守老年人的现状是当务之急。

1.1.3 政府高度重视农村留守老年人的养老问题

近年来，政府高度重视农村留守老人的养老问题，制定了一系列相关的法律法规。

2016 年 5 月，中共中央政治局就我国人口老龄化的形势和对策举行第三十二次集体学习。中共中央总书记习近平在主持学习时强调：要着力完善老龄政策制度，要制定农村留守老人关爱服务政策①。

2017 年 2 月，《“十三五”国家老龄事业发展和养老体系建设规划》明确指出②：城乡、区域老龄事业发展和养老体系建设不均衡问题突出，今后将加强农村养老服务，推动农村特困人员供养服务机构服务设施和服务质量达标，在保障农村特困人员集中供养需求的前提下，积极为低收入、高龄、独居、残疾、失能农村老年人提供养老服务。通过邻里互助、亲友相助、志愿服务等模式和举办农村幸福院、养老大院等方式，大力发展农村互助养老服务。发挥农村基层党组织、村委会、老年协会等组织的作用，积极培育为老服务社会组织，依托农村社区综合服务中心（站）、综合性文化服务中心、村卫生室、农家书屋、全民健身设施等，为留守、孤寡、独居、贫困、残疾等老年人提供丰富多彩的关爱服务。

2017 年 10 月，党的十九大报告提到③：积极应对人口老龄化，构建养老、孝老、敬老政策体系和社会环境，推进医养结合，加快老龄事业和产业发展。民政部社会救助司副司长王治坤称，我国作为农业大国，农村养老在整个养老事业中占有举足轻重的地位，可以说农村既是养老的重点也是养老的难点。

2017 年 11 月，重庆市第四届人民代表大会常务委员会第四十二次会议修

---

①中共中央政治局就我国人口老龄化的形势和对策举行第三十二次机体学习［EB/OL］.［2016-05-28］. http：//www.gov.cn/xinwen/2016-05/28/content_ 5077706.htm.

②国务院关于印发“十三五”国家老龄事业发展和养老体系建设规划的通知［EB/OL］.［2017-03-06］. http：//www.gov.cn/zhengce/content/2017-03/06/content_ 5173930.htm.

③习近平代表第十八届中央委员会向大会作报告［报告全文］［EB/OL］.［2017-10-18］. http：//www.12371.cn/special/19da/bg/.

订通过《重庆市老年人权益保障条例》。该条例第三十九条明确规定，居民委员会、村民委员会应当建立日常联系、巡访制度，及时了解老年人，特别是困难家庭和单独居住老年人的生活状况，并及时给予必要的帮助①。

2018年2月，民政部、公安部等9部门联合印发《关于加强农村留守老人关爱服务工作的意见》②，指出农村留守老年人问题是我国工业化、城镇化、市场化和经济社会发展的阶段性问题，是城乡发展不均衡、公共服务不均等、社会保障不完善等问题的深刻反映。农村留守老年人关爱服务是农村养老服务体系的重要组成部分。关爱服务体系的完善关乎广大农村留守老年人的晚年幸福生活，关系到脱贫攻坚目标的实现，关系到社会和谐稳定和全面建成小康社会大局。

2019年4月，《国民院办公厅关于推进养老服务发展的意见》明确指出："大力发展政府扶得起、村里办得起、农民用得上、服务可持续的农村幸福院等互助养老设施。""将补齐农村养老基础设施短板、提升特困人员供养服务设施（敬老院）建设标准纳入脱贫攻坚工作和乡村振兴战略。"③

1.1.4 研究农村留守老年人护理保障机制是民生所求

随着家庭结构的变迁及子女生活照护和心理护理的缺位，农村留守老年人的生活自理和心理健康问题越来越突出。留守老年人因生活在农村，在交通条件、医疗条件、饮食营养等方面都落后于城市，加上子女远离自己，其很难获得子女在生活方面的照顾及心理方面的支持。在身患疾病、心理支持缺位等情况下，中国部分农村留守老年人生活得非常艰难。为此，从马斯洛需要层次的角度出发，切实把问题研究和寻求解决问题的办法结合起来，把别人的经验与自己的实际结合起来，探索符合我国农村现状的护理保障机制，开创老年护理的新局面，这既是民生所求，也是关系到实现乡村振兴目标的大事。

---

①市四届人大常委会召开第四十二次会议［EB/OL］．［2018-01-15］．http：//www.ccpc.cq.cn/home/index/more/id/210624.html.

②民政部等9部门发布《关于加强农村留守老人关爱服务工作的意见》［EB/OL］．［2018-02-26］．http：//www.gdfp.gov.cn/fpyw/jdxw/201802/t20180226_927416.htm.

③国务院办公厅印发《关于推进养老服务发展的意见》［EB/OL］．［2019-04-16］．http：//www.xinhuanet.com/politics/2019-04/16/c_1124374451.htm.

1.2 研究意义

子女外出务工，家庭养老功能弱化，社会养老体系不完善，使得农村留守老年人的护理问题越来越突出，也带来了较大的社会负担。目前，农村留守老年人无人照、无人管的问题已经成为亟待解决的难题，对此进行研究具有重要意义。

1.2.1 理论意义

第一，拓展和深化护理研究的内容。老年人为社会做出了一生的贡献，帮助老年人安享晚年具有重要意义。从老年人的角度探讨生活照护、心理护理，并将它们作为护理的一个重要组成部分来研究，显得很有必要。老年护理是护理的一个重要分支，对此进行研究，将完善护理的理论研究。

第二，丰富和完善养老相关理论研究。养老服务是个浩大的工程，需要理论作为支撑，目前学界分别从不同角度对老龄化问题和养老问题进行了不同形式的调查和研究，但大多数学者侧重研究老龄化的经济效应、机构养老研究、养老保障制度等方面，对农村留守老年人护理的理论研究较少。本书对农村留守老年人的生活照护和心理护理从个体与群体方面开展了观察研究，有助于推动老年学的纵深研究，丰富和完善养老理论。

1.2.2 实践意义

第一，提高我国农村留守老年人的生活照护水平和生活质量。我国老年人口数量持续增加，但老年人整体健康状况并不理想。调查结果显示，我国没有重要脏器疾病的健康老年人仅占老年人总数的20%~25%。老年人患病率高是一个不争的事实，因病导致老年人失能或部分失能的现象较为普遍，这部分老年人需要不同程度的生活照护，但我国农村留守老年人的生活照护却因子女外出务工、经济收入低、社会保障体系不完善等得不到保障。为此，提升农村留守老年人的生活照护水平具有重要意义。

第二，提高我国农村留守老年人的心理健康水平。据了解，1999年年底，我国已经步入老龄化社会，对一个发展中国家中来说，可以算得上较早进入老龄化社会。随着我国城镇化进程的加快和经济的发展，大量农村老年人被迫留守在农村，他们的心理健康问题越来越突出。人民网的报道显示：相比其他年龄段人口，我国老年人口自杀率以及自杀死亡率都较高，这一现象在农村地区表现得更为明显①。《第四次中国城乡老年人生活状况抽样调查结果》指出，国内老年人精神慰藉服务有较大需求，但现实却是老年人得到的精神慰藉服务严重不足，导致很多老年人出现了精神问题。在全部老年人口中，空巢老人占比达 51.3%②。我国农村留守老年人在疾病、经济拮据、精神慰藉匮乏等的冲击下，心理健康问题越来越严重。我国农村留守老年人的精神和心理健康问题引发了一系列社会矛盾，日益引起社会广泛关注，为此，降低我国农村留守老年人自杀率，提升我国农村留守老年人的主观幸福感是非常有必要的。

第三，促进我国农村社会的和谐稳定。随着经济发展和城镇化进程的加速，农村的社会结构发生了巨大变化，大量留守老年人的养老问题引发了农村社会观念的冲突，这对我国农村社会的和谐稳定造成了巨大冲击。本书走访调研农村留守老年人的生活照护现状、心理护理现状，倾听老年人的诉求，分析造成我国农村留守老年人养老难的原因，在借鉴国内外好的做法的基础上，提出切实可行的农村留守老年人护理保障机制，为有关部门针对农村留守老年人制定相关政策，以保证他们老有所养、老有所依，真正带动农村和谐发展提供了借鉴。

1.3 理论基础

1.3.1 社会支持系统理论

1.3.1.1 社会支持的概念

自从人类出现了社会化生产之后，人和人之间的相互支持就开始出现。“支持”这一词对每一个人而言都比较熟悉。汇总学术界的现有研究成果可以发现，19 世纪末，法国社会学家迪尔凯姆围绕自杀展开了研究与分析，这是关于社会支持研究的最初形态。在迪尔凯姆看来，自杀率和社会关系有密切联系，从机械团结向有机围绕的过渡对加快社会整合有重要意义。随后，整个学术界便以社会支持网络这一层面为切入点，研究社会和个体之间的联系。20

①人民网．“痛”的领悟：农村老人自杀率升高背后的代际剥削［EB/OL］．http：POLITICS，PEOPLE．COM．CN/N/2014/1002/C70731-25774251．html

②颜宪源，东波．论农村老年弱势群体社会支持网络的建构［J］．学术交流，2010，6（6）：153-156.

世纪70年代，有学者在精神病学文献中引入了社会支持这一概念，在分析社会支持和身体健康关系的过程中，医学学者和社会学学者都采取了定量的方式，对其进行了大量的分析和探索。当时，他们基本都是从两个角度来分析社会支持。首先，功能角度。对于一个个体来说，他通过自身所拥有的社会关系来得到物质和精神层面的支持，这就是社会支持。其次，操作角度。社会支持就是一个个体所拥有的社会关系的量化表征。

社会在不断进步，社会支持这一概念也被引入了更多的学科领域，不同的学科从不同的角度对其进行分析。在研究的初级阶段，研究者们提出：统一、宽泛的社会关系和社会支持是相同的。对于人们而言，社会关系有利于他们解决日常生活中遇到的困难和问题。随着研究的不断深入，部分学者认为，社会支持和统一整体关系是不同的概念，这两者存在显著差异。如果社会关系不同，那么其提供的社会支持也不相同。例如有学者提出，社会支持涉及多方面的内容，比如分担责任、提供物质帮助以及应付情感压力等，所以，必须从以下3个角度来定义社会支持的含义：第一，自觉的社会支持；第二，社会环境；第三，行动化支持。20世纪80年代，我国学者开始对社会支持进行研究和探索。李强提出①，个体可以通社会联系获得社会支持。对于个体来说，得到社会支持之后，其心理应激反应会下降，紧张情绪会有所缓解，社会适应水平也会得到改善。丘海雄选取国有企业下岗职工作为研究对象展开分析②，指出社会支持其实是双向社会交换，不仅涉及家庭内供养，还涉及各种形式的非正式帮助③④⑤。不论使用哪种分类方式，大部分学者都赞同如下分类方法，即将社会支持划分成两种类型。第一，客观可见的支持。这种类型具有客观性的特征，不会因人的主观色彩而发生改变，比如婚姻、同事等。第二，主观感受支持。这种类型往往和个体的主观感受紧密联系，主要指的是在日常生活中个体获得的所在团体或组织的理解和尊重。

1.3.1.2 社会支持系统

最初阶段，社会支持理论的研究领域在心理学。现阶段，无论是我国还是

---

①李强，吕勇．社会支持与青年下岗职工心理健康［J］．青年研究，2001（7）：12-17.

②丘海雄，陈健民，任焰．社会支持结构的转变：从一元到多元［J］．社会学研究，1998（4）：23-29.

③栾伟，朱珠，朱冬平，等．城乡结合社区老年人健康促进生活方式与社会支持、自我效能感相关性研究［J］．上海交通大学学报（医学版），2020（1）：107-111.

④张迎红．构建农村留守老人家庭护理社会支持系统的探讨［J］．护理研究，2014，6：748-749.

⑤张邦辉，李为．农村留守老人心理需求的社会支持系统构建［J］．重庆大学学报（社会科学版），2018，24（1）：145-153.

其他国家，学术界对其的使用已经远远超出了之前的范围，其使用范围有所扩大，变成了为弱势群体提供物质和精神资源，确保他们渡过难关，并且能够得以生存的社会行为之和。这对于社会支持理论的发展具有非常重要的意义，使得该理论得到了广泛的认可和肯定。

作为一个多维系统，社会支持纷繁复杂，其主要内容涉及 3 个方面：第一，社会支持介体；第二，社会支持主体；第三，社会支持客体。主体的含义指的是社会支持的施者。不同学者对这一概念的理解也有所差异，通常情况下包括两方面，一方面是狭义的解释，另一方面是广义的解释。从前一个角度来看，社会支持主要指的是重要的他人，比如邻居、朋友等。从后一个角度来看，社会支持主要指的是不同的社会形态。比如国家，其对应的是国家支持；再比如企业，其对应的是经济领域的支持。在本书中，笔者主要使用广义层面的概念从多个角度来研究我国农村留守老年人的社会支持系统，包括邻居、政府以及子女等各个方面。社会支持客体的具体含义指的就是社会支持的受者。在学术界，对这一概念的解释具体划分成两派。其中一派指出，社会支持具有普遍性的特征，在我们生存的社会中，所有的人都是受者，社会支持必须囊括整个社会上需要得到支持的个体，同时也必须包括社会上需要提供帮助的个体。另外一派认为，社会支持具有选择性，并非普遍存在，其主要是针对社会弱势群体而言。在本书中，笔者使用的观点为社会支持客体是社会弱势群体。在我国农村地区，对于留守老年人来说，他们的身体状况较差，经济能力不足，又无法获得足够的关心和帮助，所以，他们应该获得社会的帮助和关注。社会支持的内容与手段全部归社会知识介体所有，正是通过这一介体成功地将社会支持的主体和客体联系到了一起。社会介体的性质是有所差异的，以此为切入点，把社会支持划分成 4 个类型，分别为信息支持、情感支持、工具性支持和友谊支持，农村留守老年人的需求属于社会支持的客体，它决定了社会支持的介体。

1.3.2 马斯洛需求层次理论

动机理论是马斯洛人格理论的核心内容，又叫需求层次理论。该理论最早可追溯到 20 世纪 40 年代中期，美国社会心理学家马斯洛认为，动机即需求。需求包括两种，第一种需求是先天的需求，在人类进化、演变的过程中，受本能支配的需求，如食物的需求、性的需求、排泄的需求，均为本能的需求；第二种需求是后天的需求，受人的社会性、后天环境和教育的影响，人类的接纳、尊重、归属等需求均为后天的需求。上述两类需求包含 5 个等级，分别是生理需求、安全需求、爱与归属需求、尊重需求、自我实现需求，即所谓马斯洛需求层次理论。该理论可以用金字塔来描述，处于金字塔顶端的个体，数量非常少。大部分生物都只能处于第一个等级——生理需求的水平；只有少部分动物才有第二个等级——安全的需要；更少的人和动物才能获得第三个等级——爱与归属需要；到了第四个等级——尊重的需要，只有少数人才能实现；而达到第五个等级——自我实现的需要的人只占总人数的1%左右。马斯洛需求层次理论见图1-2。

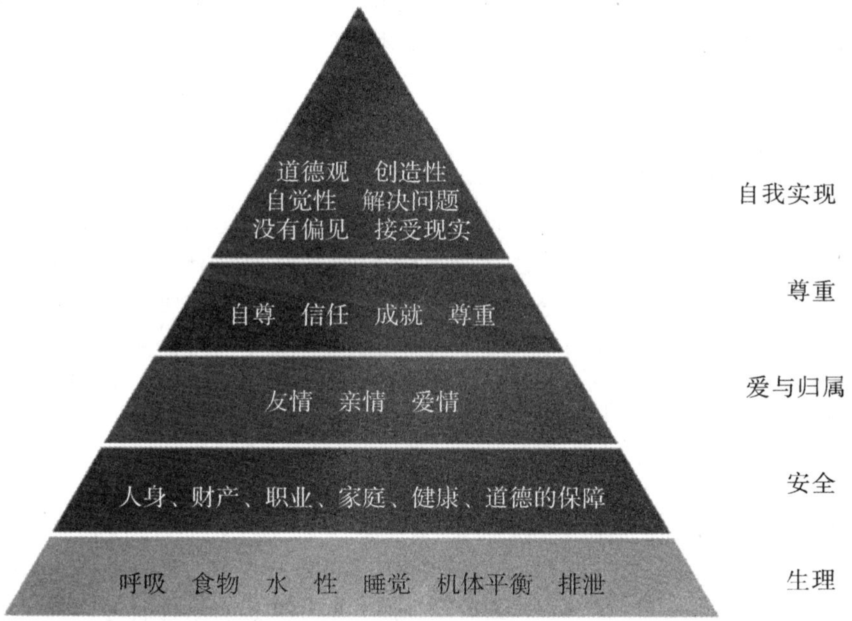

图1-2　马斯洛需求层次理论

马斯洛指出，任何一个完善的动机理论都存在前提基础假设，即个体可以被看作统一的、有组织的整体。人类的认知、行为、意志受到多个动机的驱使，不是单纯的某个动机作用的结果。换句话说，人是作为整体而不仅仅是部分受到动机的驱使，人的绝大多数欲望和冲动是互相关联的。这句话对饥渴、睡眠之类较基本的需要说来未必正确，但对爱情、事业之类复杂的需要来说，无疑是正确的。②要想充分理解人类动机，就必须着重研究结果，而不是研究达到这种目的的手段。因为不同文化背景中的人用来达到目的的手段也不同，但所有人最终的目的似乎都是若干始终不变的、遗传的、本能的需要。这些需求是人类真正的内在本质，是人类天性中固有的东西，这种内在的需要即使有其生物学基础，也很微弱，很容易被压抑、扭曲、忽略或永久地扼杀，人类再也不具有动物意义上的强大本能，学习、文化环境、恐惧等可以轻而易举地将它们埋没。

马斯洛需要层次中的基本需要是如何确定的呢？他说："如果我们仔细观察日常生活中的普通欲望，就会发现它们至少有一个重要特点，即它们通常是达到目的的手段而不是目的本身。我们需要钱，目的是买辆汽车。但买汽车并不是目的，这是因为邻居有汽车而我们不愿意低人一等，因此我们也需要一辆，这样就可以维护自尊心并得到别人的爱和尊重。"这样不断追溯下去，就会发现一些不能再追溯的需要，这些就是基本需要。

1.3.2.1 五种基本需要

1. 生理需要

这是人的需要中最基本、最强烈、最具有优势的一种，是对生存基本条件的需求。生理需要有很多，除了衣食住行外，还有各种感官快乐，如品尝、嗅闻、抚摸等。如果一个人的基本生理需要得不到满足，例如极度饥饿，那么，除了食物外，他对其他东西都毫无兴趣。另外，生理需要和高级需要不应该被当作互不相关的孤立现象来对待。一个饥饿的人，实际上很可能缺乏爱、安全感。生理需要对人的行为只限于生理需要没得到满足时才会有强有力的影响。

2. 安全需要

一旦生理需要得到了充分的满足，就会出现安全需要。安全需要表现为人们对秩序、稳定、工作与生活保障的需求，例如进行储蓄、保险。这一点可以在儿童身上清楚地观察到，例如儿童会对陌生环境感到害怕，失去父母或家庭环境不安定的儿童往往易受惊吓，缺乏安全感。成年人也有这种表现，如许多人宁愿继续做自己不情愿的工作，都不想换自己喜欢但没有把握的新工作，这是因为人们需要稳定的社会秩序来保持安全。

3. 爱与归属的需要

当生理和安全的需要得到满足时，对爱与归属的需要就出现了。对马斯洛来说，爱是一种人与人间健康的、亲热的关系，包括互相信赖。人们渴望在生活圈子里有一个位置，自己能属于某个团体或组织，此时，人们会把这个看得高于世界上任何别的东西，甚至会忘了当初他饥肠辘辘时认为爱是多么不切实际、多么不屑一顾。

马斯洛认为弗洛伊德把爱情简化为性欲是个极大的错误。他发现，爱的需要得不到满足就会抑制儿童成长。爱的需要受到挫折是心理失调的主要原因，爱就像盐或维生素一样不可缺少。现代社会中，由于工作繁忙、人口流动、家庭破裂等，人际关系逐渐疏远，因此，人们对爱、亲密、接触的需要更为迫切。

4. 尊重需要

归属和爱的需要的上一层次便是尊重需要。这类需要包括两个方面：自尊和来自他人的尊重。自尊包括对获得信心、能力、成就和自由等的愿望。另一方面要求来自他人的尊重。尊重需要包括这样一些概念：威信、承认、地位、名誉和赏识。马斯洛认为，最稳定、最健康的自尊是建立在当之无愧的来自他人的尊敬之上，而不是建立在外在的名气、声望以及浮夸的奉承之上。

5. 自我实现需要

自我实现需要位于需要层次之巅，是人类需要发展的高峰。健康的人满足了前面那些基本需要后，他们就会受到自我实现的愿望推动。所谓“自我实现”就是要求充分发挥个人的潜能和才能，对自身内在本性的更充分的把握和认可，是朝向个人自身统一、完整和协调的一种倾向。简而言之，就是一个人自我进步的愿望，是一种想要变得越来越像人的本来样子，实现人的全部潜能的欲望。

马斯洛指出，自我实现的特殊形式可以因人而异，自我实现需要并非必须在重大发明和艺术创造的形式下才能实现。学生、工人、保姆等只要尽自己能力，也可以达到自我实现。所以在五种需要层次中，自我实现这一层次中的个别差异是最为明显的。自我实现需要还包含一些与基本需要有关系的情感和愿望：求知和理解的欲望、审美的需要、创造美的需要等。

1.3.2.2 各需要层次之间的关系

基本需要一般呈现出前面所列出的那种顺序。一般来说，力量较强的低层次需要一经满足，力量较弱的高级需要就会出现。人的一种需要获得满足后，下一个更高层次的需要继而主宰这个人，其结果是他不断为各种需要烦扰。

马斯洛指出高级需要具有以下一些特点：

（1）高级需要是一种在进化上发展较晚的产物。越是高级的需要，就越为人类所特有。

（2）高级需要是个体发育过程较晚的产物。婴儿几个月才表现出对爱的需要，两岁后的幼儿才表现出对独立、自主、成就的需要，至于自我实现，甚至贝多芬式的人物也要等到三四十岁。

（3）越是高级的需要，对于维持纯粹的生存也就越不迫切，剥夺高级需要不像剥夺低级需要那样会引起疯狂的抵御和紧急的反应，其满足也就越能更长久地被推迟，这种需要也就越容易永远消失。

（4）生活在高级需要的水平上，意味着更大的生物效能、更长的寿命、更少的疾病、更好的睡眠和胃口等，简而言之，人更健康。

（5）从主观上讲，高级需要不像其他需要一样迫切，较不容易被觉察，容易因为暗示、模仿，或者错误的信念和习惯等而与其他需要混淆。

（6）如果人的低级需要和高级需要都得到满足，人们往往会认为高级需要的满足具有更大的价值，它们能令人产生更深刻的幸福感和精神生活的充实感。满足安全需要最多只产生一种如释重负的感觉，无论如何它们不能带来爱的满足那样的幸福感。

（7）高级需要的满足有更多的前提条件。人们通常认为高级需要具有重大的价值，他们愿意为高级需要的满足牺牲更多东西，而且更容易忍受低级需要的匮乏。对两种需要都满足的人，普遍认为高级需要更重要。

（8）需要的层次越高，爱的趋同范围就越广，其社会价值也就越大，自私成分就越少。

1.3.2.3　满足基本需要的先决条件

良好的环境条件有利于促进自我实现，自然、社会以及生理等方面的条件也能促进基本需要的满足，因为基本需要的满足是发展高级需要、完善人格和走向自我实现的必由之路。人类如果过去和现在都生活在良好的环境条件下，那么他们就可以保持“善”的本性，也就是通常所讲的符合伦理的、有道德的、正直的本性。那些发展高度完善的人，那些发展充分的人，由于良好的环境而表现出高级本性的人，从事任何事业都更加容易脱颖而出。

社会因素不可避免地会影响心理因素。这是因为基本需要的满足必须以人际关系以及更广泛的社会环境为基础。这意味着“良性社会”可以定义为“能够满足社会成员基本需要的社会”，就是那种能够为社会成员提供自我实现条件的社会。基本需要的性质虽然是人类的本能性质，但其在很大程度上是由遗传决定的，它与单纯的先天本能不同，很容易被后天的环境所压制、改变。

马斯洛一直意识到他的动机理论有不足之处，他的理论无法解释既然整个人类趋向于主动实现自己的能力，为什么有那么多人无法发挥他们的潜能？后来他引入了“挑战”（刺激）这一外部环境的附加前提条件，认为人都有点自相矛盾，既有惰性倾向，同时也有运动、发展的倾向。他解释道，这部分是由于生理的原因——人需要休息或恢复。但这同时也是人类另一种心理的反映：人需要聚集能量。可以在乔治·金斯利·齐普夫博士编著的《人类行为与最省力法则》一书中找到这一观点的科学证据。

1.3.3 社会交换与代际交换理论

社会交换是指一些人的自愿行为，这些人的行为动力是因为他们期望从别人那儿得到并且一般也确实从别人那儿得到了回报。美国社会学家彼得·布劳认为社会交换在某些方面与经济交换有着重要的区别。经济交换的基础在于契约，双方对交换所带来的责任与利益都做了明确的约定，而社会交换没有做具体规定的义务。由于无法保证别人会对某个恩惠做出适当的回报，因而社会交换要求信任别人会履行他们的义务，当别人回报这种恩惠时，会进一步增进双方的信任感。也就是说，社会交换取决于信任，又促进信任。尽管彼德·布劳强调社会交换是一种自愿行为，但服从其他形式的权力可以被看成是一种为换取这种服从所带来的利益而做出的自愿服务。比如，由于遵从内化标准不符合社会交换的定义，但对社会压力的遵从往往会产生间接交换，这涉及权力的合法化。亲代与子代之间所进行的社会交换，有着天然的信任基石，即血亲关系。倘若说父母生育了子女，建立了这样一种信任基础，那么父母对子女的不断付出，就逐步增强了子女对父母的感激与责任感。也就是说，父母辛苦养育子女的过程，加深了这样一种“长大了要回报父母”的责任感与使命感。在抚养赡养的过程中，中国传统社会代与代之间的交替活动就自然而然地完成了。但随着社会变革，内化的行为标准遭到了不同程度的破坏，传统的内化标准逐渐外显化。因而，由遵从内化标准所产生的间接交换，逐渐表现为亲代与子代之间的直接交换。

社会交换理论是社会学的经典理论，该理论的观点为：在社会交往中，个人的行为往往受到经济矛盾和物质利益的制约，这些行为都是互惠互利，可以看作是商品或者服务的交换。社会交换理论有两个重要的子理论：人际交换论和结构交换论。前者强调在两个人之间的双向交换关系中，个人维持一种对自己有益的人际关系，它的心理基础假设是人都能从过去发生的事情中获得经验，从而降低未来行动的风险。后者聚焦经济交换，将互惠与有限交换看作社会交换的本质特征，它的假设基础是人们愿意进行社会交换是因为自己能从这个交换过程中得到回报，如果得不到正向的反馈，人们会自动停止这种交换。

社会交换理论应用到家庭的代际关系分析中便发展出了代际交换理论。代际交换理论认为代际互相提供支持是为了从对方身上交换资源，以实现自身福利的最大化。家庭成员之间存在广泛的资源交换，涉及生活的方方面面，当然这些交换的前提是子代与亲代之间有提供回报的意愿和能力。法国心理学家伯恩海姆的研究表明，当亲代的财产增加时，父母与子女之间的联系也会增强。

美国社会学家考克斯进一步分析了父母在生前与子女之间的代际经济转移，认为家庭成员之间的经济转移有交换的动机。父母能得到子女支持是因为他们也能为子女提供支持，如照看孙子（女），做家务，减轻子女工作压力等。进一步分析，父母对子女教育上的培养、事业上的赞助、婚姻上的帮助等，都是一定的长期投资。关于代际交换还有不少学者提出了非常新颖和具有建设性的观点，如生命周期视角，认为老年人为了抵御晚年收入的骤降而在相对年轻的时候对子女提供经济上的帮助；信贷理论认为，将家庭环境设定为信用市场，现期收入低于预期收入的家庭成员可以获得其他家庭成员的经济帮助。另外，德国社会学家安德里尼认为，家庭内部间的转移支付不仅是为了交换，也存在一种温情效用在促使转移支付行为的发生。

1.4 相关概念界定

1.4.1 老年人

“老年人”是我们熟悉的词汇，可对“老年人”的界定，人们却有不同意见。有人认为退休的人就是老年人，也有人认为年龄大、眼睛花、腿脚不好使的人就是老年人。世界卫生组织对老年人做了明确的界定：60 岁及以上的人即为老年人，而部分发达国家对老年人的定义为 65 岁以上的人群。在我国古代，人均寿命较低，曾将 50 岁及以上的人定义为老年人。可以说，对老年人的界定与经济水平、人均寿命等息息相关。目前，国际上关于老年人的界定里，60 岁、65 岁的标准都在使用。1996 年颁布的《中华人民共和国老年人权益保障法》规定，60 周岁以及超过 60 岁的公民就是老年人。普遍来说，我国 60 岁以上的老年人，无论是新陈代谢还是抵抗力、生理机能等方面都开始逐步下降，逐渐失去劳动能力和自我照顾的能力，从而逐渐成为社会上的“弱势群体”，需要加以特殊的关怀和保护。

“老年人”年龄临界点随着社会发展而不断变化，不同时代、不同社会文化下对老年人年龄的认定有不同标准。这个年龄标准应包括两个方面：①人的生活过程的生理变化和社会变化特征；②人在社会生活中逐渐形成的社会过程以及社会关系影响，这是其社会化内涵。老年人的概念应该具有年龄标准数字化内容和年龄结构社会化内容的双重意义。本书认为年满 60 周岁的中华人民共和国公民都属于老年人。

1.4.2 农村留守老年人

近年来，随着改革开放和我国城镇化的发展，人口流动性持续加大，农村劳动力大量输入到城市，农村留守老年人的问题逐渐受到各界关注，“农村留守老年人”的概念在2002年首次出现。学者在最近20年时间里从多个研究角度对老年人展开研究，并取得了一些成果，但对农村留守老年人的研究还处于探索阶段，尤其是在对“农村留守老年人”的界定上，学者们仅仅是从自己的研究经验、研究领域、个人理解等方面进行界定，并没有达成共识。杜鹏等认为，农村留守老年人是指在包括老年人及其儿女组成的血缘家庭中，年龄超过60周岁、子女在外务工的农村人。周福林指出，60岁以上或者65岁农村老年人大多独自生活在农村，如果他们家中有外出务工人员，那么他们就被称为农村留守老年人。有学者考虑到子女外出务工长短对留守老年人的影响，为此，其在定义中明确了子女外出时间长短。贺聪等指出，子女与父母户籍在同一社区的家庭，如果子女每年外出务工时间超过6个月，则可以将老年人称为农村留守老年人。

本书结合我国农村留守老年人现有概念，并在访谈相关学者的基础上，将农村留守老年人定义为：居住在农村，年龄在60周岁以上，有健存的儿（女），因儿（女）在外务工等原因，一年中有9个月以上时间未能和儿（女）居住在一起的老年人。

1.4.3 心理护理

20世纪90年代，我国护理理念逐步从“配合医生完成治疗任务”转向“以病人为中心的整体护理”，这要求护士关注患者身心健康，心理护理正是在此时应运而生，并在临床护理中彰显出大作用。10多年来，心理护理在理论研究与临床实践中均取得了较大的成就。《中华护理学辞典》将心理护理定义为：护士在对病人进行护理的过程中，运用各种方法和途径对病人的心理活动开展积极的影响，以此协助病人调整到最佳心态。广义的心理护理是指护士通过各种方式、途径，用语言、行为影响病人，使病人的心理健康状况得到改善；狭义的心理护理是指护士运用心理学的原理、方法、技术，对病人进行心理咨询或心理治疗，使病人的心理健康状况得到改善。

现今，由于社会的发展，人们对心理护理有了更深的理解，心理护理的实施者已经不限于专业的护理人员、医务人员，也不限于具体的心理护理措施，医生、护士、配偶、亲人、朋友等都可以进行心理护理。心理护理的对象除了病人，还包括一切有心理困惑的人，甚至是心理健康的人。余运英等①认为，心理护理是针对护理对象的心理困惑、心理问题、心理需求，运用心理学的原理与方法，为护理对象提供心理支持，以提升护理对象的心理健康水平。

本书指出，心理健康主要指的是农村留守老年人自己的子女、亲朋好友以及邻居等对他们存在的心理问题有一定了解，并且可以通过各种方式和途径积极地给予留守老年人关心、关爱，并对其进行合理的疏导，以促成留守老年人心理健康，提高其适应社会的能力。

1.4.4 生活照护

《国家职业资格培训教程：养老护理员（基础知识）》明确指出：生活照护包括饮食照护、排泄照护、身体清洁照护、睡眠照护等。2018 年，哈尔滨市出台《养老机构老年人生活照护服务规范》，明确了养老机构老年人生活照护包括老年人晨起清洁服务、仪表清洁服务、洗浴照护服务、饮食照护服务、便溺照护服务、睡前照护服务和体位转移 7 大类 32 项基本内容。梳理学者们对生活照护的界定，可以看出，大多数学者认为：由于生活不能自理，日常生活受到影响的老年人，需要他人协助、照顾。

本书认为，生活照护是指为农村半失能、完全失能的留守老年人提供生活帮助的服务，如助餐、助浴、助洁、助医、助急等一系列照护的服务。

1.5 现有研究综述

1.5.1 国外同类课题的研究现状

目前，国外对留守老年人的研究没有区分其子女是国内迁移还是国外迁移，统一把留在原籍的老年人称为“left-behind”。西方发达国家拥有成熟的社会保障体系，老人有长期护理保险、退休金、养老金、养老保险等，同时，西方人不主张父母与子女住在一起，子女成年后就要独立生活，子女外出对留守老年人没有多大影响，为此，西方国家专门研究留守老年人心理护理的文献非常少，研究多是关于构建老年人社会服务体系，以更好地保障老年人生活。

对农村留守老年人研究较多的都是发展中国家和欠发达国家，主要原因还是这些国家社会福利体制不健全、地区发展不平衡、家庭养老为主要养老方

① 余运英. 老年心理护理［M］. 北京：机械工业出版社，2017：28.

式。其研究方向主要涉及经济供养、生活照护、感情需求、生活方式。墨西哥、泰国等发展中国家子女外出对老年人护理的影响是负面的，他们面临和我国一样的问题。这些国家的研究结果表明：由于子女离开农村，多数家庭由主干家庭、联合家庭变为夫妻家庭、独居家庭，子女与父母的空间距离、亲密关系也受到影响，子女外出是造成留守老年人无人照护的主要原因。

西方发达国家对老年人的生活照护包括两大类：市场供给和非市场供给。美国长期生活照护保险是美国健康保险市场上很重要的产品，可以满足老年人生活照护的需求。世界上最早开始实施长期照护项目的国家是德国，始于1995年，德国要求所有的医疗保险投保人都要参加长期照护项目。随后，西方各发达国家纷纷效仿，逐渐开始实施长期照护项目。目前，西方发达国家已经形成了比较完善的老年人护理制度。荷兰、加拿大、美国等国为民众提供了医疗保障，近年陆续出台了家庭护理相关的制度与法律，以保证民众护理资源的获得。加拿大将健康护理项目应用于家庭，由护理专业人员和家庭成员一起对老年人进行护理，护理专业人员负责指导工作和复杂的护理任务，家庭成员完成日常护理任务。在发展中国家，正式照护服务体系非常不完善，且正式照护多出现在人口集中的城市，落后的农村地区几乎没有，使得农村留守老年人在失去家庭照护的同时，很难获得正式的照护服务，老年人的生活照护面临着很大的挑战。

在心理护理方面，国外的文献涉及留守老年人心理状态和心理需求的研究较少，对留守老年人自杀等研究也较少。从已有的少量研究来看，学者普遍认为，子女外出会导致子女与父母的沟通交流减少，不利于留守老年人的心理健康。泰国的一项农村留守老年人研究显示，农村社会变迁对留守老年人造成的影响非常大，虽然子女外出可以改善家庭经济条件，对老年人物质供养水平有所提升，但能得到的情感支持却减少了，距离阻碍了儿女向父母表达感谢，父母常常感到被抛弃、孤独。海伦·米提尔德通过对29位有子女跨国外迁的印度农村老年人进行访谈后发现，子女迁移会直接影响老年人的心理状态。

1.5.2 国内同类课题的研究现状

20世纪80年代末，我国农村劳动力开始大规模地迁移到城市，这促进了工业化和城市化的进程，但城乡分割的二元经济社会结构和和户籍制度使得农村青壮年像候鸟一样在农村与城市之间来来往往，即使现在部分新时代农民工可以在城市安居乐业，但留守老年人，尤其是高龄留守老年人的数量仍然很庞大。20世纪90年代，学术界多是从经济学的角度来研究劳动力的转移，很少有学者关注外出务工对家庭的影响，对留守儿童的关注是在从 20 世纪 90 年代末才开始的。近十几年，学者开始关注留守老年人的经济来源、照护等方面，就护理而言，主要包括生活照护与心理护理两大类。

生活照护。中国人民大学老年学研究所的孙鹃娟等对留守老年人的生活照护的研究显示：首先，留守老年人因处于偏僻的农村，在饮食营养方面较城市差，健康状况不容乐观，子女远离自己，很难获得子女的照护。其次，留守老年人既要承担繁重的农活、家务劳动，还要承担照看孙辈的重任。最后，农村基层组织和邻居给留守老年人提供的照护帮助十分有限，村干部最多给家里条件不好的留守老年人发补助金，帮忙办理医保卡等，不会参与到留守老年人的日常生活照护中。山西财经大学的银平均等人认为，由于我国农村社会保障制度的缺失以及现有政策体系的不完善，大规模的劳动力迁移使得欠发达地区农村留守老年人的生存权利受到影响。

心理护理。2014 年华中科技大学中国乡村治理研究中心的一项调查显示，1980 年至今，农村老年人自杀率越来越高。个别地方农村老年人自嘲说自己有三个儿子：药儿子（喝农药），绳儿子（上吊），水儿子（投水）。武汉大学社会系的刘燕舞认为，农村老年人自杀率升高的背后是代际剥削的结果，加强干预，发展家庭养老是降低自杀率的必由之路。申秋红等学者认为，孤独是农村留守老年人面对的最大精神问题。由于子女外出，其与父母见面机会减少，主要的联系方式是电话，长期的代际分离使得两代人的观念差距拉大，大多数外出子女与父母沟通的话题都是留守儿童，如果没有留守儿童，外出子女与父母沟通的频率会更低。老年人很难找到精神寄托，无法享受过去大家庭的天伦之乐，精神世界空虚，心理上显得孤独无助。央视新闻 2014 年 9 月 21 日在报道中指出：我国阿尔茨海默病的患病人数在 800 万以上，65 岁以上的老年人患病率高达 6.6%。老年人抑郁症、焦虑症发病率高，但子女认知度低、感觉羞耻、不理解，也造成了留守老年人患病却得不到关爱，反而面临的是冷漠与指责。

中国人民大学老年学研究所所长杜鹏在第八届社会政策国际论坛上指出，从 65 岁以上的老年人口比例来看，人口老龄化最严重的地区不是北京、上海，而是四川、重庆等不发达的西部省市。同时，农村老龄化程度要高于城市，并且差距仍在拉大。这是因为不发达地区年轻人大量外流导致老龄化比例高。农村留守老年人居家养老缺乏子女的护理，社会养老体系不完善，无法满足其养老需求，农村老年人生活质量较差。重庆医科大学的韩飞飞等开展了重庆市农村老龄人口的生活质量现状调查，结果显示：重庆市农村老龄人口的生活质量不容乐观。

综上所述，农村留守老年人在生活照护与心理护理方面是非常缺乏的，但研究中，很多学者是利用文献资料或自己的主观感受在描述，真正深入农村留守老年人中做一线实证研究的很少，同时，20 世纪 80 年代末开始外出务工的农民即将或已经步入老年，对他们的护理与高龄老年人的护理肯定是有差异的，但尚未有研究涉及。

1.6 研究方法和研究思路

1.6.1 研究方法

1.6.1.1 文献研究法

文献研究法主要通过各大期刊网、政府出台的养老文件、每年的《中国老龄产业发展报告》、各大网站关于养老的新闻，分析我国农村留守老年人护理的研究现状，归纳和分析我国农村留守老年人护理中存在的现实问题及解决的途径与方法。

1.6.1.2 调查研究法

调查研究法主要通过问卷调查与访谈，调查重庆市农村留守老年人获得生活照护与心理护理的状况，归纳并分析目前重庆市农村留守老年人护理中存在的问题及解决的途径和方法。

1.6.1.3 历史描述与分析方法

历史描述与分析方法即对我国农村养老的历史发展过程进行描述，研究和总结当今我国农村留守老年人护理的问题及其中的历史原因。

1.6.1.4 比较研究法

比较研究法是通过比较借鉴国内外老年人护理模式的先进经验，针对我国农村留守老年人护理的现状、原因，得出有益的启示。

1.6.1.5 案例研究法

案例研究法主要是抽取重庆市主城区、区县若干农村留守老年人，研究他们的生存状态，通过分析他们护理的现状，从而更深入地了解农村留守老年人的护理现状。这也为编写农村留守老年人生活、心理护理手册奠定了基础。

1.6.2 研究思路

本书将从我国人口老龄化的现实背景出发，基于我国农村实际，研究我国农村留守老年人护理保障机制。首先，明晰研究意义，阐述该研究的理论基础，并对相关概念进行界定，提出切实可行的研究方法；其次，对我国农村留守老年人护理保障现状及发展趋势进行分析；再次，以重庆市农村为例，对农村留守老年人护理保障现状展开调查，分析影响农村留守老年人护理的原因；最后，通过借鉴日本、英国、德国、澳大利亚等国的农村养老模式，以及我国幸福养老院等典型的、成功的做法，结合我国农村实际，构建我国农村留守老年人护理保障机制。

2 中国农村留守老年人护理保障现状及发展趋势分析

2.1 中国人口老龄化的现状分析

为了解我国老年人口及其发展趋势，本书对国家统计局官网所公布的人口数据、中华人民共和国国家卫生健康委员会官网公布的历年人口数据和老年人健康数据，以及联合国官网上的各国老龄人口数据进行了分析。

2.1.1 老年人口总量

第五次人口普查资料显示①：2000 年，我国 65 岁及以上的人口占总人口的比例为 6.96%，这标志着中国迈入了人口老龄化社会。第六次人口普查资料显示：2010 年，我国 60 岁及以上人口占 13.26%，比 2000 年上升 2.93 个百分点，其中 65 岁及以上人口占 8.87%，比 2000 年上升 1.91 个百分点。我国居民的平均预期寿命已经达到 74.83 岁（女性 77.37 岁，男性 72.38 岁）。老年抚养比为 13.10%。总体看来，我国不仅老年人口总量大，而且占比也呈现加速增长的趋势。中华人民共和国成立以来我国人口构成的演变情况见表 2-1。

---

①周建芳，宗占红，舒星宇. 人口发展战略丛书：农村老年健康研究——家庭变迁视域［M］. 南京：南京大学出版社，2018：7-10.

表 2-1　中华人民共和国成立以来我国人口构成的演变情况

年份	总人口数/万人	0~14 岁/%	15~64 岁/%	65 岁及以上/%	老年人口数/万人	老年人口占总人口比例/%
1953 年	58 260	36. 28	59. 31	4. 41	4 154	7. 13
1964 年	69 458	40. 69	55. 75	3. 56	4 225	6. 08
1982 年	100 391	33. 59	61. 50	4. 91	7 664	7. 63
1990 年	113 368	27. 69	66. 74	5. 57	9 697	8. 55
2000 年	126 583	22. 89	70. 15	6. 96	12 998	10. 27
2010 年	133 972	16. 60	74. 53	8. 87	17 765	13. 26
2015 年	137 349	16. 52	73. 01	10. 47	22 182	16. 15

数据来源：根据第六次人口普查资料和国家统计局网站公布的数据整理得出

2. 1. 2　老年人口的地区分布

第六次人口普查资料显示①：除香港、台湾、澳门外，我国 31 个省（市、自治区）的常住人口中，65 岁以上老年人口比例最高的是重庆，为 11. 72%，其次是四川、江苏、辽宁、安徽和上海，比例均超过了 10. 0%。比例最低的是西藏，为 5. 09%。而青海、宁夏、新疆和广东的比例也同样低于 7. 0% 的人口老龄化分界点。除了这 5 个省（市、自治区）外，我国其他省（市、自治区）均已迈入了人口老龄化阶段。从绝对数量来看，山东、四川、江苏、河南和广东为前五位老年人口大省，西藏、青海、宁夏、海南和天津则为老年人口绝对数量最少的 5 个省（市、自治区）。

我国老年人口中，80 岁及以上的高龄老年人占 17. 65%，不到两成。江苏的高龄老年人所占比例最高，已经达到 25. 21%。而重庆、广西和江西的高龄老年人口比例也高一些，均在 20% 以上，说明这些省（市、自治区）的长寿老年人比例高于其他省（市、自治区）。

从老年人口的城乡分布看，我国生活在农村的老年人口多于生活在城市的老年人口。2010 年城镇老年人口为 0. 78 亿人，占城镇总人口的 11. 68%，60 岁及以上老年人口抚养比为 15. 74%；乡村老年人口为 0. 99 亿人，占乡村总人口的 14. 98%，60 岁及以上老年人口抚养比达 22. 75%，乡村老年人口的比率

①第六次人口普查资料［EB/OL］. http：// www. stats. gov. cn/ztjc/zdtjgz/zgrkpc/dlcrkpc/dlcrk-pczl/.

和老年抚养比比城镇分别高出3.30%和7.01%。2010年城镇80岁及以上的老年人口有0.09亿人，分别占城镇总人口和老年人口的1.35%和11.52%；乡村80岁及以上老年人口为0.12亿人，分别占乡村总人口和老年人口的1.80%和12.02%，高于城镇高龄老年人口比例。

2.1.3 老年人口性别比

性别比（性比例），是人口学上关于社会或国家男女人口数量的一种比率，基本上以每100位女性所对应的男性数目为计算标准。从第六次全国人口普查结果来看，我国总人口性别比为105.20。其中，65~80岁老年人口的男女数量接近，女性略多于男性，性别比为97.83；但80岁及以上的高龄老年人口，女性数量就远远超过了男性，性别比为71.81。

2.1.4 人口老龄化发展趋势

21世纪，我国平均每年净增65岁及以上人口约337.77万人。中国历年老年人口数量及比例见表2-2。由表2-2可以看出，自1982年第三次人口普查以来，我国历次普查得到的老年人口数量及比例都在逐步上升，老年人口不仅数量在快速增长，而且老年人口增长速度也超过了总人口的增长速度。

表2-2 中国历年老年人口数量及比例

年份	2015	2010	2005	2000	1995	1990	1987	1982
65岁及以上人口/万人	14 374	11 894	10 055	8 821	7 510	6 368	5 968	4 991
年末总人口/万人	137 349	134 091	130 756	126 743	121 121	114 333	109 300	101 654
老年人口比例/%	10.47	8.87	7.69	6.96	6.20	5.57	5.46	4.91

全国老龄工作委员会做过一项预测，并发布了《中国人口老龄化发展趋势预测》，该预测指出，进入21世纪，我国将全面步入老龄化社会，这种现象是不可逆转的。从2001年到2100年的发展状况来看，我国的人口老龄化趋势主要包括以下几个阶段。

第一阶段，快速老龄化阶段（2001—2020年）。该阶段，我国老年人人均年增长速度达到3.28%，实际每年增加人数可能达到596万。而我国总人口的年均增长速度大约只有0.66%，也就是说，老年人口增长速度比较快，老龄化现象非常突出。2020年，我国老年人口将达到2.481亿，老龄化水平达到

17.17%。年龄超过80岁的老年人数量将达到3 067万，在全部老年人口中占比达到12.37%。

第二阶段，加速老龄化阶段（2021—2050年）。从20世纪60至70年代开始到现在，我国第二次生育高峰人群开始步入了老年时期，老年人数不断上升，老年人年增长人数达到了620万。除此之外，因为总人口数量并没有出现大幅增长，所以，老龄化人口数量必然会越来越多。2023年，其总量可能会上升至2.7亿，和0~14岁总人口持平。发展到2050年，其总量可能会超过4亿。年龄超过80的人口在老年人口中所占的比例将达到21.78%，共计9 448万人。

第三阶段，重度老龄化阶段（2051—2100年）。预计到2051年，我国老年人口总数将会达到少年人口的2倍，共计4.37亿。这一时期，我国人口老龄化也将会一直维持在31%的水平。其中超过80岁的人口比例可能会达到25%~30%，老龄化水平进一步上升。

和其他国家进行对比，我国老龄化的主要特点表现在以下几个方面。

第一，老年人数量多。据统计，到2004年年底，我国60岁以及超过60岁的人口数量为1.43亿。10年后，也就是到了2014年年底，这一阶段的总人口已经达到了2亿，2026和2037年将会分别达到3亿和4亿，2051很可能达到峰值，并且长期保持在3亿~4亿的水平。根据联合国的公布数据，在全球范围内，老年人口总数排名第一的是中国，其总量在全世界所占的比重达到了20%。本世纪下半叶，中国的老年人口总数将排名世界第二，排名第一的为印度。

第二，老龄化飞速发展。就一个国家老年人口发展速度来看，在国家总人口中，超过65岁的老年人数所占比重从7%上升到14%，大部分发达国家用了45年的时间，瑞典和法国分别用了85年和130年，美国和澳大利亚用了79年，而我国用的时间只有27年。不仅如此，之后我国65岁以上老年人的数量还会不断上升。

第三，地区发展平衡性差。我国东部地区的老龄化最为明显，西部相对较低。我国最早步入老龄化行列的是上海，具体时间为1979年。最晚的地区是宁夏，具体时间是2012年。

第四，城乡倒置明显。就发达国家的发展特征来看，和农村进行对比，城市的老龄化水平往往更高，而我国正好相反。和城镇进行对比，我国农村的老龄化水平高出了1.24%，这种情况持续的时间非常久，大约会维持到2040年。本世纪后半叶，这种现象才会发生改变。

第五，在老年人口中，男性人数相对较少，女性人口相对较多。现阶段，我国男性人口比女性人口少464万人，到2040年时，男女人口数量差将会达到顶峰，大约为2 645万。本世纪下半叶，我国女性人口将比男性人口多出1 700万~1 900万。需要强调的是，在超过男性的女性人口中，年龄在80岁及以上的所占比例大约为50%~70%。

第六，老龄化比现代化更超前。大多数发达国家都是先富后老，或者富老同步。而我国却刚好相反，我国的经济并不是特别发达，但是我国已经步入老龄化，也就是典型的未富先老。从发达国家来看，通常情况下，在步入老龄化阶段时，人均国内生产总值一般都超过了5 000美元，但是，就我国的情况来看，现阶段，人均国内生产总值才刚好超过1 000美元，所以我国还无法有效地应对人口老龄化。

2.2 中国三种基本养老模式及发展趋势

2.2.1 中国三种基本养老模式

目前，养老模式主要包含三大类：第一，自我养老；第二，家庭养老；第三，社会养老。最后一种又可以具体细分为两种类型，一是社会机构养老，二是社区居家养老。距今为止，我国最基本的养老模式是社区居家养老、养老院养老以及家庭养老三种。家庭养老模式具有一定的历史原因，发展时间比较长。社区居家养老模式不仅仅具有家庭养老模式的特征，同时也兼顾社会养老模式。养老院养老模式属于一种社会化模式。

2.2.1.1 家庭养老

在我国社会传统中，最主要的养老模式就是家庭养老。根据民政部公布的《2017年社会服务发展统计公报》①，2011年，我国全部人口中，年龄超过60岁的老人占比达到13.7%，2017年，这一比例达到了17.3%。也就是说，我国老年人口的增长速度非常快。新中国成立后，我国的生育率比较高，死亡率也比较高，而现阶段，我国的生育率和死亡率都变得越来越低，最终结果就是人口年龄结构发生变化，老年人口越来越多。在我国的传统美德中，赡养老人是一个非常重要的组成部分，对于子女来说，赡养老人也是非常关键的责任。

①2017年社会服务发展统计公报［EB/OL］.［2018-08-02］. http://www.mca.gov.cn/article/sj/tjgb/.

近几年，我国经济发展获得了显著成效，综合实力不断上升，我国的养老方式也出现了巨大的转变，家庭养老的地位受到了一定的影响，养老模式也变得更加多元化。

传统社会，家庭养老这一模式受到了人们的高度重视。当代社会，因为多种原因的影响，家庭养老模式不再居于主导地位。自古以来，家庭养老模式在我国都发挥着非常重要的作用。对于这种模式而言，它的核心在于血亲价值，而对于血亲价值来说，其基础就在于血亲关系。我国传统社会中，这种模式之所以能够居于主导地位，一个关键的原因就在于血亲价值，加上当时经济和相关制度的影响，家庭养老模式的地位非常高。首先，传统社会中，该模式存在的一个重要原因在于宗族制度。因为在传统社会中，我国实施君主专制制度，家族内部也实行独特的宗族制度。宗族制度中，祭祀祖先、互帮互助等都是非常重要的内容，这些内容也影响着广大人民群众。在宗族制度下，随着多元化活动的开展，人民群众非常尊敬自己的祖先，也非常看重自己的家族利益，具有非常强大的家族凝聚力，这对于家庭养老模式的形成具有非常重要的意义。其次，在我国传统社会中，小农经济模式是人们赖以生存的重要前提，也是整个社会发展的重要保证，其给家庭养老提供了重要的资源。在农业生产中，如果遇到问题和挫折，通常情况下都是通过以前积累的经验和策略解决，所以，对于当代青年而言，学习和参考长辈们的经验和技能也具有非常重要的意义。在任何一个家庭里面，最有经验的当属老人，无论在生活上，还是在家庭生产中，他们的优势都相对更加突出，所以，他们在家中往往具有主导地位，他们得到年轻人的赡养也是理所应当的。最后，家庭养老的文化内涵体现在孝文化。在儒家文化中，孝文化是非常重要的组成部分，对于传统社会的养老文化而言，这也是最核心的部分。受传统因素的影响，我国人民非常关注孝这一道德。比如，“老吾老，以及人之老”“父母者，人之本也”等，这些都充分地体现了在伦理道德中，孝具有非常重要的意义，而这一伦理道德也给家庭养老模式的发展和延续提供了一定的保障。

当代社会，家庭养老服务功能变得越来越弱，社会上也产生了丰富多样的养老模式。新中国成立后，原来的家庭养老模式不再成为必需的模式，各种丰富的社会养老模式开始出现。首先，社会在不断地发展变化，家庭结构出现了改变，家庭规模也是如此，这一现象使得家庭养老服务功能变得越来越弱。特别是国家执行计划生育政策后，原来的传统大家庭数量大幅减少，小家庭开始成为主流。结合第六次全国人口普查的情况来看，就我国目前的城乡基本家庭结构而言，大部分家庭都是由两代人构成，这一部分所占的比例达到了

47.83%。只有18%的家庭由三代以上人构成，也就是说，家庭核心化特征越来越突出，小型化特点越来越明显。对家庭而言，这种现象产生的重要影响就在于家庭照料资源大幅度降低，和传统社会进行对比，在当代社会背景下，家庭养老服务功能的发挥难度更高。其次，经济体制发生了翻天覆地的变化，家庭养老面临着较高的难度。养老经济大多来自社会，我国实行市场经济制度，人们也为了过上更美好的生活，越来越多的农村人口涌入城市，流动人口数量越来越多，这也使得人们的生活方式发生了变化，老少分居的情况变得更加突出，这导致家庭照料难度越来越大。除此之外，国家实施养老保险制度，覆盖的人数也在不断上升，在企业和事业单位中，养老保险制度的普及率都有所增加，养老经济支持来源的社会化特征非常显著。最后，随着国家的开放程度不断加深，越来越多的西方文化涌入我国，给传统养老思维理念带来了一定的冲击。在以前，孝这一道德元素深入人心。但是，在当代社会，人民群众的尊老养老意识变得越来越弱。再加上我国国民的学历越来越高，视野越来越开阔，传统思维理念受到了严重的冲击和威胁，同时也影响了家庭养老模式。除此之外，养老需求也出现了一定的改变，养老模式越来越丰富，人们不再局限于传统的家庭养老模式，养老服务提供主体变得更加丰富多样①。

2.2.1.2 社会机构养老

社会机构养老主要指的是老年人去专业机构集中养老，这部分机构的资金主要来自国家资助、老人自助、亲人帮扶。目前，我国主要的养老机构有养老院、福利院、临终关怀医院、老年公寓、托老所等，尤其是近十年来，随着我国老龄化的加深及人们需求量的增加，养老院数量不断增长，这些机构为老人提供多样化的服务②。养老机构中有专门的全科医生，能够提供比较专业的、及时的医疗服务，这对健康状况不容乐观的老年人来说非常有必要。此种养老模式存在盈利的可能性在于，选择机构养老的老人和其子女都能接受并承认机构养老的优越性，老人有退休工资或者子女条件较好，老人进入养老机构以后，子女由于觉得疏于照顾比家庭养老情况下更愿意满足老人的需求。社会机构养老模式需要通过企业化运营的养老服务组织提供类似老年食品购买、老年服装采购、老人定期接送服务等服务内容和方式，以及满足老人及其子女的心愿，如开展临终关怀服务，与旅行社合作安排专场旅行活动等，从而实现提供

①龙玉其，刘莹．论立体式家庭养老服务支持体系的构建［J］．湖湘论坛，2020（1）：110-121.

②刁鹏飞，藏跃，李小永．机构养老的现状、问题及对策：以上海为例［J］．城市发展研究，2019（8）：98-103.

服务、满足需求和盈利的目的。

2.2.1.3 社区居家养老

社区居家养老主要指的是养老中心就在社区，老年人完全可以在自己家中享受到养老中心所提供的生活照料、精神慰藉、康复护理等服务。生活照护包括为老年人端茶倒水、买菜做饭、洗衣擦地、整理房间、身体清洁等服务；康复护理是指较为专业的医疗类服务，如慢性疾病康复、糖尿病老人血糖监测、用药指导；精神慰藉是指服务人员在了解老年人需求的基础上，倾听老年人的心理困惑，疏导老年人的不良情绪，陪老年人聊天，以消除其孤独。与机构养老相比，社区居家养具有以下优点：①可以满足老年人的恋家情结。受传统思想的影响，部分老年人不愿意离开自己熟悉的家去另外一个地方生活，社区居家养老正好可以满足这部分老年人的需求。②可以满足老年人的面子观念。"养儿防老"是中国人的传统观念，部分老年人认为去养老院是非常没有面子的事情，害怕被亲朋好友嘲笑。③可以满足老人自由的需求。有围墙的养老院与出入自由的家相比，封闭的管理更易造成老年人心理上的不舒服。与机构养老相比，社区居家养老服务也有其自身的缺点：①缺乏安全性。提供社区居家养老服务的工作人员并不是24小时在老年人家里为其服务，而是老年人有需要的时候才出现，在老人出现跌倒、昏迷等紧急情况时，服务人员可能无法及时发现。②目前，我国社区居家养老服务处于探索期，尚未发展成熟，尤其是在广大的农村地区，社区居家养老服务非常匮乏，为此，发展居家养老服务满足老年人的需求且老年人有能力购买其服务，这还有很长一段路要走。

面对我国人口基数大、老龄化严重的现实，不能将大量老年人送进养老院，耗费过多人力为其服务，大力发展居家养老服务，这是破解我国养老服务不足难题的新路子，也是综合考虑我国国情、文化传统、老年人需求后的必由之路。这种方式有助于更好地解决我国老年人生活问题，提高他们的生活质量，从而为实现社会和谐奠定良好基础。

近年来，全国各省（自治区、直辖市）因地制宜，纷纷探索适合自己地区的、本土化的社区居家养老模式，形成了各具特色的服务模式。

（1）政府主办，层级联动模式

我国中西部地区一些欠发达城市往往通过"政府主办、层级联动"的模式带动社区居家养老服务。该模式主要由区（县）、乡镇（街道）、村（社区）负责，运用行政强制力来推行，通过财政资金和自筹资金共同参与，在区（县）、乡镇（街道）、村（社区）等层面建立有一定规模、一定服务内容的居家养老服务站点，为本辖区的老年人提供养老服务。政府主管、行政推动与运作是该模式的主要特点。从区（县）到乡镇（街道），再到村（社区），均安排专门人员负责社区居家养老服务的管理工作，服务大多数是无偿和低偿。从成都市、银川市、哈尔滨市等地开展居家养老服务的情况来看，许多区（县）、乡镇（街道）、村（社区）采取的就是这种模式。如成都市金牛区建立的金牛区敬老服务中心，区人民政府划拨56亩（1亩≈667平方米）土地，吸纳民间资金200多万元。此外，成都积极推动各乡镇（街道）、村（社区）建立为老服务设施和场所，建立社区老年活动中心（站）138处，占地面积达到19 680平方米，将区敬老服务中心作为平台，在区、乡镇、社区建立三级居家养老组织管理机构。机构主要任务就是监督居家养老服务实施情况，并进行考核。再比如银川市的金凤区在社区居委会试点建立了39个居家养老服务站点，基本上也是采取政府和社区出资，民政部门主管，社区承办运作的方式提供服务。

（2）政府主导，中介组织运作模式

东部地区多采用“政府主导、中介组织运作”的模式。目前，最常用到的方式主要有两种：①公办（建）民营。该模式即政府作为主导，由政府出资建立居家养老基础服务设施，民间组织负责后续运营与管理，共同合作为老年人提供良好的居家养老服务。②政府资助民间组织创办社区居家养老服务。该模式中，民间组织需要承担建设养老服务设施与后期运营管理等多项工作。这两种方式中，政府均不提供服务，而是负责规划、指导、出资、设立运营标准、监督、评估等方面的工作。政府职能的转变吸引了很多中西部城市逐渐开始尝试在本地区推广这种模式。如重庆市人民政府办公厅于2019年印发了《重庆市社区居家养老服务全覆盖实施方案》，该方案提出，社区居家养老服务采取“政府主导、市场运作、社会参与”的保障格局，重庆市对各级养老服务设施建设给予一定补助。比如为每个街道养老服务中心补助200万元，为每个乡镇养老服务中心及其辖区内村级互助养老点补助100万元，为每个社区养老服务站补助20万元，建成的养老服务中心原则上交给养老机构运营，采取共建民营和民办公助的方式，政府落实规划布局、规范设施建设，并在运营能力、服务质量、医养结合、人才队伍等方面做了要求，在组织领导、资金保障、政策扶持等方面均给予保障。

（3）政府资助，机构主办，连锁经营模式

我国养老服务相对专业化、科学化以及人性化的地区，大多都采取政府资助、机构主办的连锁经营模式。社区居家养老同机构养老二者有相同之处，后者可以为前者提供服务。有些地区由政府与社区共同出资，以委托或者资助的方式让养老机构建立社区居家养老点，主要承担居家养老服务基础设施建设以及后期维护运营管理工作。这种模式就是所谓的连锁经营模式，利用这种模式可以为所在辖区内老年人提供居家养老服务。比如前些年，牡丹江市就借助民政部实施“星光计划”的资助资金，加上地方政府配套和社区自筹资金，委托牡丹江市社会福利院在西安区的海浪小区、东安区的林机小区、阳明区的鸿峰小区和东大小区建立了 4 处社区居家养老服务机构，不仅设置了 60 张短期的住养床位，而且开设了老年人活动中心和上门包护等多项服务内容，借助院舍服务长期训练养成的规范化管理、程序化运作、专业化服务的一套做法，使居家养老服务的专业化水平很快得到了提升。天津市有些社区和北京市西城区的月坛街道，依托天津鹤童养老院这所专业化的养老机构设立了连锁经营管理的社区居家养老服务机构和站点，把专业为老服务的知识和技能运用到社区居家养老服务中，也取得了很好的效果，受到广大老年人的普遍欢迎。

（4）政府购买服务，公司承办，市场运营模式

在市场经济较发达，观念较成熟的城市普遍采取政府购买服务、企业承办、市场运营的模式。与前面三种模式不同，在该模式中，政府不修建居家养老服务机构、设施，而是政府出资，采用购买服务的方式，为社区内部分特定老年人购买养老服务，这些老人包括军烈属老人、低保家庭老人、建档立卡贫困户家庭老人、五保老人以及其他类经济困难的老人。这些承办社区居家养老服务的公司负责设施修建，养老护理人员雇用、管理，并按照规定为特定老年人提供各种养老服务。比如在浙江省温州市、重庆市等地的一些社区，就生长出了许多专门从事居家养老服务的公司，如重庆老来乐居家养老服务股份有限公司，服务内容涵盖：信息服务、保健康复（理疗）、健康管理、文化娱乐、精神慰藉、家政服务、代购代送、日间托老等全方位的亲情化养老服务。北京市西城区在开展居家养老服务中也孵化出了一个“红黄蓝”家政服务公司，为居家老年人提供多种服务。还有哈尔滨市的普瑞家庭服务公司、康乐老年养老公司、金桥劳务、社康服务公司等，都在政府购买服务的推动下成了社区居家养老服务市场的生力军。

针对“政府资助，机构主办，连锁经营”模式中的连锁经营，盈利的可能性较大，连锁经营的养老机构站点要进行规范化管理、程序化运作、专业化服务，就必须有一支专业服务队伍，通过收取加盟费和服务主体队伍专业培训费，与医疗康复器械公司合作开发老年康复器械，与老年营养和食品开发公司合作并推广的方式进行，也可以在基于老人需求的基础上开发老人精神服务产品服务，如旅游产品、文化艺术产品，以及在实现老有所为，帮助有作为的老

年人实现人生价值的过程中实现盈利。

养老服务行业是对社会影响很大的公共服务行业，能否准确把握国家政策导向也是养老服务企业面临的重大挑战之一。从中央层面来看，政府鼓励培育养老服务产业已成为定局，但从地方执行层面来看，政府尚未确定与企业的合作模式和扶植方法。各养老服务业可利用这一时机，主动建立与各地方政府的紧密联系，深刻理解政府意图，参与到行业规范的制定当中。同时，充分利用政府资源，与政府建立互惠互利的双赢合作关系，以成功的案例获得政府信任，从而为未来的大规模合作打下坚实基础。

目前，各级政府与各大养老服务机构，主要是结合实际情况根据市场惯例，按照健康状况将老年客户细分为自理型、介助型和介护型三类。大多数政府或社会办福利性质养老院主要面向低收入老年人群体，提供最基本的养老服务，如数人合住的居住空间、基本的照看和护理功能、普通的娱乐设施等。而民间资本和保险资金投入的养老服务产业则大多面向具有一定消费能力的中高端老年人群，少数项目甚至仅针对高净值人群提供全方位的豪华服务。目前社会养老服务更加注重以下三方面的关键要素：

一是居住条件。根据老年人的喜好、年龄特点等提供符合其心意的居住条件。大多数老年人喜欢拥有私密空间且有家庭氛围的居住环境，不喜欢酒店式、医院式的居住环境。同时，希望选择距离子女居住地或工作地近的社区，方便子女经常来看望自己。

二是医疗和护理能力。老年人的患病率远高于其他年龄段人群，老年人非常看重便捷、专业的医疗和护理服务。为此，社区居家养老服务中，建立医疗设施是非常有必要的，对于暂时没有能力建立医疗设施的社区居家养老服务中心来说，可以借助社区卫生服务院、就近的医院等，建立合作关系，聘请相关医生定期为社区老年人服务，并为社区老年人开通就业“绿色通道”。

三是其他增值服务和设施。快节奏、高流动性的社会使子女陪伴老年人的时间减少，老年人的社会参与水平降低，孤独感随之而来，为此，考虑老年人的精神慰藉需要是非常有必要的。教老年人使用电脑、智能手机，提供娱乐设备、健康设备，组织老年广场舞等社交活动，多和老年人聊天，嘘寒问暖，从而让老年人的精神文化生活更加丰富。

2.2.2 中国养老服务模式优劣及发展趋势分析

目前，我国主要的三种养老模式分别为家庭养老、社区居家养老以及社会机构养老。其中，家庭养老有几千年历史，发展至今，依然是最主要的模式。

作为社会化养老的社会机构养老，是对传统家庭养老的有力补充，对失能、半失能却又无人照顾的老年人起着至关重要的照护作用。社区居家养老是最近几年兴起的，是建立在家庭养老与社会机构养老两种模式基础上的。不同的模式有自己的优势，但也有缺点。随着我国老龄化的加快，三种养老模式逐渐表现出不同的发展特征。

2.2.2.1 家庭养老模式的优劣及变化趋势

在我国，家庭养老模式已经传承了几千年，该模式具有非常独特的社会功能，同时也具备非常独特的伦理价值，该模式的生命力非常强大，直到目前，在大部分城市，很多老年人还是采取这种模式。从社会层面来看，这种模式下的社会经济成本几乎是不存在的，而且也能确保家人给老人尽孝，让老人享受天伦之乐。但是，该模式也存在一些缺点，在家庭养老中，老人往往无法得到仔细谨慎的照顾，而且无法得到科学的医疗保障。再加上国家产业化进程越来越快，城市化人口越来越多，“421”家庭在整个社会中占据核心地位，人们的生活压力越来越大，生活节奏不断加快，生活成本不断上升，养老压力越来越大。在这样的社会背景下，传统模式根本无法真正发挥功能，所以，传统家庭养老模式的地位受到了一定的威胁和冲击。

由于多方因素限制，城市家庭养老虽未彻底消失，但其功能却越来越弱。对于老年人来说，家庭在他们的心中仍然具有至关重要的地位，家庭也是他们得到位置的重要源泉。所以，在国内的大部分城市中，人们往往会选择家庭养老模式。对于该模式而言，其问题并不在于是否坚持这种模式，而是怎样才能够采取社区社会化养老服务，进一步将其功能完善，并且将其作用发挥出来，推动这种模式的转换，逐步实施机构养老和社区居家养老。

2.2.2.2 社会机构养老模式的优劣及变化趋势

就社会机构养老模式而言，其关键特点体现在集中养老方面，该模式也具有显著的优势，照料更加专业，而且还有完善的医疗护理；居住环境更加适宜；拥有大量的休闲时间；老人们在一起生活，有利于缓解他们的精神压力，同时还有利于降低子女的负担，甚至能够让老人的精神需求得到满足。但是该模式也有不足之处，老人要在新的环境下和他人共同生活，需要和新认识的人建立人际关系，很可能和别人出现冲突或分歧，养老成本也更高，无法及时获得家人的安慰。从社会发展这一层面而言，家庭养老模式过于传统，适合生产力较低的社会状况。社会养老模式具有一定的保障，比如医疗保险、养老保险等，这种模式更加符合当代社会的发展需求，所以，逐步摒弃传统的家庭养老模式，实施社会养老也是社会发展的必然趋势。

如今，在大多数人眼中，未来养老模式将朝着老年公寓、养老院等社区机构方向发展。然而，就我国发展现状来看，在当前的社会背景下，老年公寓以及养老院等社区机构养老的主要问题体现为以下几点。

第一，社会成本过高。如果实施这种模式，必须在整个社会中建立养老院和老年公寓等，与此同时，还要配备必不可少的硬件设施，比如就餐设施、居住设施等，这些都需要较高的成本。除此之外，还要具备专业化养护团队，这都会导致城市建设压力更大，社会资源负担更高。

第二，现有的资源浪费。老人之前有自己的居所，也有自己的生活设施。如果选择养老院，那么以前的所有东西都会被闲置，同时，养老院还要花费一笔巨资来建设日常所需，比如水电资源等，从而导致大量资源被浪费。

第三，养老院的收费整体偏高。对大部分家庭来说，可能还无法承受如此高的费用。如果老年人口不断增多，养老院也无法容纳。

第四，目前，大部分老人都不愿意住进养老院。因为如果住进养老院，他们就会离开自己之前的居所，到达一个新的环境后，他们还要接纳新的人，融入新的集体等，这些都会让他们感到失落，造成情绪低下。在部分养老院中，能活动的老人可能需要和那些痴呆或者患其他疾病的人共同居住，这会让他们感到非常压抑。从子女的角度来说，将老人放在养老院能够降低他们的养老压力。但是，老人自己却并不愿意住养老院，所以，现阶段，部分养老院床位入住率较低。

2.2.2.3 社区居家养老模式的优劣及变化趋势

社区居家养老模式是顺应时代，满足社会需求的产物。这种模式是通过在社区建立养老服务中心，最大化整合社区现有服务资源，聘请专门服务人员，为居家老年人提供各种服务，比如精神慰藉、康复护理①。社区居家养老让老年人在熟悉的环境里生活，保留了传统的家庭养老的形式，又能得到家庭以外的便利服务，满足老年人照护和心理需求，兼有家庭养老和社会机构养老的优点，是一种较为理想的养老模式。其优越之处主要有：

一是社区居家养老成本低。社区居家养老不需要像养老机构那样投入大量经费在基建上，占地面积相对较少，改造社区现有的房屋即可成为社区养老服务中心。

二是社区居家养老让原有资源得到充分利用。老年人的饮食起居均在家里或社区完成，老年人家里的物资可以继续利用，仅仅是将养老服务放在了社

① 石琤. 居家养老概念辨析、热点议题与研究趋势［J］. 社会保障研究，2018（5）：56-63.

区，成为“家庭养老院”。

三是社区居家养老费用相对较低。相比社会机构养老，这种养老模式的价格比较低，而且老年人完全可以结合自身需求选择合适的项目。通常情况下，社区养老服务中心能够提供的服务内容以及形式相对比较灵活。比如，经济实力不错、自理能力相对较差的老年人可以选择多个项目；而经济实力薄弱、自理能力相对较强的老年人可以少选择几个项目。

四是社区居家养老有助于老年人获得更多的资源。老年人不需要离开自己的家，在熟悉的环境中就能享受到养老服务，老年人就不会有陌生感，不需要适应养老院的环境和作息习惯，同时，还可以更多地获得子女、亲朋好友、邻居等的关心，生活质量更高。

总之，作为有效节约社会资源、减轻家庭负担的社区居家养老，以投资少、收费少、服务广满足了数量庞大的老年群体个性化、专业化养老的需求，让老年人在家门口就能享受到便捷、优质的服务，深受老年人及其家人的欢迎，是很有发展前途的养老模式。对中外养老模式积累的经验分析，发现大多数老年人会首先选择家庭养老和社区居家养老两种模式。

综上所述，“未富先老”的特殊国情给我们带来了严峻的挑战，在扑面而来的“银色浪潮”前，我们要清楚地知道，现在我们已经进入了老龄化社会，并在未来很长一段时间都将处于老龄化社会，所以，我们不得不结合实际国情，摸索出一条多元化的养老道路，真正建立起“居家为基础、社区为依托、机构为支撑”的全方位养老服务体系。鼓励社会资本投资运营为老服务，实行投资主体多元化，按照明确政策指引、加大政府扶持、鼓励社会参与的原则，从宏观的政策、政府到微观的企业、个人都参与到养老服务中来，使更多的资金、人才进入养老服务中。

2.2.3 中国养老服务发展的趋势

当前，中国养老服务发展已经呈现出四大趋势：

趋势之一：规模适度小型化的养老机构更加受到老年人欢迎。随着人们生活水平的提高和对养老品质的要求越来越高，专业化、个性化、人性化、品牌化、连锁化、小型化的养老机构更受青睐。从多国养老服务发展的经验来看，规模太大的养老机构在经营管理、宜居舒适等方面都不如小型的养老机构，所以，并不是养老机构大、床位多、吸纳的老年人多就好，小型化的养老机构更受老年人青睐。

从全球看，日本是全球老龄化程度最深的国家，其规模最大养老机构的床位是800张，欧美国家养老社区的床位一般也在200张左右。从国内看，上海目前正在建设“迷你型”养老院，这种迷你养老院床位规模在10~50张，单床面积在18平方米以上，总建筑面积在300平方米以上。杭州重点发展小型连锁养老机构，支持各区建设拥有床位10~50张的微型养老机构。

趋势之二：机构、居家与社区养老服务一体化①。这种趋势是指养老机构植根于社区，不但为入住机构养老的老年人提供服务，而且也为周边居家养老和社区养老的老年人提供服务；对社区照料中心的养老设施进行打造升级，增设养老床位，使其在为本社区老年人提供居家养老和社区养老的基础上，具有机构养老的功能。

上海市充分利用社区的“碎片化”资源，建设“迷你型”养老院，采取小区“嵌入式”设置，主要服务对象是有自理能力、对护理要求不高、离家很近的老年人；杭州市根据日本和我国台湾地区的经验和老年人的实际需求，针对远离市区的大型养老机构并不受老年人欢迎、入住率较低的现状，大力发展社区连锁养老机构，鼓励养老机构利用专业优势，将服务延伸到社区。同时，杭州市也重点提升和完善社区照料中心的运营管理，让有条件的照料中心设立起日托和全托的床位，实现照料中心的实体化运营，并实施照料中心的分级运营，将照料中心打造成综合性的街道养老服务平台。

趋势之三：“医养结合”型养老机构更受欢迎②③。随着身体机能的衰退，部分老年人患有疾病，生活无法自理。缺乏专业照护技术的子女、配偶、保姆等都不能对其进行医疗照护，再加上大多数老年人都非常重视医疗保健，“医”与“养”结合呼之欲出。医养结合，顾名思义就是将医疗和养老融合在一起。这种模式通过最大限度地整合医疗与养老两种资源，从而为老年人提供更优质的服务，不仅解决老年人养老问题，而且能够满足他们养老过程中的医疗需求，彻底改善了老年人的生活质量。

2014年，北京市出台了《关于进一步推进本市养老机构和养老照料中心建设工作的通知》，要求北京市各养老机构和养老照料中心要多措并举，利用好周边医疗资源，多形式、多途径开展好医养结合，满足老年人的医疗照护需

①杨宜勇，韩鑫彤．提高我国养老质量的国际经验及政策建议［J］．经济与管理评论，2020（1）：5-14．

②肖晓华，黄卓敏．医养结合养老机构服务绩效评价指标体系的构建［J］．中国全科医学，2019（26）：3233-3237．

③ 阳程文，侯保疆．养老机构开展“医养结合”的阻碍及对策研究：基于对广州的实地调查［J］．当代经济管理，2019（4）：66-71．

求。养老机构以及照料中心如果条件允许，可以设置自己的医疗机构，比如康复医院、护理院等。如果条件不允许，可以尝试同周围其他医疗机构建立合作关系，双方签署合作协议，建立应急绿色通道，以满足老年人的医疗需求。

重庆市支持养老机构和养老照料中心申办医疗机构，只要符合要求，养老院中可设置医务室、门诊部，甚至是医院；支持医疗机构积极参与养老服务，支持医疗机构申办养老院，同时要求全市二级以上的医院必须设置老年病科，方便老年人就诊；积极鼓励养老院同医院展开合作，共同推出相关业务；加大社区卫生服务机构同社区养老服务站的合作力度，真正实现社区医养融合。

趋势之四：投资运营模式日趋多元化。随着养老服务业发展环境的改善，社会资本投入积极性显著提高，养老服务投资运营模式不断创新，日趋多元化。

一是“OT”和“BOT”模式。我国台湾地区通过政府部门新建养老设施、民间负责组织经营，几年以后设施归还政府的方式，形成了公建民营的“OT”模式。此外，我国台湾地区还通过政府提供建设用地，民间建设养老设施，然后民间经营一段时间后，养老机构再交还给政府的方式，形成了“BOT”模式。

二是外资投资养老院模式。美国最大的养老集团 Emeritus Senior Living 及美国知名的养老及医疗投资商 Columbia Pacific Management Co（CPM）共同创建了上海凯健国际，致力于中国养老产业的开拓。为每一位老人提供专业化、个性化、人性化的医疗、护理、康复服务。凯健国际作为中国首家外资老年康复护理机构，以上海市及长三角地区为中心，辐射全国。

三是民办公助模式。天津市根据一定的标准，分别对政府和社会力量新建或购买并形成产权的养老机构、改扩建等新增养老机构床位的，给予每张床位不同标准的一次性建设补贴。

四是众筹模式。哈尔滨市紫丁香爱心圆梦联盟会的45位爱心企业家通过民办合伙的众筹方式建起“爱心养老院”——紫丁香养老院，主要收住空巢、失独、军烈属老人。

五是政府购买养老服务模式。为解决特困群体的养老问题，石家庄市出台政府购买社区居家养老服务的政策，对“三无”老人、低保领取老人、社会孤老、重度失能老人和90周岁及以上高龄老人，分别按照每月不同的标准给予服务补助。

六是养老委托服务模式。济南市养老服务中心建成后，紧密结合自身实际，积极探索养老运营模式，确定了委托社会专业机构特别是有实力的医疗卫生机构进行运营的“委托服务”模式。

2.3 中国农村留守老年人的特征

2.3.1 生活照料缺失

从1978年开始实行的改革开放深刻改变了我国，尤其是加速了我国城镇化进程，越来越多的年轻人迫于生计来到城市务工，将儿童和老年人留在了农村，农村代际分居现象普遍，农村留守老年人家庭所占比例逐年升高。在经济落后、交通不发达的农村，部分高龄、多病，甚至是无法自我照顾的留守老年人不仅得不到照顾，还需要竭尽所能地干农活、家务，甚至是照顾孙辈。事实上，农村留守老年人比城市老年人更需要生活照料。

2.3.2 心理护理匮乏

农村留守老年人文化生活匮乏，很多留守老年人是“白天看太阳，晚上数星星，天天没盼头”。老人们期待着和子女多交流，但被互联网抛弃的农村留守老年人大多不会用微信，部分70岁以上的留守老年人甚至不会打电话，只会接电话。为此，子女主动打电话给父母是留守老年人与子女沟通的主要方式，但子女打电话给父母的次数并不多，即使打电话，基本上都是谈论留守在家的孩子或别的事情，子女很少向父母表达牵挂、爱、思念等。子女外出打工赚钱养家，留守老人们只有选择孤独。留守老年人长期缺乏精神慰藉与关爱，承担风险能力弱，害怕孤独，容易心灰意冷等，会导致一系列心理、生理疾病，直接影响健康和生活质量。留守老年人特别渴望与人交流，希望得到年轻人尤其是子女的关心与关怀。

2.3.3 故土观念重

农村留守老年人比城镇老年人更重故土，有的留守老年人本可以到城市与孩子同住，但他们不愿意离开故土，依然守着农村的家。与城镇老年人一样，农村留守老年人目睹了我国这些年来日新月异的变化，经历了改革开放、信息化发展，但是，农村留守老年人“落叶归根”“金窝银窝不如自己的草窝”“在家千日好，出门一日难”“养儿防老”等观念仍然严重，这和我国几千年来沿袭的家庭养老模式有关，养老作为传统社会里家庭的重要职能之一，为老年人提供了物质支持、生活照护、精神慰藉。为此，在家里养老是许多农村留守老年人的首选。

2.3.4 支付能力低

我国绝大多数农村留守老年人没有退休金，农村留守老年人最主要的经济来源有三类：①由社会养老保险、独生子女费、低保等构成的政府补助性收入；②子女的赡养费；③老年人依靠务农获得的收入。这三类经济来源都极为有限，很多农村留守老年人月平均收入不足500元。而农村留守老年人的支出主要用于三方面：日常生活用品、看病买药、份子钱。大多数农村留守老年人日常生活用品仅限于最基本的生活用品，以“便宜”为前提的零食，农村市场上大量山寨食品的销售主体是老年人，这些食品成为老年人健康的“隐形杀手”；对于医疗方面的消费，农村留守老年人大多是“小病拖、大病扛、重病等死”；份子钱成为我国很多地区农村留守老年人的庞大开支，结婚、生孩子、老人去世、乔迁之喜等，名目繁多，越送越多的份子钱压得老年人喘不过气，在老年人固有的观念里，面子、尊严是非常重要的，所以，为了面子和尊严，不管怎么节约，份子钱一定要送。

农村老年人劳动能力弱，经济来源主要靠子女的赡养费，养老服务支付能力低，对养老服务的购买能力处于最低层次，不到迫不得已，他们都坚持着自我照护，或者配偶照护，实在不行，部分老年人只能由子女返乡照护，或者送进廉价的养老院。一方面，与城镇居民相比，农村居民的收入更低。从国家统计局公布的调查结果来看，以2018年为例，我国城镇居民人均可支配收入为39 251元，农村居民人均可支配收入为14 617元，城镇居民人均可支配收入远远高于农村居民人均可支配收入。农村居民收入低且不稳定，用于老年人养老支出的费用就更少了。另一方面，农村老年人和城镇老年人的养老金标准也有很大差别。尽管国家在制定城乡养老金标准时是按照统一的原则进行的，但城镇退休老年人的养老金远远高于农村老年人，目前，农村老年人基本养老保险标准较低，用养老金的费用支付养老服务是远远不够的。而且，农村老年人的柴米油盐酱醋茶及人情往来、就医等的开支就已经非常多了，再加上老年人危机意识比较强，他们会将省吃俭用的钱存起来，以备急需。为此，除了子女富裕的家庭，农村老年人很难有多余的钱用来购买养老服务。

2.3.5 高龄、丧偶老年人比例较高

在我国农村，70岁及以上的留守老年人所占比例较高。这是因为伴随着我国近几十年城镇化进程的加速，很多年轻人进入城市工作、生活，孩子也随

父母来到城市，部分60~70岁的老年人，尤其是女性老年人需要跟随子女进城照顾孙辈，而高龄老年人因为帮忙照顾孙辈吃力、乡土观念重、不愿意离开熟悉的故土等原因，留守在农村的较多。

随着老年人年龄的增长，夫妻其中一个总会先于另外一个去世，剩下的一个即为丧偶老年人。丧偶留守老年人在农村非常普遍，他们与有偶老年人相比，在生活照料和精神慰藉方面收获更少，子女的外出对丧偶留守老年人的负面影响会更大。

2.3.6 面临各种疾病困扰

与其他群体相比，老年群体更易患各种疾病，尤其是慢性疾病，身体状况逐渐下降，听力、视力、肢体等机能逐渐衰退，再加上绝大多数农村老年人一生都与土地为友，一直从事繁重的农业劳动，身体严重透支，导致农村老年人更容易患病。然而，对于经济不富裕、勤俭节约的农村留守老年人来说，将钱花在医疗上是极其不舍的。很多留守老年人小病靠拖，大病就找附近的新农合定点医院输液治疗，在他们的观念里，输液可以治愈一切疾病，当输液也无效的时候，只有拖到子女回家带着去县城的医院看病，但大多数子女都是每年春节回一次家，所以，很多留守老年人长期靠止痛药和消炎药来缓解疾病带来的疼痛。在广大农村地区，医养结合、康养结合还有很长一段路要走。

2.4 中国农村留守老年人生活照护现状分析

通常情况下，老年人年龄越大，自理能力越弱，慢慢地会离不开他人的照顾。农村留守老年人却面临着匮乏的生活照护现状。为此，建立健全农村留守老年人护理保障机制对于现阶段的农村来说是一件迫在眉睫且意义重大的事情。接下来，本书将从家庭照护、机构照护、社区照护三种养老模式来分析农村留守老年人生活照护的现状。

2.4.1 家庭照护

传统的养老模式即为家庭养老，父母将孩子抚养成人，待到父母老了，子女赡养父母，双向循环的反哺式养老延续了几千年。

几千年来，我国老年人最主要的养老模式是家庭照护。家庭照护以土地、集中居住为基础，以中华传统孝文化为核心，承担着我国一代又一代农村人的养老任务。在家庭照护模式中，老年人与儿子居住在一起，如果没有儿子就和女儿居住在一起，或者与配偶居住。时代的变迁让农村养老倾向于多元化，但“养儿防老”、家庭养老的观念根深蒂固，人们将自己的精力、金钱全部倾注到子女身上，老了就盼着孩子给自己养老，希望能够和子女住在一起。《中国城乡老年人口状况追踪调查》指出，2006 年，城市与农村老年人愿意与子女生活在一起的比例分别为 36.2%和 53.3%。到 2010 年，城市和农村这一数值分别为 38.8%和 53.6%。

可以看出，一方面，农村老年人比城市老年人更愿意和子女共同居住，这与老年人的观念及经济基础等都有关系。另一方面，从 2006 年到 2010 年，城乡老年人与子女居住的意愿相对稳定，没有明显变化，这也进一步说明，老年人更愿意接受家庭照护的养老模式，家庭照护将在相当长的一段时间内保持养老模式的主导地位。

从农村留守老年人家庭照护的提供者来看，传统的农村家庭生活照护模式是老年人与子女居住在一起，由配偶和儿子、儿媳提供生活照料，而现代社会中，子女外出务工，家庭照护主体呈现多元化，照护服务的提供者为配偶、孙子女、兄弟姐妹、父母等其他亲属，甚至朋友、邻居都有可能成为照护服务的提供者。但是，最主要的照护主体依然还是配偶，特别是配偶在照护模式中的角色相对稳定，农村老年人的首选照护者一般都是配偶，这是因为配偶提供照护不仅是义务性的，其中更是包含了强烈的情感支持和精神慰藉。但是配偶照护也存在局限性，即配偶一般年龄较大，在长期照护中的作用将随着年龄的增长而弱化。当老年人丧偶或者其配偶自身的健康状况不适合继续提供照护时，其他人则会承担起主要照护者的角色，或者留守老年人将处于无人照护状态。

然而，在老龄化、城镇化、人口流动量大以及市场经济高速发展的复杂背景下，家庭照护模式受到了越来越多的挑战，家庭照护在解决农村留守老年人照护问题方面的功能也受到严重的削弱，主要体现在以下两个方面：

第一，农村大量青壮年劳动力向城市迁移，特别是夫妻一起迁移的情况越来越多，留下年老的父母独自在家，他们在自养的同时往往还需要照顾孙辈。子女长期在外务工，无暇照顾父母，仅仅提供有限的经济支持，在这样的家庭中，家庭养老简单地等同于物质养老，有的甚至连经济支持都不提供。国家统计局发布的《2018 年国民经济和社会发展统计公报》显示，截至 2018 年年底，全国农民工总量为 28 836 万人，比 2017 年增长 0.6%。其中，外出农民工 17 266万人，增长 0.5%；本地农民工 11 570 万人，增长 0.9%。成年子女离开农村，进入城市务工，老年人可能获得的经济供养更多，但面对繁重的家务劳动和农业劳作，同时还要照顾孙辈，实际上是加重了老年人的负担，削弱了老年人的生活照护能力。

第二，家庭照护逐渐无法满足留守老年人的多重照护需求。家庭照护之所以是留守老年人最理想的照护模式，是因为处于熟悉的环境中，留守老年人有更多的安全感，同时家庭照护能够满足留守老年人在生活照料、精神慰藉等方面的需求。然而，很多留守老年人虽然仍接受家庭的照护，质量却很低，也难以获得应有的精神慰藉，主要原因在于：留守老年人家庭照护的主要提供者为配偶，配偶每天要忙于烦琐的农活，使得照顾留守老年人的时间大量减少，尤其在白天，留守老年人的日常照护严重缺位；同时，大部分家庭对老年人的照护仅仅局限于生理上的照料，精神慰藉极度缺乏，老年人的孤独感越来越强。

2.4.2 机构照护

养老机构为入住老人提供生活照料服务也是我国比较传统的一种养老模式，该模式大致兴起于20世纪50年代后期，政府在城市兴办社会福利院，收养城市中的“三无”老人，农村则兴建敬老院，集中供养“五保”老人。20世纪80年代中后期，我国开始进行“社会福利社会化”的改革。1999年12月，民政部颁布《社会福利机构管理暂行办法》，将社会福利事业逐渐从政府举办转向社会，自此养老机构的收养对象从过去的“三无”老人和“五保”老人，逐步转变为社会全体老人，同时养老机构的种类、服务内容也更加丰富。现有的《老年人社会福利机构基本规范》规定：“现阶段我国的养老机构主要包括社会福利院、养老院或老人院、老年公寓、护老院、护养院、敬老院、托老所、老年服务中心。”随着社会的发展和观念的转变，养老机构照护模式已经被越来越多的老年人认可和接受，它可以大大减轻子女的照料负担，把他们从繁重的家务劳动和照护服务中解放出来，对于老年人来说，在养老照护机构能够得到更加全面、专业的照护服务，而老年人聚在一起聊天、解闷，也能得到很大程度的精神慰藉。因此，不管对于子女还是老年人本身，机构照护对于解决老年人的照护问题都发挥着重要的作用。

《2018年国民经济和社会发展统计公报》指出，截至2018年年底，全国共有各类提供住宿的社会服务机构3.3万个，其中养老服务机构3.0万个，社会服务床位782.4万张，其中养老服务床位746.3万张，社区服务中心2.7万个，社区服务站14.5万个；从老年人入住养老机构的实际需求来看，据中国老龄科学研究中心的调查，我国失能老人愿意入住养老机构的比例为16.6%，但在广大农村，大多数留守老年人宁愿在家无人照护或接受低质量的家庭照护，也不愿意前往机构接受照护。原因主要有：

第一，传统观念的阻碍。在农村，养老院起初是收养“三无老人”的，只有无儿无女的老人才会进养老院，因此，一直以来，老年人进养老机构养老则子女会被认为不孝，不愿赡养老人。所以，不仅老年人自己会觉得“丢脸”，连其子女也会因为怕被人贴上“不孝”的标签而不同意老人进养老院。在这样的传统观念的阻碍下，我国的养老机构，尤其是农村的养老机构一直没有得到长足的发展。因此，家是留守老年人认为最安全、最好的归属。

第二，农村养老机构提供的照护服务严重缺失。由于老年人长期照护服务，特别是照护失能老人的成本较高，风险也很大，因此，并非所有的养老机构都提供老年人的照护服务。2018 年版《全国城乡失能老年人状况研究》指出：“城镇老年福利院中失能老年人占全部收养老年人的比例为 20.1%，而农村敬老院仅为 5.7%，城市有 70%的养老机构愿意接受失能老人，但农村仅为 30.4%；城市有超过 80%的养老机构能够提供专业照护服务，而农村仅有 40%”。可见，占农村养老机构绝大多数的农村敬老院目前仍主要收养“五保”老人，基本未能在提供照护服务上发挥作用，虽然民办养老机构一般愿意为失能老年人提供长期照护服务，但是由于养老机构行业本身具有投资回收周期长的特点，而民办养老机构政策优惠享受力度不足，经营环境比较差，加之农村留守老年人的消费水平低，在农村开办养老机构难以盈利，使得农村的民办养老机构非常少。

第三，农村养老机构护理环境不健全。养老机构为老年人提供照护服务还需要健全的护理环境作为保障，包括配备专业的医疗护理器械，聘用经过专业训练的护理人员。2018 年版《全国城乡失能老年人状况研究》显示：仅有 41.7%的农村敬老院配备有医疗室；超过 60%的农村养老机构缺少专业医护人员。这说明我国目前的农村养老机构护理环境很不健全，机构护理设施简陋，专业护理人员极度缺乏。一方面，这与我国本身护理人员队伍薄弱有关，另一方面，养老机构激励机制不健全，护理人员本身工作繁重而辛苦，但不能得到较好的回报，特别是在农村地区，养老机构工作环境差、待遇低、保障差，存在较强的不稳定性，加上观念的问题，专业护理人员往往不愿意去农村工作，导致农村的养老机构中护理人员多为 50～60 岁的农村女性，整体专业素质不高。

第四，经济困难。任何家庭，经济收入都是必不可少的生活保证。之所以产生留守老年人，是因为他们的家庭收入水平不高，大部分留守家庭由于经济困难，无奈之下，子女才外出务工。现阶段乡村地区留守老年人经济情况堪忧，整体收入水平不高，老年群体的收入主要来自两方面，首先是自我供养，其次是子女的供养。留守老年人入住养老院需要考虑经济问题。住养老院每个月至少花费一千多元，对很多农村老年人来说是一笔非常大的开支。农村老年人没有退休工资，每个月的养老金很少，在没有别的收入的情况下，如果要住养老院，费用只能由子女承担，而大部分农村老年人不愿意给子女增加这份额外的负担。

2.4.3 社区照护

在社区养老服务的基础上，形成了社区照护。20 世纪 90 年代初，中国逐渐对社区养老模式给予了高度重视。伴随人口老龄化的步伐越来越快，社区养老表现出了显著的优势，变成了中国养老保障服务系统必不可少的构成部分。2001 年，国家民政部门组织实施了“社区老年福利服务星光计划”，明确指出“各地要构建并健全社区老年福利服务网络服务，并支持居家养老”；2005 年民政部着手在我国多个城市的社区举行“养老服务社会化示范活动”，由此形成了如今的“居家养老服务”。2018 年，国家卫健委医政医管局副局长焦雅辉指出：将来社区与家庭应该变成老年群体的照护主体，社区卫生服务中心可利用上门提供服务、签约服务、设定家庭病床等一系列形式，使老年群体能够享受到家庭与社区的照顾。我国很多地区相继成立了社区老年人日间照料中心，这使社区老年人日间照护水平得到了显著提高。但是，我国农村社区养老起步晚，发展落后于城市。2009 年召开的全国老龄工作委员会第十一次全体会议提出：农村老龄工作需要进一步加强，下一步，将按照城乡一体化和基本公共服务均等化的思路，积极发展农村居家养老服务，增加农村养老服务的内容，形成适合我国农村特点的居家养老模式。由此，全国范围内的农村居家养老和社区照护体系建设广泛展开。

与城市社区相比，农村社区地域更加广阔，民众居住更分散，一般以村或镇为活动中心，与亲友、邻里互动较多，正如费孝通先生所说，农村是一个“熟人社会”。因此，充分利用农村社区的财力、物力、人力，让留守老年人不离开长期以来生活的环境，在家门口养老，这样的养老服务更灵活、更方便、成本更低廉，也更符合老年人的心理期望，这是一种对中国乡村地区具备普遍适用性的养老照护服务形式。国务院出台的《社会养老服务体系建设规划（2011—2015 年）》指出：“应在农村地区，加快新农村与城市建设二者的融合，依托乡镇敬老院设立日间照料养老床位，并逐渐转向区域性养老服务中心，积极为留守老年群体与存在需求的老年人提供配饮、配餐、日间照看、短期托养等一系列服务，充分利用较大自然村与建制村的基础，广泛依附于集体经济及村民自治，不断摸索与发展农村互助养老新方式”。

农村社区照护是解决我国农村老年人照护问题的发展方向，国内一些地区积极探索农村社区养老服务体系建设，已经取得了一定的成果。例如浙江省在2007年全面实施“农村老年福利服务星光计划”，共建成并投入使用109个示范性农村社区“星光老年之家”，2013年又确立了“三年内实现三分之一以上的农村社区建成居家养老服务照料中心，其他地方建成居家养老服务站”的目标任务。苏州市依托本身较为雄厚的经济实力和农村不断壮大的集体经济，积极推进农村养老服务建设，已在700多个村新建了社区服务中心。福州市上迳镇南湾村建立农村幸福院，由村民委员会管理，通过“日间统一照料，夜间分散居住”的形式，为农村老年人提供相聚交流、共同娱乐消遣、互相帮助照料，并且可临时就餐、临时休息、随时回家以及提供精神慰藉的活动场所。

但是就全国而言，农村社区照护服务还处于摸索阶段，尤其是西部偏远农村，大量劳动力的输出，留守老年人更需要社区养老照护。由于受到资金、地域、人员的限制，我国农村社区普遍缺乏社区照护服务，服务内容与标准也参差不齐。当前农村社区照护现状具体表现为：

第一，农村社区照护机构不足，照护设施落后、匮乏。《2018年国民经济和社会发展统计公报》显示：“全国共有医疗卫生机构100.4万个，其中医院3.2万个，在医院中有公立医院1.2万个，民营医院2.0万个；基层医疗卫生机构95.0万个，其中乡镇卫生院3.6万个，社区卫生服务中心（站）3.5万个，门诊部（所）24.8万个，村卫生室63.0万个；专业公共卫生机构1.9万个”。乡镇卫生院的床位少，村卫生室的设施和设备比较单一，通常只有简单的听诊等检查仪器，专业的医疗康复护理设备非常匮乏。

第二，农村社区照护人员供给短缺。老年护理队伍应由专业医护人员、护理服务人员组成，除此之外还包括社会志愿者。专业医护人员方面，从2012年的统计数据来看，城乡每千人口的卫生技术人员、职业（助理）医生和注册护士均差距明显，农村几乎只达到城市的三分之一。护理服务人员方面，目前活跃在农村为老人提供照护服务的主要是村委会的干部和热心的农村妇女，她们基本没有接受过专业的培训，大多是根据日常的经验提供服务，在服务技能上缺乏专业性和科学性。基层组织对留守老年人帮扶照料乏力。村干部给予老年人的帮助主要表现在发放社会救济（或其他救济）、日常生活、办理证明/手续、农业生产和其他方面。邻居在老年人照料中帮助有限。虽然亲戚和

邻里对老人的生活照料有一定的帮助，但其作用绝对不能取代子女对家庭的养老功能。农村志愿者队伍在数量与质量方面都跟不上城市，尤其是对农村留守老年人的照护方面更少。

2.5 中国农村留守老年人心理护理保障现状分析

子女外出务工，家庭养老功能弱化，同时，社会养老体系不完善，农村留守老年人的心理健康问题越来越突出。有研究结果显示，农村留守老年人的心理健康问题呈现逐渐增长的态势。

老年人存在非常强烈的精神需求，牵扯到人际以及代际关系等，也和友情、亲情息息相关。心理护理作为老年人的需求，不但是其所需的一种角色需求，同时还是其重要的养老需求，此外还是他们的健康需求。总体而言，这种需求是老年群体安度晚年过程中不容小觑的一种需要。从某种角度而言，它可以彰显出“孝”的真正含义，可以满足老年群体的精神需求。心理护理这种需求需要利用情感性支持达到，而情感性支持及各类社会关系具体包含和亲朋好友、邻里、家庭成员等互诉情感、寻找帮助、求得理解、倾诉焦虑等。

2.5.1 健康意识滞后

世界卫生组织对健康的定义包含身体健康、心理健康以及良好的社会适应能力。心理健康主要指的是可以控制情绪，优待自我与他人，人格健全，适应环境，并不是没有忧虑和痛苦，更多的是能够及时摆脱忧虑与痛苦，可以探寻转变不良现实情况的方式，它是健康必不可少的构成部分。但大多数农村留守老年人认为健康仅仅是身体健康，没有任何心理健康理念。农村留守老年人因身患疾病、生活不能自理、孤独无助等陷入抑郁、焦虑、惆怅等负面情绪中，对自己的存在价值表示怀疑，对未来没有任何期待。老人们生活中遇到困难、情绪低落的时候，习惯于靠口口相传的“神”来清理命中的“牛鬼蛇”，靠宿命来解释生活中的遭遇，即使心理问题很严重也没有意识到自己有心理健康方面的问题，当心理问题积累到一定程度就可能会以自杀的方式终结。

2.5.2 缺少社会支持

（1）缺少正式的社会支持。正式的社会支持来自国家政策、法律、法规，农村集体经济组织，民间社团组织。我国长期以来以条例、办法、通知等形式

来规范养老和医疗等社会保障事业，这是缺乏法律权威性的，而且容易变化，缺乏稳定性。经济欠发达、集体经济薄弱的地区的农村，老年人根本得不到集体经济的支持。民间对农村留守老年人提供支持的社团组织很少。

（2）缺少非正式的社会支持。非正式的社会支持来自家庭、亲属、朋友、邻居等。农村留守老年人最重要的非正式社会支持来自子女，但越来越多的年轻人远离父母外出求学、工作，在城市里忙于生计，即使这些年轻人把自己的孩子留守在家乡，他们在与父母打电话沟通时的主题也仅仅只有孩子，如果没有孩子留守在家乡，给父母打电话的次数更是屈指可数，一年能够回一次家就很不错了，子女几乎完全忽略了留守父母的感受。同时，中国人不善于表达自己的感情，子女们很少会直接给父母表达“爱”“想念”等情感，许多留守老年人由此产生了被遗弃的感觉，觉得人生毫无意义，他们期待的养儿防老到最后仅仅是遥不可及的思念。郑莉等人的研究表明：对留守老年人而言，成年子女这个最重要的社会支持，对老人的各个维度的精神健康都不能提供支持；相反，因为子女（尤其是女儿）外出打工，反倒增加了老人的孤独感。配偶在非正式支持中也占据着重要地位，但随着年龄的增大，配偶人群的死亡率也在增加。而除子女、配偶外的非正式支持具有随意性，缺乏稳定可靠的机制，功能弱化。

2.5.3 生活单调孤寂

一方面，农村留守老年人人际圈子很窄，仅限于亲友和左邻右舍，目前，大量的农村年轻人外出务工或在城市买房定居，农村逐渐萧条，可以供留守老年人交流感情的人越来越少，在偏远地区丧偶独居的留守老年人有时候一天也没有人和自己说一句话。另一方面，由于自身文化程度与农村环境限制，留守老年人精神文化生活单调，他们无法追赶上互联网日新月异的变化，没有任何业余爱好，赶集、看电视、走亲戚、在门前屋后坐着发呆是他们打发闲暇时间的最主要方式。日复一日、年复一年的单调生活与孤寂在摧残着留守老年人的心理健康。

2.5.4 心理护理呈现“差序格局”

心理护理可以通过子女的孝敬、配偶的关怀、亲属的关心、朋友的沟通等方面来满足。中国老年人，尤其是农村老年人的心理护理呈现出明显的“差序格局”特点。所谓“差序格局”是指他人与自己的关系有亲疏之别，就仿佛一个石子投入水中，形成不同的涟漪，这些涟漪成同心圆式分布，自己是圆

心，不同的涟漪圈层代表不同的关系层，和自己这个涟漪越接近的，来往越密切，道德观与责任感越强。即以“己”为中心形成社会关系的“亲疏”和“远近”的系列关系，子女、配偶、亲戚、邻里、社会机构等对老年人的影响作用依次递减。农村老年人的社会关系主要是亲缘关系，其情感满足主要来自和家庭成员之间的互动。子女外出后，老年人的心理护理来源减少，但主要来源还是配偶、子女。

2.4.5 心理护理呈现区隔化

城乡迁移对老年人心理护理的满足影响较大。子女外出前后，老年人的实际情感交流对象发生了变化，老人与儿子（儿媳）、女儿（女婿）的情感交流在子女外出后呈下降趋势，而老年人与老伴、孙子、邻居的情感交流在子女外出后呈上升趋势。这反映出，城乡迁移阻碍了子代对老年人的情感慰藉，这主要是由地理空间的区隔与价值观的区隔造成的。一方面，地理的空间区隔导致子女与老年人交流疏离的同时也弱化了子女对老年人的生活照料，而老年人的情感需求可以通过生活照料等形式来满足；另一方面，价值观的区隔促使代沟扩大，使孝文化发生断裂。子女外出后，受到迁入地经济、文化等的影响，逐渐适应了迁入地的社会文化模式，衍生出与过去传统价值观大相径庭的价值观和生活态度等，从而加大了他们与父母之间在观念、习惯、兴趣等方面的差异与区隔，最终影响到对老年人的心理护理。

3 重庆市农村留守老年人护理保障现状调查

3.1 重庆市农村留守老年人护理保障概况

重庆市是西部地区唯一的直辖市，自改革开放以来，老年人口比例不断上升，人口老龄化程度尤为严重。重庆市人口老龄化表现出区域差异显著，高龄化、失能化、空巢化发展趋势明显等特征。据2010年第六次全国人口普查数据，在全国31个省（市、自治区）的常住人口中，重庆市老年人口所占比例最高①。重庆市老龄工作委员会办公室（简称“重庆市老龄办”）出台的《2013年老年人口信息和老龄事业发展状况报告》指出，2013年底，全市60岁及以上的老年人口624.52万人，占总人口的18.61%，失能、半失能老人约121.78万人，占老年总人口数的19%②。《重庆统计年鉴》显示，截至2015年年底，重庆市总人口约3 016. 55万人，其中65岁及以上老年人口约367.11万人，占总人口的12.17%，失能、半失能老人的数量也逐年增长，老年抚养比为17.6%，比2014年增长了1.72%，这意味着100个劳动年龄人口要负担约18个老年人。农村留守老年人的养老问题已是一个不容忽视的社会问题，成为缩小城乡差距、实现共同富裕、健全社会服务保障体系面临的新焦点。

3.1.1 生活现状令人担忧

重庆市老龄办的调查数据显示，重庆市空巢、类空巢家庭81.7万户，农

---

①本书截稿之前，第七次全国人口普查结果未公布。

②谭小林，赵科．重庆市农村社区老年人抑郁状况及其影响因素［J］．中国老年学杂志，2014，10（5）：2840-2842.

村留守老人134.3万人，占全市农村老年人口的39.2%，其中，男性68.5万人，女性65.8万人。从经济状况看，年收入1 500元以下的有47.32万人，占35.23%；年收入1 500元~5 000元的74.65万人，占55.58%，即约91%的农村留守老人年收入在5 000元以下。从健康状况看，身体健康的有66.39万人，占49.43%；身体差的有67.9万人，占50.56%，其中身患重病的有15.84万人，比例达11.8%。半数以上的农村留守老年人身患疾病。农村留守老年人因身体状况、社会环境的原因，在经济、情感、心理方面处于弱势地位，这使得他们面临许多亟待解决的困难与问题。

3.1.1.1 劳动量大、经济负担较重

重庆市作为西部地区唯一的直辖市，是典型的大城市带动大农村的城乡二元结构。目前，全市除渝中区无农村人口外，其余37个区县中有23个区县农村空巢化家庭超过30%，有9个区县农村留守家庭超过50%。子女给的赡养费和农业劳动收入成为农村留守老年人主要的收入来源。子女的经济支持十分有限，大部分农村留守老年人还要靠劳动来维持生计①。

3.1.1.2 精神文化生活较贫乏

由于子女与农村留守老年人相隔两地，不可避免地影响子女对农村留守老年人的生活照料，也影响了他们之间的交流，导致农村留守老年人得不到及时的精神慰藉，加重了农村留守老年人的孤独感和悲观情绪。部分农村留守老年人因生理、心理上的各种因素，兴趣爱好减少，不愿与社会接触，活动范围变得狭窄，再加上对社会的发展趋势认识不够，认为子女外出务工，把自己留在家里，这是子女没有孝心、没有责任感的表现。

农村留守老年人受限于所处的环境及生活经历，很少有文化娱乐活动。虽然当前我国农村的文化基础设施建设有了很大的提升，大部分农村有文化活动室、健身场地，但还是很难满足农村留守老年人的精神需求。大部分基础设施建设是以年轻人的需求为标准，没有考虑老年人的身心特点。农村许多文化活动室名存实亡，除了一块牌子、几张桌子和几本农技图书外，基本上没有适合老年人看的书籍和报纸。一半以上农村留守老年人孤独感强烈，独居和没有配偶的农村留守老年人感到孤寂的比例更高。

3.1.1.3 隔代教育导致负担过重

2017年重庆市教委统计的学前教育和义务教育数据显示，重庆市3~16岁

---

①韩飞飞，向露雨，张宝平，等．重庆农村老龄人口的生活质量现状调查与分析评价［J］．重庆医学，2013，29（10）：78-81.

的农村留守儿童人数为97.7万。农村留守儿童中75%以上属于隔代监护，隔代监护人数为78.35万，孙辈教育任务落到老人身上。留守老年人识字不多，无法辅导孙辈学习。同时，随着年龄的增加，老年人的身体状况势必发生一系列的变化，如体力不支、精力下降、记忆力差、思维缓慢等，但老人们不仅要照顾好自己，还要照顾孙辈的吃、穿、住、行、学习、思想、行为、安全，部分留守老年人感到管教孙辈力不从心。隔代教育给农村留守老年人带来了较重的负担。

3.1.1.4 生活照料等社会服务需求较普遍

农村留守老年人的患病率较城市老年人高，身体情况较差。尽管重庆市实行了新型农村合作医疗，留守老年人基本参加了新型农村合作医疗，但仍有不少老年人对补偿起付线以下的费用承担困难。同时，大多数留守老年人勤俭节约，宁愿忍受疾病的折磨，也不愿意把积攒的钱用来看病。因病导致失能、半失能的老年人较多，但失能、半失能的留守老年人的生活照顾现状不尽如人意，无人照料、配偶照料占了相当大的比例。独居老人生活照料问题尤其突出，大多数不能获得相对稳定的经济支持以化解疾病风险和恢复身体健康。

3.1.2 政府加强农村留守老年人关爱服务工作

民政部等9部门于2017年共同出台了《关于加强农村留守老年人关爱服务工作的实施意见》（以下简称《意见》），这份文件清晰地指出，截至2020年，要在农村地区构建完善的留守老年人关爱服务工作体制，初步构建关爱服务系统，全面开展关爱服务活动，不断营造出养老、敬老、孝老的良好社会氛围。

这份文件还明确表示，为农村地区留守老年人提供关爱服务，履行赡养责任的主体为家庭。子女等赡养者必须遵照法律规定承担自身对老年人的精神慰藉、生活照看、经济供给等义务；作为抚养人，必须积极承担自身的抚养义务。赡养主体与抚养主体应该常常探望留守老年人，不能漠视和忽略他们。支持家族其他成员与亲朋好友从生活层面与精神层面为留守老年人提供照顾与慰藉，鼓舞并支持乡亲邻居等为这一群体提供关爱服务，想方设法规避缺少生活自理能力的老年群体独自居住。在充分倾听老年人意愿的基础上，赡养者可以和有能力看护的个人与机构等签署委托照看合约，合理安顿老年人的衣食住居。同时要向村委会呈报老人住所、安排状况、联络电话等诸多信息。如果抚养者或者是赡养者拒不承担自身义务，其所在单位、老年人组织以及村委会等主体应该充分发挥监督作用；情形恶劣的，执法单位必须参照相关法律追究赡

养者与抚养者的责任。

《意见》指出，家庭成员特别是子女要多关注留守老人，及时进行探望，另外也应当和村民委员会、老年人组织、为老服务单位、志愿者等诸多主体联合起来，齐心协力，共同为丰富留守老人的精神文化生活出谋划策。村委会应当定期看望留守老年人，掌握他们的生活现状，同时应该把年龄较大、智力不足、独自居住、生活困难以及失能等类型的留守老年人当成主要的扶贫对象，监督他们的子女是否为老人提供看护；全面提升农村老年协会对这一群体的关爱服务意识及水平；真正彰显老年人组织具有的功能，可采用抱团或互助养老、结对帮扶等一系列手段，以“一帮一”“多帮一”等诸多方式，积极开展低龄老人帮扶高龄老人、失能老人抱团养老等一系列关爱活动。支持条件适合的乡村特困人员供养服务机构在达到贫困老年人群体集中供养需要的前提下，充分彰显自身的辐射效应，积极为家庭困难、失能、失智等类型的留守老年人供应其所需服务。鼓励乡村卫生服务中心不断提高自身的服务水平，扩大服务覆盖面，使乡村留守老年人能够享有医疗救助、健康管理、日常护理等一系列服务。鼓励并支持社会工作专业人员及机构共同参与留守老年人工作，为其提供关爱服务。可利用成立社会工作站点、强化政府购买服务能力等一系列形式，使留守老年人能够享有心理辅导、情绪慰藉、代际沟通、社会融入、家庭关系调解等一系列服务。积极举办关爱农村留守老年人志愿服务活动，整合各个地区的志愿服务机构与志愿者的力量，使留守老年人能够享有健康帮助、生活护理、精神慰藉等诸多服务。同时鼓励其他社会团体与组织为该群体提供关爱服务。全方位贯彻减税免税等一系列优惠政策，支持并培养一大批专业化程度高的为老社会服务机构，并不断强化机构的生活服务、紧急救助、日常护理、康复服务、安全防护等方面的能力，鼓励这些服务机构朝着品牌化与连锁化的方向发展。

《意见》还指出，各个乡、镇应当设置农村留守老年人信息台账，并定期展开排查活动，全面了解辖区内农村留守老年人群的分布状况、具体特点、家庭组成、实际数目、经济收入、照护状况、健康情况、生活难题等诸多信息。主要摸排经济收入水平较低的困难家庭中的失能失智、高龄留守老年人，精确至村，深入至户，具体至人。村委会应当通过电话访问或者是上门入户等形式看望留守老年人，动态化地掌握并评价这一群体的生活状况、健康状况、家庭成员赡养义务履行状况，同时把掌握的第一手信息迅速输入至留守老年人信息台账中，根据实际情况为他们提供所需的救助服务，想方设法防御安全风险，为困难家庭雪中送炭。

3.2 重庆市农村留守老年人护理状况问卷调查

2018 年 7~12 月，笔者采用分层随机抽样的方式根据重庆市经济情况好、中、差，选取重庆市璧山区、荣昌区、涪陵区、巫溪县、黔江区、綦江区 6 个区县，每个区县分别随机抽取 5 个村，每个村随机抽取 20 名留守老年人，平均年龄 72±7.7 岁，共发出问卷 600 份，有效问卷 461 份。接受调查老年人标准为：农村留守，自愿参加，意识清楚，听力正常，能够配合调查。

调查方法包括：自编问卷进行面对面的调查，老年人口述，调查人员填写。问卷内容包括：人口学资料，重庆市农村留守老年人心理护理现状，重庆市农村留守老年人生活照护现状。

3.2.1 人口学资料

表 3-1 为此次调查对象的人口学特征。由表 3-1 可以看出，调研对象中，女性略多于男性，60~69 岁老年人最多。绝大多数老年人的子女数量都是两个及两个以上。大多数留守老年人没有抚养孙子女（外孙子女），但有 18.3%的老年人仍然需要抚养孙子女（外孙子女）。离婚和丧偶的老年人占 41.6%，这部分老年人属于独居老年人。

农村留守老年人年收入最多为 80 000 元，最少为 0 元。其中，子女每年给的赡养费最多为 30 000 元，最少为 0 元。在健康方面，有 180 人（占 39.0%）报告自己健康无疾病，在报告有疾病的老年人中，56 人（占 12.2%）报告自己仅有一种疾病，其余 225 人（占 48.8%）报告自己有两种及以上的疾病，常见疾病为肿瘤、高血压、冠心病、慢性支气管炎与肺炎、胆囊病、前列腺肥大、股骨骨折、糖尿病、颈椎病等，大多数有病的老年人并没有得到相应的治疗，同时，在报告未患病的老年人中，部分是实际患病，但自己并不知晓。在服务需求中，261 人（占 56.6%）选择医疗护理服务，100 人（占 21.69%）选择日常生活照护，97 人（占 21.71%）选择娱乐活动。

表 3-1　调查对象人口学特征

类别	指标	n	百分比/%	累计百分比/%
性别	男	203	44.0	44.0
	女	258	56.0	100.0
年龄	60~69	206	44.6	44.6
	70~79	157	34.1	78.7
	80~89	95	20.6	99.3
	≥90	3	0.7	100.0
子女数	1	66	14.3	14.3
	2	146	31.7	45.9
	3	120	26.0	72.0
	3 个以上	129	28.0	100
孙子女抚养数	0	375	81.3	81.3
	1	82	17.8	99.1
	1 个以上	4	0.9	100
婚姻状况	未婚	0	0	0
	已婚	269	58.4	58.4
	离婚	7	1.5	59.9
	丧偶	185	40.1	100

3.2.2　重庆市农村留守老年人生活照护保障现状的调查

依据养老护理员职业资格考试中生活照护的内容来设计的生活照护内容，具体包括进食、如厕、活动、清洁、睡眠五个方面①②③，重庆市留守老年人

①中国就业培训技术指导中心，人力资源和社会保障部社会保障能力建设中心．养老护理员国家职业技能标准（初级）[M]．北京：中国劳动社会保障出版社，2013：52-89.

②中国就业培训技术指导中心，人力资源和社会保障部社会保障能力建设中心．养老护理员国家职业技能标准（中级）[M]．北京：中国劳动社会保障出版社，2013：32-78.

③中国就业培训技术指导中心，人力资源和社会保障部社会保障能力建设中心．养老护理员国家职业技能标准（高级）[M]．北京：中国劳动社会保障出版社，2013：148-196.

生活照护满意度见表3-2。

调研中，约三分之一的留守老年人表示，自己需要有人照顾但却无人照顾。在需要生活照护的老年人中，38.5%的老年人表示不满意，50.9%的老年人表示一般满意，10.6%的老年人表示满意。

在“当您需要生活照护服务的时候，您会求助于谁?”的问题中，选择配偶的占26.2%，选择子女的占45.3%，选择邻居、亲友的占23.6%，选择养老院的占4.3%，选择其他的占0.6%。可见，子女仍然是承担老年人生活照护的主体。因为丧偶等原因，部分老年人没有选择求助于配偶，在配偶与子女均无法提供生活照护的前提下，部分老年人会求助于邻居、亲友，请他们协助自己，很少有老年人选择养老院或者其他求助对象。

在“您觉得谁应该承担老年人生活护理的主要责任?”问题中，选择配偶的占9.9%，选择子女的占59.7%，选择政府的占24.8%，选择养老院的占5.6%，选择其他的占0。可见，农村留守老年人仍有“养儿防老”的观念，很多老年人都认为子女应该承担他们的养老任务。但也有约四分之一的老年人认为：子女迫于无奈，必须要到异乡谋生，这个时候，政府应该承担起照料的责任。

表3-2　生活照护满意度

类别	指标	n	百分比/%	累计百分比/%
进食	不需要协助	6	3.7	3.7
	需要协助	89	55.2	59.0
	完全依赖别人	10	6.2	65.2
	需要照顾但无人照顾	56	34.8	100.0
如厕	不需要协助	7	4.3	4.3
	需要协助	88	54.7	59.0
	完全依赖别人	15	9.3	68.3
	需要照顾但无人照顾	51	31.7	100.0
活动	不需要协助	6	3.7	3.7
	需要协助	99	61.5	65.2
	完全依赖别人	8	5.0	70.2
	需要照顾但无人照顾	48	29.8	100.0

表3-2(续)

类别	指标	n	百分比/%	累计百分比/%
个人清洁	不需要协助	0	0	0
	需要协助	85	52.8	52.8
	完全依赖别人	28	17.4	70.2
	需要照顾但无人照顾	48	29.8	100.0
睡眠	不需要协助	51	31.7	31.7
	需要协助	49	30.4	62.1
	完全依赖别人	10	6.2	68.3
	需要照顾但无人照顾	51	31.7	100.0
护理满意度	不满意	62	38.5	38.5
	一般满意	82	50.9	89.4
	满意	17	10.6	100.0

3.2.3 重庆市农村留守老年人心理护理保障现状的调查

重庆市农村留守老年人心理护理状况见表3-3。从表中我们可以看出，36.7%的老年人在很多时间里感到孤独，27.3%的老年人对自己是否感到孤独不确定，36.0%的老年人不感到孤独。可见，相当大一部分老年人觉得自己是孤独的。同时，因为调研的老年人很多都没有接受过教育或者仅接受过很少的教育，部分老年人无法理解孤独的含义，所以选择不确定的较多。

表3-3 心理护理状况

类别	指标	n	百分比/%	累计百分比/%
孤独感	孤独	169	36.7	36.7
	不确定	126	27.3	64.0
	不孤独	166	36.0	100.0

表3-3（续）

类别	指标	n	百分比/%	累计百分比/%
生活满意度	不满意	54	11.7	11.7
	一般满意	219	47.5	59.2
	满意	188	40.8	100.0
一年与子妇相处时间	5天及以下	58	12.6	12.6
	6-15天	165	35.8	48.4
	16-60天	117	25.4	73.8
	60天以上	121	26.2	100.0
子女是否关心父母	不关心	22	4.8	4.8
	一般	145	31.5	36.3
	关心	294	63.7	100.0
子女是否嫌弃	从不	287	62.3	62.3
	有时候会	155	33.6	95.9
	经常	19	4.1	100.0
是否遭受虐待	从未	375	81.4	81.4
	偶尔有	83	18.0	99.4
	经常	3	0.6	100

11.7%的老年人对自己的生活感到不满意，47.5%的老年人对自己的生活一般满意，40.8%的老年人对自己的生活满意。在访谈中，很多老年人都谈到，自己从吃不饱饭、穿不暖衣到现在有吃有穿，甚至有电视等的变化，小时候的梦想到了老年成为现实，生活满意度还是比较高。

在“平时打发闲暇时间的方式”中，60.3%的老年人选择看电视，9.3%的老年人选择健身，37.5%的老年人选择赶场，21.3%的老年人选择走亲戚，5.4%的老年人选择看报纸，5.9%的老年人选择玩手机，52.7%的老年人选择聊天。在其他选择中，老年人备注喝酒、打麻将、带孩子、干农活、喝茶、散步、睡觉、算卦等，其中干农活、带孙子之类的劳动类的表达有9.2%的老年人。可见，农村留守老年人休闲娱乐方式匮乏，甚至一些老年人不知道休闲娱乐是什么，觉得日复一日地劳作就是生活。

在与子女相处的时间中，12.6%的老年人选择5天及以下，35.8%的老年人选择6~15天，25.4%的老年人选择16~60天，26.2%的老年人选择60天以上。可以看出，子女陪伴留守父母的时间差异较大。

在子女是否关心父母这一问题上，选择不关心的老年人占4.8%，选择一般的老年人占31.5%，选择关心的老年人占63.7%。农村留守老年人大多数认为子女是关心自己的，但也有少数子女是不关心父母的。

在子女是否嫌弃自己的问题上，选择从未嫌弃过自己的老年人占62.3%，选择有时候会嫌弃的老年人占33.6%，选择经常嫌弃的老年人占4.1%。与之相似的遭受家庭成员虐待、谩骂的问题上，选择从未有过老年人占81.4%，选择偶尔有的老年人占18.0%，选择经常的老年人占0.6%。我们可以看出，少数子女是嫌弃自己父母的，甚至有虐待、谩骂的现象，这需要引起社会的警惕。

在“谁该关心老年人的精神生活”的问题上，选择配偶的老年人占21.7%，选择子女的老年人占74.8%，选择政府的老年人占33.6%，还有1.7%的老年人认为没有必要关心或自己想办法让自己开心就好。

在“您觉得政府应该为老年人提供什么样的休闲娱乐设施?”的问题上，选择休闲场所的老年人占38.6%，选择健身器材的老年人占21.8%，选择麻将、棋牌的老年人占32.1%，选择其他的老年人占1.5%，分别为公园、建观看公共电视的场所、提供喝茶场所、乒乓球、手工艺术、健康养生知识宣讲、老年文化教育场所、健康饮食知识。

3.3 重庆市农村留守老年人护理保障机制访谈

该访谈对象为区县养老院/敬老院，重点访谈了荣昌区、璧山区的养老院/敬老院。养老院/敬老院绝大多数都位于城市，位于乡镇的养老院/敬老院非常少。访谈的养老院/敬老院规模一般为几十人至一百多人，收费在1 300~2 800元/月，主要依据养老院的设施、环境、老人的自理程度不同而不同。

在所调研的养老院/敬老院中，农村老年人占养老院/敬老院所有老年人的1/4~1/5，唯一一家位于镇上的敬老院全为农村老年人，留守老年人入住养老院/敬老院的比例是很低的，占养老院/敬老院所有老年人的1/5~1/7。总体来说，条件越差、收费越少的养老院/敬老院的老年人失能程度越高，少有自理型老年人入住养老院/敬老院。

在养老院/敬老院里，农村留守老年人的健康状况不容乐观，他们行动不便，部分老年人的视力、听力有问题，慢性病较多，有的需要终年躺在床上。留守老年人的子女、亲朋好友偶尔会来看望，一般为一个月一次，因他们大多数不会用手机，所以，子女、孙子女（外孙子女）仅能通过见面的方式看望。

留守老年人住进养老院大多是因为失能后无人照顾而被送进了养老院/敬老院。大多数养老院并未给老年人提供心理护理，仅有的娱乐设施为电视、扑克，个别养老院有志愿者偶尔去看望。

护理员紧缺、流动性大是养老院/敬老院管理人员最为头疼的事情。因护理员工作脏、苦、累，甚至有时候得不到老年人的尊重与理解，招到护理员是非常不容易的。一般来说，护理员分两类：吃住均在养老院的护理员，基本上除了睡觉，其他时间都在工作，老人有任何需要随叫随到，待遇在 4 000 元/月左右；仅上班在养老院，下班后回家，每天上班时间为 10 小时左右，工资为 2 500~3 500 元/月。在与护理员的交流中，护理员对其工作的专业性不认可、不重视，部分护理员认为自己是没有文化、没有技术，找不到别的好工作才来做这份工作。这与工作性质相近的月嫂收入基本过万相比确实差距太大。

3.4 重庆市农村留守老年人护理保障机制专家访谈

该访谈对象为乡扶贫办主任、村主任、乡民政办主任、村支书、乡镇综治专干（脱贫攻坚队）、村主任助理等，从业时间为 2~35 年。

访谈专家所在的乡镇或村留守老年人占所有老年人的比例高的达 95%，如：荣昌区直升镇燕儿村共有老年人 400 名，其中留守老年人有 380 名。重庆市长寿区云台镇拱桥村留守老年人占所有老年人的比例较低，该村共有老年人 130 人，其中 30 名留守老年人，比例为 23%。在调研中，调研人员明显感觉到留守老年人数量与这个地方经济水平成反比，经济发展好、靠近城中心的乡镇、村社留守老年人较少，贫瘠、没有企业、离城中心较远的乡镇、村社留守老年人较多，在走访中发现某些偏远地区的农村基本上都是老年人，还有为数不多的孩子，很多年轻人陆续在镇上、县里等地方买房定居，村庄沉寂，没有任何生机。

在留守老年人养老方式方面，留守老年人依靠养老保险、低保、务农、畜牧业获得经济来源，以居家养老为主。在敬老院、养老院养老的极少，有少数社区在逐步开始推行社区养老、抱团养老。

大多数专家表示，其所在的乡镇或者村里，有子女因赡养留守老年人而产生矛盾，最典型的是几个子女均在外务工，留守老年人因病失能，子女均不愿放弃工作回家承担赡养义务。出现这种情况时，村干部会出面调解，因农村是以地缘关系为前提居住的，亲朋好友、邻居也会出面劝解、评理，为此，很少有赡养问题付诸法律来解决的。

农村老年人通过看电视、打牌、跳坝坝舞、聊天、喝茶、下棋、赶场等打发闲暇时间，其中，看电视、打牌、聊天是老年人最喜欢的休闲方式。专家认为提升农村留守老年人精神生活质量的途径有：子女多关心父母，邻里和睦友善，政府为老年人提供娱乐场所、健身教材，组织幼儿园的小朋友给老年人表演节目，播放露天电影等。

目前，政府针对给予“低保户、五保户、建卡贫困户”的老年人有补助、社会救助金，医疗保险目前基本为全覆盖，节假日会发一些食物、生活用品，比如花生、盐、纸巾、毛巾。但尚未有专门针对留守老年人的照顾、救济。

针对留守老年人的现状，专家认为可以从以下这些方面着手，提升留守老年人的生活质量：加强关爱老年人的宣传活动；农村要组织功能齐全的敬老院，国家要有一个专门的组织结构具体负责留守老年人；村里可以组织一支坝坝舞队，放一些活动健身器材；定期去老人家中聊天，送点食品，定期为老人测量血压、血糖（上门服务）；完善农村养老保险和基本医疗保障体系；加强老年工作建设；开展“志愿者”活动；多方面积极宣传，呼吁子女常回家看看；改善老人的居住条件，保障其住房安全性；建立健全相关法律法规；村里可安排护工照护；发动周边学校学生开展志愿活动。

4 影响农村留守老年人护理的原因

4.1 影响农村留守老年人生活照护的原因

4.1.1 法律法规不健全

我国目前有关老年人权益保护的立法散见于《中华人民共和国老年人权益保障法》《中华人民共和国民法通则》《中华人民共和国婚姻法》《中华人民共和国继承法》《中华人民共和国刑法》以及相关法律之中。但还没有一部单独保障农村留守老年人合法权益的法律，立法上尚存在许多不足。

《中华人民共和国老年人权益保障法》自 1996 年 10 月 1 日施行以来，虽然在保护我国老年人合法权益方面发挥了重要作用，但也存在明显不足。如该法对农村留守老年人这部分弱势群体的合法权益保障没有做出专门的规定，其所确立的“老年人养老主要依靠家庭”的家庭养老方式已经不能完全满足留守老年人的养老需求，尤其是不能满足留守老年人的生活照料和精神慰藉需求。《中华人民共和国老年人权益保障法》的不足之处主要有：指导性条款过多，强制性条款和指导性条款划分不够明确；内容不够具体、全面，法律法规的可操作性不强；对老年人的生活保障、医疗保障、社会福利等诸多方面缺乏有效的强制性规定；对于歧视、侮辱、虐待、遗弃老年人，干涉老年人婚姻自由，侵占老年人财产等行为，尤其是对留守老年人合法权益的侵犯，还缺乏强有力的惩治条款，特别是对不履行生活照料和精神慰藉的行为缺乏明确的界定方式与惩戒措施。

《中华人民共和国老年人权益保障法》颁布实施后，我国绝大多数省、自治区和直辖市制定了相应的地方性法规，以保障该法的贯彻与实施，但各地制定的法规从形式和内容上仍存在一定的缺陷。各地对《中华人民共和国老年人权益保障法》实施的重视程度不同，表现在地方性立法名称上的不一致以及无序状态；在内容方面，“实施条例”或者“实施办法”大多是对《中华人民共和国老年人权益保障法》的原则规定的重申，内容不够具体和详尽，操作性不强，同时也没有对留守老年人这一弱势群体给予特殊保护的规定。

我国其他涉及农村留守老年人权益保障的法律法规，也存在这样那样的不足。现行法律较少规定国家应负的责任，不能与时俱进。我国现行法律中明确规定了我国的养老形式主要是家庭养老，如《中华人民共和国老年人权益保障法》第十条规定：“老年人养老主要依靠家庭，家庭成员应当关心和照料老年人。”随着时代的发展，家庭养老越来越不适应养老的需要，此时就需要社会养老体制的建立，这种需求在法律上的体现就应当体现为对国家和社会养老责任的规定。

4.1.2 疾病影响自我照料的实现

国内外研究显示，慢性病是老年人日常功能损伤的主要危险因素，有针对性地采取慢性病防控措施对减缓老年人日常功能受损有重要意义①②③。随着年龄的增加，老年人日常生活能力受限，部分留守老年人又承担着照顾孙辈的任务，当身体出现不适时，多数留守老年人都很难及时就诊，只能采取自行买药服用的方式，或者干脆不管，延误了病情，导致留守老年人慢性病患病率升高。

农村留守老年人健康问题突出，慢性病和日常生活功能受损均为影响农村留守老年人健康状况的主要因素。在疾病的影响下，留守老年人生活质量低下，甚至有的留守老年人无法忍受疾病带来的痛苦，不想成为子女的“负担”，最后选择了自杀。疾病严重影响留守老年人自我照料的实现。特别是针对老年人患病率较高的高血压、心脏病等慢性病的预防工作力度还远远不够，农村地区的健康预防工作尤为滞后。疾病严重影响留守老年人自我照料的实现。

4.1.3 照护资金缺乏

为老年父母提供经济支持一直是家庭养老的核心内容，也是农村留守老年

---

① 张恺悌，孙陆军，牟新渝，等. 全国城乡失能老年人状况研究［J］. 残疾人研究，2011（2）：11-16.

②杨靓，徐辉波，巢健茜，等. 老龄化背景下慢性病对老年人健康状况的影响［J］. 中国老年学杂志，2015，35（18）：5277-5279.

③罗敏，姜倩，张菊英，等. 农村留守老年人健康状况的影响因素研究［J］. 四川大学学报（医学版），2011，42（3）：409-412.

人的首位生活来源，但是子女为农村留守老年人提供的经济支持（包括各类实物的折合）较少，仅能维持老年人的日常基本开支①。虽然农村留守老年人普遍购买了养老保险，但每个月仅有80多元的养老金，绝大多数农村留守老年人难以依靠养老金生活。

我国城乡收入差距巨大，使得在农村开展养老照护服务比在城市困难得多。农村留守老年人口的不断增多势必导致照护服务对象的增多，加上护理人员工资标准的提高以及培训和管理费用的增加，所需要的资金投入将是惊人的。目前在我国开展老年照护服务的农村地区，资金主要来源于政府财政拨款、农村经费自筹和社会捐赠等渠道，其中，政府拨款多由地方民政局投入，主要来自社会福利彩票的福利基金收入，但是社会福利彩票基金存在不稳定性；若由农民自费购买服务，农村居民普遍收入水平低，老年人更是经济能力薄弱无力购买，大部分农村地区的集体经济也很薄弱；加上社会捐赠收入也具有不稳定性，这些因素共同导致农村老年人长期照护服务的持续开展缺乏足够的资金支持，这已经成为当前发展农村养老照护服务的“瓶颈”②。在实践中，目前在国内推行农村老年照护服务比较早并且成果突出的浙江、江苏、山东等地区均是我国经济较为发达的省份，村集体经济相对发达，资金来源因而比较有保障。

4.1.4 照护人力资源队伍匮乏

家庭养老功能逐渐弱化，农村大量劳动力输出，农村青年进城务工，核心家庭随之迁移，大量的留守老年人就出现无人照料的情况。随着家庭模式的变化与子女核心家庭的迁移，农村传统的家庭代际关系发生了变化，由于空间的限制和隔离，负有养老责任的子女对老年人的养老照料变得残缺不全，家庭的养老功能逐渐弱化。而发展老年照护事业需要庞大的人力资源队伍作为支撑，包括专业的医生、护士以及专业的护理服务人员。在专业医护人员方面，2018年年底我国每千人拥有的医师数为2.59名，每千人口注册护士2.94人，但是农村每千人拥有的卫生技术人员、职业（助理）医师和注册护士只达到城市的三分之一，远远未达到世界卫生组织提出的每千人应有2名护士的标准。而在养老护理人员方面，目前，我国从事养老照护工作的在岗人员只有100万名，而按照国际公认的1名护理员照护3名失能老年人计算，我国约需1 000

①杜鹏，李一男，王澎湖. 流动人口外出对其家庭的影响［J］. 人口学刊，2007（1）：22-28.

②唐浩，施光荣. 农村留守老人的生活满意度及其影响因素分析［J］. 安徽农业大学学报（社会科学版），2015（5）：80-86.

万名护理员，且这些专业的养老护理员绝大多数集中在城市的大型养老机构。同时，从1999年以来招生的“老年服务与管理”专业毕业生流失率高，即使仍在养老服务业工作，在农村从事养老服务业的毕业生也是极少的。目前活跃在农村老年照护事业的服务人员绝大多数都是农村妇女，仅凭自己的经验和常识开展照护服务工作，缺乏专业的培训和指导，科学性不足。在经济发展程度和人力资源水平较低的农村环境下，难以培养出本土的具有专业水准的职业护理员，同时也难以吸引足够的专业照护人才投入到农村老年服务工作中去①。

4.2 影响农村留守老年人心理护理的原因

4.2.1 农村留守老年人继续社会化能力弱

继续社会化具有特殊的意义，有效的继续社会化，有助于留守老年人心理健康。进入老年期后，个体的生理、心理都会发生很大变化，如：记忆力下降、听力下降、性格固执、心理定式等，再加上留守老年人学历低，接受新事物的途径少、速度慢，农村的环境为其提供的社会资源有限等原因，留守老年人继续社会化能力弱。当子女走进城市求学、务工之后，大多数农村留守老年人无法调整自己的心理，没有改变自己的行为使之符合社会的发展，而是倾向于“闭关自守”，保留着几十年来既有的习惯，融入不了城市生活，不尝试自我心理调节，在心理遭遇极其痛苦的时候，仍然不知道怎样改变现状②。

4.2.2 自我心理护理意识和能力不足

农村有许多留守老年人缺乏自我心理护理意识，生活态度比较消极，不能做到自信自强。“人老了，没有用了”“都这把年纪了，过一天是一天”已成为一些留守老年人的口头禅。另外，部分农村留守老年人面对疾病和死亡时存有精神恐惧。长期以来在乡间田地中开展强度非常高的体力劳动，造成许多乡村留守老年人面临老年病的威胁，比如风湿病、关节炎等疾病，更有甚者，部分老年人失明或者是失聪，生活无法自理，整日面临疾病的困扰，并且儿女并

①农村留守老人何以惊动9部委联合发文［EB/OL］．［2018-02-28］http：//www.yanglaocn.com/shtml/20180228/1519768842114078.html.

②陈小萍，赵正．亲子支持对农村留守老人主观幸福感的影响［J］．中国老年学杂志，2017，37（9）：4392-4394.

未陪伴左右，再加之个人心理护理能力缺失，使得许多留守老年人面临的精神压力相当大。比方说由于腰腿疼痛问题，仅可依附于拐杖走动的留守老年人总是这样想："如果将来我不小心摔死了，可真是解脱了呀，最担心落个残疾，不但自己遭罪，也成了子女的累赘。"很多人在步入老年阶段之后，经常会在脑海中想起死亡，假如他们的自我心理护理意识不足、能力缺失，就很有可能形成死亡恐惧心理。假如住在同一个村子且关系友好的老年人匆匆离世，则部分留守老年人就会"整夜难以入睡，不思茶饭"。

4.2.3 社会变迁改变了传统的家庭代际关系

我国目前处于城市化飞速发展时期，农村大量劳动力涌向城市，传统的四世同堂大家庭逐渐解散，取而代之的是核心家庭、主干家庭、空巢家庭等，养儿防老的观念也受到了现实的挑战①。由子女与孙辈组成的核心家庭的迁移，使得老年人留守在农村成为不得不面对的一个现实，农村留守老年人随之产生，由于空间的限制与隔离，承担养老责任的子女对父母的生活照料和心理护理缺位，甚至还有留守老年人承担抚养孙辈的任务，家庭养老功能逐步弱化。武汉大学社会系的刘燕舞认为，农村老年人自杀率升高的背后是代际剥削的结果，加强干预，降低自杀率是必由之路②。

4.2.4 农村留守老年人精神文化建设薄弱

留守老年人的精神建设已经得到了社会的关注，但由于农村的文化事业和社区服务体系发展比较落后，导致农村留守老年人追求较高层次的精神养老受到限制。首先，在乡村振兴的战略背景下，国家推进了农村社区公共服务事业建设，修建村集体组织活动中心，完善农村医疗卫生室，丰富农村社区留守老年人生活，取得了积极成效。但因为人员分布和老年人喜好等问题，农村地区少有图书馆、体育锻炼中心、社区心理咨询室等城市才有的设施，公共服务有限，很难满足农村留守老年人情感关怀需要。其次，农村社区原有的传统文化活动逐渐没落，新的文化活动难以开展，另外，农村社区公共文化产品利用不足，虽然国家为农村社区投入了广播、报纸、杂志等文化产品，但限于农村留守老年人的文化水平和生活习惯，报纸和杂志对丰富农村留守老年人精神世界的作用显然较小，而农村留守老年人听得懂的广播多数只是摆设。在社区公共

---

①王雪峤. 农村留守老人情感与精神需求困境破解［J］. 人民论坛，2015（20）：146-147.

②刘燕舞. 农村家庭养老之殇——农村老年人自杀的视角［J］. 武汉大学学报（人文科学版），2016，5(4)：13-16.

服务匮乏的情况下，多数农村留守老年人打发空闲时间的方式主要就是赶集、串门聊天、看电视等，从社区中获得的公共服务依然很少。留守老年人抑郁症、焦虑症发病率高，但子女自身对精神疾病的认知度也很低，甚至感到羞耻、不理解，这造成了留守老年人患精神类疾病后不仅得不到关爱，还会遭遇冷漠与指责。

4.2.5 疾病造成农村留守老年人心理负担过重

进入老年期后，随着年龄的增大，人的身体健康状况逐渐变差，听力、视力、肢体等残障明显增加，并伴随着生活自理能力下降，再加上农村医疗条件落后，留守老年人经济条件差，有病常常拖着不就医，想就医，常常没有人陪着去医院，这大大降低了留守老年人的生活质量，容易导致其心理负担过重，在精神状态上易有孤独无助感，对疾病、生活感到担忧，有更多的精神需求。谭小林等人的研究表明：很多继发于躯体和神经系统的疾病的病理生理变化、药物治疗以及疾病所产生的心理影响均可以成为老年期抑郁的发病原因①。

4.2.6 子女少有向父母表达关心

外出子女打工地的远近程度直接影响着女子回家的次数和频率，离家远回家次数就少，回家的频率就小，还影响子女在家停留的时间，和父母待在一起的时间少了，向父母表达关心、给予父母慰藉的机会就相对少些。外出务工人员多集中于北京、上海、广东、浙江等经济发达地区，千里之外，路途遥远，回家消耗在路途上的时间长，回家花费的车费多，再加上农村地区的交通不是很发达，都需要换车转乘，路途辛苦，影响着外出子女的回家意愿。可见农村留守老年人外出务工子女离家远，其回家消耗的物力成本和时间成本大，是农村留守老年人外出子女回家次数少、频率低的重要因素，是农村留守老年人家庭心理护理不足的重要原因。

此外，大多数中国人都比较含蓄，不善于表达自己的内心世界，尤其是年龄较大的人，更不善于表达自己的情感。同时，外出务工的子女很多工作不太稳定，生活压力比较大，工作辛苦，或者个别人还经历了一些较为痛苦的事情，又不希望父母为自己担心，就会直接逃避与父母联系。而年老的留守父母感受到的是子女的冷漠、不关心。再加上我国第一代农民工正在渐渐老去，他

①谭小林，赵科，文宴．重庆农村社区老年人抑郁状况及其影响因素［J］．中国老年学杂志，2014（10）：2840-2842.

们退回了农村成为留守老年人，因为他们的子女基本上都是留守儿童，从小缺少父母的陪伴，因此长大后与父母感情并不是很深，这些孩子长大后与父母的交流也会比较少，这就造成了第一代外出务工人员感受不到子女的关爱。

5 国内外农村养老模式

5.1 国外农村养老模式

从最初农民依靠土地为生、以家庭养老为主，到人类社会进入工业化以后，农民大量进城促使政府推行社会养老保险制度并逐步将农民纳入进来，最终确立了城乡统一的社会养老保险制度①。虽然发达国家比我们国家早几十年完成了这个制度性跨越，但通过梳理国外特别是比较有代表性的几个发达国家的农村养老保险制度的形成，通过分析其制度跨越的特征及其所处的时代背景，可以为我国农村养老保险制度的进一步完善提供许多有益的启示和借鉴。

5.1.1 美国

5.1.1.1 美国农村养老保险制度的选择

目前美国实行的城乡统一的基本社会养老保险制度，其形成过程并不是一蹴而就的，而是伴随着美国城市化进程和农民权利意识不断发展而逐步实现的。在最初阶段，也就是工业化之前，美国也和过去的中国一样，多数美国人以土地为生，家庭成员间的互相帮助成为社会保障的主要方式。但这种情形很快被汹涌而来的工业化浪潮冲散了，这个转折点没有准确的时间节点，专家们通常将这个转折点定为20世纪30年代，也就是城市人口在总人口中所占比例开始超过农村人口比例的年代。从这一时期开始，美国传统的家庭成员间的保障方式被加速流入城市的农业人口打破，不仅当时所谓的“农民工”一时缺乏基本的社会保障，更为糟糕的是那些留在农村的老年人处境变得更加艰难。如果没有那场席卷世界的经济危机和由此引发的一系列社会动荡，或许罗斯福

①龙国良. 我国农村养老保障制度路径选择及影响因素分析［D］. 北京：中国农业大学，2014.

政府还不会意识到：人民没有生活保障，要保持社会的稳定就是一句空话。因此从1935年开始，美国联邦政府开始为美国公民建立强制性养老保险制度，并试图通过立法形式将其确定下来。应该说，美国联邦政府的这一做法为美国养老保险制度的创立提供了条件，特别是从一开始，美国社会保险制度设计者就明确提出建立全覆盖的城乡统一的基本养老保险、多层次保障和强制交纳工薪税等几个原则，更为美国养老保险制度的最终确立奠定了坚实基础。但是这一过程并不顺利，由于南方农场主的坚决反对，1935年制定的《社会保障法》的覆盖范围仅仅包含工商业人员，而对社会保障需要最为迫切的农业和相关人员却被排除在社会保障范围之外。在1939年制定的社会保障法修正案中，甚至扩大了需要排除的“农业劳动力”的范围，将一些农产品加工、运输、销售和前期服务人员纳入其中，使之脱离社会保障系统。这种被动的情形一直持续到了20世纪50年代，日益繁荣的经济使美国GDP以每年近10%的速度增长，财政收入大幅增加，农业相关人员收入不断提高，社会保险观念日渐深入人心。自1950年开始，美国以社会保障法修正案的形式将农业工人及其家庭雇员也囊括到了保障范围之内，一举新增参保人员400万左右。此后，美国联邦政府又先后8次以各种形式逐步扩大养老保险的覆盖范围。直到1990年，美国才实现了55年前社会保障制度设计元老所预想的那样，确立了城乡统一、全体社会成员无差别的社会基本养老保险制度。

5.1.1.2　美国农村养老保障制度的特征

第一，美国农村养老保险实质是一种缴费型保险，即劳动者在参与工作时被政府征收社会保障税，当劳动者达到退休年龄时才拥有领养老金的权利①。这种制度充分体现了以人为本的原则，避免了因政府单纯提供老年救助而产生的依赖心理。对于参加这种养老保险的群体，无论城乡，都将当前缴费与未来的养老待遇挂钩，不仅在很大程度上摆脱了对政府救助的依赖，减少了政府在未来人口老龄化到来时产生的过多的社会救助负担，也为自身未来养老提供了更加坚实和可靠的保障，从而使养老待遇成为自身的合法权益，维护了老年人应有的地位和尊严。

第二，美国的养老制度的逐步发展完善，与多年来的美国经济社会不断发展是离不开的。从美国养老保障制度的发展历程可以看出，任何一种社会制度的建立都不能脱离其所处的经济社会发展条件。可以说，美国的工业化和城市

①李思思，韩世范，朱瑞芳，等. 美国养老服务研究热点的可视化分析［J］. 护理研究，2019（10）：1686-1691.

化进程催生了美国社会基本养老保障制度的建立。当经济社会发展水平比较低时，无论是政府开支还是民众对新制度的认识都难以支撑基本养老保障制度一次性实现全面覆盖，全部到位。直到美国经济繁荣，政府和民众财富增加，对养老保险制度的认识也进一步深化，才产生这样一种需要，即逐步扩大养老保险的范围。这其中包含了民众对社会公平正义的诉求和对老年时代安全感的自然需要，也包含了政府压缩日益庞大的社会救助费用和加强城乡之间流动人员管理的需要。另外，还包含了养老保险社会认同日益增强形势下，各种养老保障模式之间相互竞争，争取占据市场主导地位的需要。

第三，美国的社会基本养老保险是保障性的，同时也是开放式的，在一定时期满足老年人生存需求的基础上，开始逐步满足老年人的发展需要，保障制度开始呈现出多元化发展趋势。目前，在美国农村，农民也和城市居民一样，如果想加入社会养老体系，既可以自己缴纳社会保障税，也可以由老板提供民办养老保险，这样就可放在个人退休账户享受到多元化的养老保障。此外，由于联邦政府对农业提供了大幅度补贴和农业日益现代化，美国农民并不是弱势群体的代名词，相反还从政府那里得到许多额外优惠，这些都使得美国农民都能从中找到适合自己的养老方式，享受到高质量、有保障、有意义的老年生活，保持良好的精神面貌度过幸福晚年。

5.1.1.3　美国农村养老保障制度的启示和借鉴

随着我国人口老龄化时代的到来，我们面临的养老问题也越来越多，如何让老年人愉快、健康地度过晚年，在保障老年人生活的基础上，逐步提高老年人的生活水平，已经成为我们不得不面对的现实问题。从当前的人口老龄化结构方面看，我国与美国比较相似，所以对美国养老模式进行深入研究，探究其发展过程和所具有的特征，对我国建设农村养老保障制度具有重要的借鉴意义。

第一，明确提出建立城乡统一的社会养老保障制度，形成社会共识。一方面，从美国社会保障制度的发展来看，政府为社会全体成员提供一体化的养老保障，不仅是政府的当然之责，也是社会保障制度发展的内在规律。在我国，长时期的城乡二元养老保障体系已经越来越难以适应当下由城市化和工业化进程带来的新局面。在我国养老保障制度改革伊始就明确城乡统一的社会养老保障模式，不仅是养老保障制度顶层设计的需要，更是多年来广大农民的合法权益和现实需要①。

第二，社会养老保障制度的发展可以是渐进式的，但必须是目标明确、多管齐下的改革创新。如前所述，发达如美国那样的经济体，也历经50多年才建立起社会保障制度。在我们这样一个人口众多，经济水平尚处于发展状态的国家，仅凭热情去推进城乡统一的社会保障制度是不现实的，必须以发展社会经济，加大对农业的支持力度，提高农业产出和农民收入为基础，分阶段、分步骤扩大城乡养老保障覆盖范围。这方面可以吸取美国相关的成熟经验和运行模式，如探索延长农民土地使用权和以耕地、宅基地替代缴纳养老保险的模式，或者在居民身份证号的基础上，探索将养老保险功能捆绑其中，形成与居民身份相统一的社会保障号，进而推动城乡一体化养老保障制度的建立，还可以结合我国实际情况，将农村地区养老与商业相结合，提高农村各种文化、物质资源的附加值，进而促进农村养老事业的整合和延伸，实现农村地区的全方位发展。

5.1.2 日本

5.1.2.1 日本农村养老保障制度的演变与选择

日本与中国无论从地缘上看，还是从历史上看都具有许多相似之处，日本是世界上较早进入老龄化的国家，也是老龄化问题最为严重的国家，其老龄化程度远远超过中国。日本农村养老保障制度的演变可以追溯到二战前，在明治维新后的七八十年间日本也经历了一系列政治、经济、军事改革，但是日本农业仍然处于传统农业阶段，这就决定了传统的家庭养老在农村占据主导地位的现实。通过战后美国对其的经济援助，日本经历了快速恢复期，由于农村劳动力大量涌入城市，原有的家庭养老保障已经不能满足他们的需求，建立农村养老保险制度开始变得尤为迫切。《国民年金法》于20世纪50年代末由日本政府颁布，这个法令将一直被排除在社会养老保障体系之外的农民和个体户通过强制法令形式纳入进来。这标志着农村养老保障制度在日本的建立，但是我们必须明确，虽然日本将农民纳入到了社会养老保障中，但这个国民都可以享受到同等待遇的社会福利和养老保险的时代仍然是二元结构的。随着日本经济的飞速发展，《国民年金法》也变得不再适应社会发展的要求，1970年日本推出了《农民养老金基金法》，作为对《国民年金法》的重要补充。与《国民年金

①万谊娜. 社区治理视角下互助养老模式中社会资本的培育：基于美国“村庄运动”的经验[J]. 西北大学学报（哲学社会科学版），2019（4）：104-113.

法》不同的是，《农民养老金基金法》采取自愿性标准，目的在于给农民养老保障提供双保险，为农民提高退休收入水平，保证晚年生活质量。《农民养老金基金法》对其参加者也有一定的限制，只有已经加入“国民年金”且年龄在20~55岁的具有一定土地数量的农民才能参加。虽然这一时期的《农民养老金基金法》的实施客观上提高了农民的养老保障水平，但是仍然没有改变日本社会养老保障的二元结构形式①。

20世纪70年代中期的全球石油危机使日本经济受到重创，并且由于前期日本经济的高速发展，很多农村年轻人进入城市工作，导致了日本在产业结构方面出现了天翻地覆的变化，同样在这个时期日本社会人口老龄化发展迅速，这些原因都促使“国民年金”的参保人数严重不足，造成养老金收支不平衡，进而又一次将养老保障制度改革推上了风口浪尖。另外，由于日本养老金的二元结构状况的存在，加上缴存比例和发放口径不一致，行业与行业之间、地区与地区之间也没有统一的标准，使参加者缺乏公平感，更加剧了社会矛盾。为了解决这一问题，日本政府于1985年修改了《国民年金法》，将国民年金与厚生年金相结合，扩大了国民年金的保障范围，成为日本公民年老后必然会享受到的社会福利之一，实现了城乡养老保障的一体化。

20世纪90年代开始，日本进入了失落的20年，这一时期不仅日本国内经济受到了巨大的冲击，其农村养老保障制度也面临着更为复杂的挑战。战后，日本经过几十年快速发展的积累已经蜕变为经济强国，与此相对应的是一大批农村年轻劳动力离开农村去寻求工作，人口老龄化时代到来，与城市人口老龄化相比，由于青年一代进入城市导致日本农村人口老龄化程度更加严峻。一方面是农民对养老保障需求提高，需要供养的老年人口增加，养老保险缴纳额增加，另一方面是农村养老保障水平低，养老保险支付额降低，面对如此困境，进一步改革“国民年金”成为解决问题的出路。通过这次改革，日本的养老保障在城乡一体化的前提下进一步满足了各层次、各行业的不同需求。为了保证“国民年金”的收支平衡，日本政府于2004年开始进行了一系列的税制改革，用以提高“国民年金”的负担比例。

5.1.2.2 日本农村养老保障制度的特点

2010年，日本老年抚养比已超过40%，是美国的2倍，比英国、德国等发达国家高30%左右。日本总务省统计局2011年1月20日发布的《2011年1

---

①李青. 日本养老制度发展历程：从“国家福利”到“社会福利”[J]. 行政管理改革，2019（7）：93-99.

月人口预估》显示：全社会人口中有23.1%的人是65岁以上的老年人，总数达到了2 946万，其中42.7%是男性，57.3%是女性，总人数分别达到了1 259万和1 687万；社会总人口中11.3%是75岁以上的老年人，总数达到了1 436万。其中男女比为0.62：1，男性548万，女性888万。日本未成年人和老年人总量达到社会人口的60%左右，而这一比例几乎达到了现有劳动人口所能抚养的人口的极限，造成“国民年金”空洞化现象日益严重，欠费率较高①。另外，虽然日本实行了城乡一体化的养老保障体制，将城乡居民养老保障收入尽可能地缩小差距，但是由于他们在缴纳保费上的不同使得城市居民的实际养老保障收入大大高于农民阶层。

为应对人口老龄化不断加剧，解决巨大的资金压力，日本农村的居家养老成为日本农村养老制度的又一特点。日本农村主要依靠落实介护保险政策来解除农民的养老后顾之忧。日本规定年满40岁的村民开始缴纳介护保险金，在岁数达到65岁以后就可以享受保险，如果是已经年满40岁未满65岁且患有特定几种疾病的社会成员也可以享受保险。日本的介护保险政策为农村老年人的养老问题提供了解决途径，并且将农村养老服务事业形成产业链，通过农村养老服务的产业化发展，使服务水平得到了提升，同时也扩大了资金来源。目前，由于居家养老服务种类繁多，基本上可以满足老年人的各种需求，居家养老服务设施齐全，可供老年人娱乐、休闲、学习、社交等，优势凸显，越来越受到日本农村地区老年人的青睐。在日本，有许多多功能、小规模的服务站起介护保险作用。这些多功能、小规模服务站实行市场运行模式，就近为老年人提供居家养老服务，服务范围广，服务项目规范合理，将社会养老保障带入了家庭，使得介护保险政策达到了最初的设计目标。

5.1.2.3 对我国农村养老保障的借鉴意义

虽然我国农村实际情况和日本千差万别，但两国在农村养老实践中却面临着共同的问题，如，都出现人口老龄化加剧情况，农村人口老龄化程度都远高于城镇老龄化程度，城乡养老保障都存在一定差距，农村养老保障的最终目标都是实现城乡一体化等。从20世纪50年代末建立农村养老保障制度以来，日本经历了多次改革，逐步实现了城乡一体化养老保障制度，在此过程中积累了大量宝贵的实践经验，值得我们借鉴和学习。

第一，有计划地在农村地区推行养老保险政策是解决农民养老问题的关

---

①杨振轩，胡立君．日本养老产业发展中的政府职能与启示［J］．学术界，2018（1）：203-213．

键。二战后，日本农村有计划、有步骤地推行国民年金计划，解决了农村老年人的基本养老问题，减轻了农村人口老龄化带来的负面影响，实现了国家的城市化，将农村人口占国家人口的比例降到了4%。目前我国正经历着日本曾经经历的过程，随着经济社会的不断发展，农村人口开始大量涌入城市寻求工作机会，与此同时，农村人口老龄化随农村年轻人口的流失变得更加严重，通过合理设计和规划农村养老保险制度才能解决广大农村人口的养老保障问题。

第二，制定法律法规保证农村养老保障的实施。农村养老保障涉及对象多、范围广，需要协调的各方利益也较为复杂，需要专门的法律法规助其推广和实施。日本在推行其农村养老保障政策时先后颁布了若干部法律法规，如1959年的《国民年金法》和1970年的《农民养老金基金法》。这些法律法规的实施将日本农村养老保障政策上升到了法律高度，为其顺利推行提供了有力的法律保障。

第三，建立城乡一体化的社会保障制度，缩小不同群体间养老收入差距。日本的农民养老金基金是在国民年金的基础上施行的，目的是缩小城乡之间的养老金差距。我国也一样，长期以来形成的城乡二元经济社会结构阻碍了农村居民参与社会保障的权利，建立城乡一体化的社会保障制度有助于农民获得平等的公民权利。

第四，政府在农村养老保障过程中要发挥积极作用。在日本政府的积极引导和推动下，日本农村养老保险制度才得以发展到今天，政府除了制定政策、协调组织之外，还提供了大量的财政资金，这些举措共同促使日本的农村养老保障顺利开展并取得巨大成功。在我国农村养老保险制度的推行中，政府在制定决策规划和实施中都起到了主导作用，在财政支持方面还有大量空间可以提升。

第五，在农村地区要建立多形式、多种类的养老保障机制。日本除了建立农村养老保险制度外，还通过多种渠道解决农民的养老问题，保障农村老年人的生活，如居家养老等。结合我国农村养老实际情况，日本居家养老中的多功能、小规模服务站很值得我们学习，在家养老的农村老年人需要方便快捷、复杂多样的服务，而多功能、小规模服务站完全满足了老年人在这方面的需求，既能保证老年人享受高质量的养老服务，又能使老年人不脱离原有的社会关系和家庭环境，提高了老年人的养老生活质量，是实现农村老年人安度晚年的基础。居家养老方式能在日本如此盛行，和日本政府的大力支持是分不开的。

5.1.3 德国

5.1.3.1 德国养老保障制度的演变与现状

德国是世界上第一个建立社会保障制度的国家。19世纪末，德意志第二帝国首相俾斯麦迫于日益高涨的工人运动的压力颁布了医疗保险法、伤残和老年保险法。当时能够享受到这些福利的只有工人，后来将职员和遗属也囊括到了保障范围之中。二战后，经过几次调整改革，养老保险成为德国最重要的保险制度之一①。德国现行的养老保险制度是从1992年1月1日开始执行的，其覆盖了德国大约86%的从业人员。德国养老保险支出占社会保障总支出很高的比例，在1998年甚至达到了30%以上。19世纪80年代，德国专门针对农业企业中的员工建立了社会保障制度，农场主由于在退出农业企业经营之后可以从后继者那里得到一笔数目可观的补偿，因此农场主不被包括在保障范围之内。在德国，受雇于农业企业的员工属于工人，而不是农民，只有农场主及其从事农业生产的亲属算农民。长久以来，德国农业产值占国民生产总值的比例很低，只有1%左右，而农民也只占到全国人口的7.8%左右。因此，德国虽然很早就建立了养老保险制度，但是直到20世纪50年代才开始重视农业生产，为了使一部分劳动力转移到农业生产领域，才建立了完善的农村养老保险制度。此时，德国政府推出的农村养老保险规定：只有农场主及其一起从事农业生产劳动的亲属才有投保的资格。对于农场主身份的划定也有着严格的标准，比如农场的经营规模必须达到4公顷等。

德国执行的农村养老保障制度前后经历过三个阶段。第一个阶段从20世纪50年代开始，参保的农民需要缴纳法律规定的投保费用，在其退休之后则可以领取养老金。此时不论农场主所经营农场的大小和效益是否相同，投保所需缴纳的费用都是相同的，退休后领取的养老金也是相同的，没有差异，这一阶段被称为均等阶段。第二阶段开始于20世纪70年代，德国政府为了鼓励富有创新精神的年轻人参与到农业生产中，从而达到调整产业结构的目的而实施了鼓励农民提前退休，加快农业生产者更新换代的保险制度。这一时期德国政府将农民的退休年龄降低了10岁，即农民55岁即可退休，德国政府为了这一保险政策的顺利施行，加大了对农村养老保险机构的补助力度，在农民退休时发放额外的养老金当奖励，这一阶段被称为额外奖励阶段。第三阶段是从20

①金昱茜. 德国法定养老保险精算制度的法律保障的经验与启示 [J]. 湖南师范大学社会科学学报，2019 (2)：46-54.

世纪 90 年代开始的，德国政府为了使农民退休后可以享受到较高水平的养老金待遇，开始鼓励参保的农民延迟退休，同时提高农民缴纳保险金的缴费率，这一阶段被称为激励阶段。

德国政府的职责仅仅是出台法律对保险进行规范，而在实施过程中则放权给地方的专业机构，让其根据实际情况自行调解管理。经过长期发展，现在形成的德国农村社会养老保障制度的具体内容如下：第一，保障范围。德国农民养老保障的主要对象是农林企业主，还有在农林企业中参与劳作的企业主的配偶，在企业中工作的农场主两代以内的血亲、两代以内的姻亲和一个农场主或者其配偶的养子女，而农林企业中的职工则不在保障范围之内。第二，资金来源。其资金来源由农民和政府共同承担，农民需要缴纳保险金，家庭成员所需缴纳的保险金由农林企业主缴纳一半，其余则全部来自政府津贴。德国政府考虑到农林企业在经营过程中收益不稳定，因此所有投保人缴纳的保费金额是等额的，而在实际资金流转过程中实行现收现付模式。第三，保障方式。投保人最少缴纳养老保险 15 年，在领取养老金之前必须先将农林企业的经营管理权移交出去。在男性达到 65 岁，女性达到 60 岁之后就可以领取养老金。第四、机构设置。德国农村养老保障主要由设立在各地的养老保险机构管理，具有法人组织的性质，自主行使管理权，但是受到联邦政府的监管。

5.1.3.2　德国养老保障制度的特点

从产生过程和发展历程来看，德国的农村养老保障制度具有以下 4 个特点：第一，自成体系。英国、瑞典等福利国家的养老保险制度是一元化的，其保障对象的覆盖范围包括了全体国民，农民也是其保障对象，享受的保障待遇和其他行业的从业人员没有不同，养老责任主要由国家负责。而德国则是将农民从其他社会成员中单独划分出来，专门为农民设置了农村养老保险。由于农场主在达到退休年龄后退出农场经营时，可以从农场继承者那里得到一笔可观的转让费，因此政府有意识地将农民从普通的社会养老保险中剥离出来，实行统一的缴费制度，为其提供较低水平的保障。需要特别注意的是，尽管德国的农村养老保险是一个独立的系统，但是已经参保的农民因为职业变动需要转保，改投普通保险也是比较方便的，农村养老保险与其他养老保险之间并不存在障碍，相互之间有很好的兼容性。第二，立法完善。德国拥有非常完善的法律体系对社会养老保险制度进行保障，尽管农村养老保险制度起步相对较晚，但也形成了完善的法律制度以保证农村养老保险制度的顺利运行。运用法律手段使养老保障制度有了强制性，农民参加农村社会保障制度也成为一种义务。法律也规定了政府的责任和义务，使联邦政府必须为保障体系提供财政补贴，同时担负起了监管的责任。第三，自治管理。德国的养老保障制度最具特色的一点就是自治管理，农村养老保障制度同样如此。在成立自治机关时，雇主和雇佣亲属的农场主即独立出来，他们的主要职责是制定相关章程、确定保障的最低标准、规定参保人的义务等，这样就增加了农场主的话语权，使其拥有了反映诉求和表达意见的权利。第四，双重功能。德国的农村养老保险制度不仅保障了农民的养老，还对产业结构调整、促进农业生产率的提高具有调节作用。德国联邦政府制定相关政策时将其作为一种对经济发展的调节手段①。

5.1.3.3 对我国养老保障制度的借鉴

德国实施的农村养老保险对维持社会稳定具有重要意义，同时也在一定程度上对经济发展有着积极作用。社会保障制度既是一项社会福利制度，也是一种社会经济制度。在制定或推广某项保障制度的过程时应综合考虑该项目对社会福利和社会经济的影响，努力保证在提高社会整体福利的同时，还能对经济有促进作用。在制定政策时还需要考虑与以前政策的相关性、连续性，努力使新政策和以前政策能够协调配合，符合社会发展的远期目标。虽然德国建立养老保障制度非常早，但是其农村养老保障制度发展却比较晚，经过多年发展也基本满足了德国的保障需求，化解了农村老龄化带来的养老问题。总结经验，可以得出德国成功的原因有：政府通过建立完善的法律体系来规范标准，将实际施行过程社会化，对福利保障机构进行严格甚至苛刻的监管，将利益表达机制规范化和制度化。

我国的农村养老保障制度发展与德国有一定的相似性。政府提出了城镇化发展战略，要进行城乡一体化发展，这使我国的农业面临结构性调整，这与德国有着相似之处。我国已经进入老龄化社会，农村的养老压力日益严重，这也与德国农村养老保障制度的发展阶段相似，都承受着老龄化的压力。农民这一特殊群体在德国也没有被纳入普通的养老保障制度中，德国政府专门为其设定了独立的养老保障体系，且起步相对较晚。因此，德国的农村养老保险制度对我国有着极强的借鉴意义：首先，我国在建立农村养老保障制度的时候要做好其与城市社会养老保障制度的衔接工作，要使投保人能够在两者之间进行自由转移，防止两者之间产生隔阂。其次，政府要承担起相应的社会责任，要从财政中划拨专门资金对养老保险制度进行补贴。政府要逐步退出对养老金的经营管理工作，将管理工作交给专业的保险机构，政府则承担起相应的监管工作，

---

①卢求. 德国长期照护体制与机构式护理养老设施的经验与启示 [J]. 建筑学报，2017 (10)：43-49.

防止资金被挪作他用。政府还需要制定配套的法律将农村养老保险法制化，以提供强力的法制保障。最后，要建立起有效的反馈和表达机制，防止出现信息不对称现象。养老金的管理者要及时向农民公布资金使用情况，要为农民建立起反馈申诉通道，让农民能够在规范的框架下充分表达自己的诉求①。

5.1.4 其他国家

5.1.4.1 以瑞典为代表的高福利国家

资本主义社会在20世纪后呈现两种不同的发展方向，一种是更加重视市场经济的调节机制，另一种是更加重视保障社会福利。前者强调效率，后者突出社会公平。北欧国家中的瑞典是一个典型的社会福利国家，不仅福利保障水平高，而且具有普惠性质。瑞典的农民同样享受养老保险待遇，其养老保险金由三个部分组成：①瑞典国家基本养老金；②补充养老金；③部分养老金。所谓基本养老金是按照瑞典《国家退休金法》的规定，在达到退休年龄(65岁)之后即可获得的养老金. 瑞典国家基本养老金的获得体现了普惠性质，即全体国民不论此前工作类型，只要达到年龄条件即可领取养老金。补充养老金是参照农民退休前的收入水平和工作年限确定的养老金。部分养老金是指由于一部分农民在年龄超过60岁后提出了减少工作时间的要求，于是相应地降低了其养老金水平。

瑞典的农村养老保障制度对我国有如下三点启示：①坚持社会养老保险的普惠制特点。由于社会养老保障关系到包括农民在内的任何一位国民，其存在更多的是体现社会公平与正义，我国是社会主义国家，法律面前人人平等，农民与其他社会阶层应当享受同等待遇。②体现个体对国家和社会财富的贡献。如果农民对国家和社会贡献得多，那么其获得的养老金待遇理应更高，如果其减少工作时间，那么其获得的养老金待遇应当相应降低，体现一定的差异，这也是社会公平在另一方面的表现。③国家高福利政策的坚实保障。我国经济发展虽然取得了良好的成就，但是人口众多，老龄化趋势不容乐观，我国养老资金压力还是非常大，财政负担也非常重。当我国在进入高等收入国家行列之后，可以考虑实施高福利政策，完善社会养老保障制度。

5.1.4.2 以俄罗斯为代表的东欧转型国家

国际社会在二战后曾经出现了社会主义阵营和资本主义阵营。其中苏联是

---

①武萍，周卉，赵越. 中国家庭养老方式的社会化机制研究：来自德国的启示［J］. 辽宁大学学报（哲学社会科学版），2016（2）：90-96.

社会主义阵营的总代表。在20世纪末，苏联解体和东欧剧变，改变了国际关系和格局。俄罗斯等东欧国家实施了激进式改革，其对计划经济时代建立的福利制度进行了根本性变革。我国经历了渐进式改革，也属于转型国家或转轨国家，俄罗斯和东欧国家的养老保障制度对我国具有很强的借鉴意义。

俄罗斯养老保障制度经过两轮改革，目前形成了三个支柱的社会养老保障制度。第一支柱是社会基本养老保险制度。基本养老保险的资金来自社会保险税，俄罗斯各级政府是社会保险税的直接管理者，实行现收现付制。但是，社会基本养老保险数额较低，平均每个人每月50美元，不与工资挂钩，仅能维持最低生活水平。第二支柱是强制性养老保险。这部分养老资金来自俄罗斯企业缴费。根据俄罗斯法律规定，强制性养老保险金分成统筹保险和基金积累两个部分。前者名义上归入个人账户，退休时根据积累额计算养老金给付标准，在实践上却采取了现收现付制；后者实质上归入个人账户，按照投资增值收益作为退休养老金给付①。第一支柱和第二支柱目前由俄罗斯国家养老基金负责管理。第三支柱是自愿性补充养老保险，包括向商业保险公司投保养老保险，也包括在私营养老金公司建立私人养老金计划。俄罗斯政府对养老保险给予一定的税收优惠，第二支柱的企业缴费可以税前列支。从2008年起，俄罗斯政府对第三支柱中个人缴费参加商业保险和私人养老金计划都给予税收减免，企业缴费参加商业保险的可以税前列支。

从俄罗斯的经验不难看出：①国家建设的农村养老保障制度应从多个支柱出发进行构建。多个支柱相当于建立多个制度框架，共同构成了农村养老保障制度。每个支柱具有对应的管理部门和企业参与，分工合理，彼此合作，共同推动养老保障事业的发展。在支柱的设计上，也是从基本养老保障、企业养老保障和商业化养老保障三个角度出发，涉及国家、企业、个人、养老保险商业公司等多个主体。这样的制度设计一方面降低了国家的财政成本，因为完全由国家负担养老问题既不现实，也将面临高昂的养老费用支出；另一方面满足了不同农民或公民对养老的需求，即有条件的可以获得更多的保障，经济社会地位相对薄弱的农民或公民则只能获得基本保障。②我国商业化保险公司发展还需要进一步强化。俄罗斯的经验表明商业化的养老保险是可行的，但是需要更多的市场竞争主体参与，共同开发商业保险市场。我国对农民的商业化保险还属于起步阶段，受农民购买力不强的原因影响，一直处于薄弱阶段，但农民拥

①童伟，伊戈里·戈尔基. 俄罗斯养老保障制度改革：现状、问题及前景［J］. 俄罗斯中亚东欧研究，2013（1）：42-49.

有土地、房屋等资产，应成为商业化保险考虑的对象。③做实个人账户。俄罗斯在养老保险制度上十分重视个人账户，虽然在个人账户操作上也还有很多不完善之处，但是对我国构建农村社会养老保险制度来说，应当进一步加强个人账户的建立。农民变老后将在城市定居或者回农村养老，都将面临如何领取养老金的问题，如果个人账户做实，那么其必然可以携带个人账户里的养老费用自由选择养老地点，从而促进农村社会养老保障制度在全国的统一以及日后城乡统筹养老保障制度的合并和统一。

5.1.4.3 新加坡

新加坡建立的是储蓄型的养老保险制度，与瑞典福利型养老保险强调国家财政支持不同，新加坡更加注重个人在养老保险中的责任，即公民必须缴纳中央公积金作为强制储蓄，以保证所有公民退休后或者丧失劳动能力时能够以此作为生活保障。这个强制储蓄型的养老保险制度要求，所有公民达到法定退休年龄时应当满足其个人强制储蓄账户达到法定的最低缴存额度，如果达不到最低限制，必须通过延迟退休或者现金补缴方式使个人账户达到最低限额，否则不能按月取领取养老金。这种明确个人作为养老保险第一责任人的模式导致个人储蓄在养老金总数上占绝对比重，一方面使政府在承担个人养老保险方面的压力大大减轻，另一方面，也使个人增加了储蓄积累，相应地给居民消费起到了导向作用。

应当说，新加坡国家养老保障制度具有鲜明的国家特色。其建立的中央基金制度，在理论上被归纳为储蓄保险型，或者叫强制储蓄型养老保障制度。其特点是将个人作为养老保险的第一责任人。一方面，减轻了政府对社会养老保险的投入和财力支持，另一方面，鼓励企业和雇员在养老保险上充分发挥各自职责。对于中国来说，虽然在国家经济总量、人口规模、城市化水平上，与新加坡不同，但是新加坡坚持突出个人在养老保险制度中的作用也是值得肯定的，特别是对于农村地区建立社会养老保障制度难度较大的现实情况，充分鼓励农民在养老问题上发挥作用，配以政策调整应当会产生积极效果。

对美国、德国、日本农村养老保障制度的演变和特征，以及以瑞典为代表的高福利国家、以俄罗斯为代表的转型国家、新加坡等其他国家养老保障制度的分析发现，除美国外，德国和日本都经历了战后重建——经济飞速发展——农民大量涌入城市的过程，美国虽然没有战后重建过程，但是也同样经历了经济飞速发展——农民大量进城的过程。由于脱离土地的农民进入城市工作，需要新型的养老保障机制来保障他们退休后的生活，而留在农村的农民由于人口经济结构的改变也需要新的养老保障机制的建立。目前我们国家也正面临同样的局面，即经济快速发展和大量农民进入城市，原有的城乡分割的社会保障制度已经难以维系，而美国、德国、日本、瑞典、俄罗斯、新加坡基本社会养老保障制度的形成过程和时代背景，为我国建立农村养老保险制度到最终实现城乡统一的社会养老保障制度提供了有价值的借鉴和参考。

5.2 国内农村养老模式

随着新农村的建设，农村养老问题也逐渐受到关注，面对人分散、子女外出务工、经济水平低下等现状，我国部分农村对此做了一些有益的探索。

5.2.1 四川省金堂县构建农村居家养老服务新模式

金堂县是四川省成都市的农业人口大县、外出务工大县，老年人口比例较高，不仅居住分散，而且“空巢化”现象日益严重。为了在财力、资源有限的情况下破解农村“未富先老”问题，实现习近平总书记提出的“老龄工作有人抓、老年人事情有人管、老年人困难有人帮”的目标，从 2013 年开始，金堂县紧紧围绕“让老年人干干净净活出尊严、舒舒服服活出品质”的要求，坚持从实际出发，力求不花钱能办事、花小钱办大事，通过体制机制创新，构建“一中心、多站点、重巡访”的农村居家养老服务新模式，初步探索出了一条符合人口大县、财政弱县的农村居家养老新路子，并基本实现了城乡养老服务全覆盖。

5.2.1.1 扶持发展，发挥基层老年协会引领作用

以基层老年协会规范化建设为牵引，发挥基层涉老组织贴近老年人的优势，积极引导基层老年协会参与为老服务。降低基层老年协会组织的注册登记门槛，推动具备一定条件的乡镇（街道）、村（社区）老年协会开展社会团体注册登记，为老年协会规范化长效运行提供保障。老年协会通过政府购买服务和为老服务养老帮扶试点项目，引领老年协会会员及自治组织、志愿者依托城乡日间照料中心、互助养老点、老年活动中心、老年大学教学点等阵地，组织开展互助养老、政策宣传、孝善文化倡导、文体、娱乐等活动；组织老年协会会员开展集中祝寿、巡访探视、困难帮扶、心理慰藉等活动；同时主动搭建为老服务组织沟通协作平台，与其他服务组织就老年权益保护及养老服务和“银龄保险”进行协调，配合提升居家养老服务整体质量。

5.2.1.2 全面摸底，实现服务全覆盖

通过整合卫生、残联、流管办等部门的老年人健康档案、残疾人信息数

据、空巢老年人信息台账等资源，全面摸清老年人居家养老服务需求，有针对性地提供服务，由乡镇全面摸清辖区内的老年人信息档案，实行动态采集和动态管理，同时建立巡访人员台账，明确服务内容，建立工作制度和监管制度，将服务对象落实到人头上，保障服务对象全覆盖。

5.2.1.3 分层实施，完善农村养老服务体系

一是建成110所城乡日间照料中心，按照“六室一房”（亲情服务室、温馨阅览室、趣味棋牌室、关爱康复室、爱心理发室、细心洗浴室以及贴心洗衣房等）标准，开展老年人临托照料、娱乐等服务。

二是在村（社区）中选择居住集中，住房宽裕的农户建成1 605个互助养老服务站点，配置简易娱乐活动用具和设施，为距离中心较远及行动不便的老年人开展延伸服务，实现1千米范围内就地养老。

三是建立巡访探视制度，实施居家巡访服务养老，组织村（社区）干部、村民组长、老年协会会员和青年志愿者、社会组织等18 957人，重点对25 817名空巢老年人及9 393名经济困难的全失能老年人等，开展每周2~3次“零距离”上门服务，有效地预防了老年人在家突发意外死亡而无人知晓的情况，目前全县巡访服务覆盖率已达100%。

5.2.1.4 整合资源，实现服务无缝对接

整合民政、卫生、司法、残联、妇联、文化等部门资源，建立上下联动、部门配合、社会力量积极参与的农村互助养老服务网络，为老年人提供生活照顾、家政服务、心理咨询、卫生保健、精神慰藉、法律援助和紧急救助等无偿、低偿和有偿服务的居家养老服务，共同推进农村居家养老服务工作。如法律部门为老年人免费提供法律服务，卫生部门为老年人提供上门服务等，社会组织及基层老年协会通过政府购买服务的形式，为老年人开展巡访探视、电器维修、理发、医疗保健、心理慰藉等服务。

5.2.1.5 拓宽筹资渠道，确保为老服务有经费

按照“市县财政出大头、村级资金补小头、社会爱心添零头”的方式，理顺了养老服务链条，实现了花小钱办大事。坚持用统筹的思路和办法盘活资源、整合资金，着力解决农村养老经费投入问题。统筹利用村（社区）办公室、活动室等现有集体房屋资源，修缮、改造办公楼、建设城乡日间照料中心，降低了建设成本。指导村（社区）用活村公共资金，将为老服务纳入村公共资金使用范围，引导基层老年协会通过政府购买服务的形式，确保农村互助养老服务点和互助巡访点正常有序运转；加强对全县110所城乡日间照料中心的运营监管，通过星级评估，实行以奖代补；按照为老服务建设及服务活动

开展情况对为老服务站点进行量化评选，对督查达标的站点给予1 500元的补助，激励各服务点优化服务内容、提升服务质量。

5.2.1.6 优化服务内容，提升服务质量

针对县财政收入低、农民收入不高的实际，着力解决农村老年人最需要的服务需求，设定了生活照料、文娱活动、健康服务三大类共29个小项服务，努力让老年人“老有所养、老有所乐、老有所医”。

一是开展生活照料服务，为老年人提供一日三餐，以及理发、洗衣、洗澡、助餐、临时抚养等服务，解决老年人生活不便问题；

二是开展文娱活动，在中心（站点）配备电视、棋牌等娱乐设施，提供适宜的报纸、期刊、图书和影视，配置适合老年人的健身器材，满足老年人精神文化需求；

三是开展健康关爱服务，促进医养融合，利用村级卫生服务站和乡镇（街道）卫生院，为老年人提供健康档案管理、知识讲座、定期免费体检、康复理疗、心理慰藉等服务，解决老年人基本医疗保健问题。针对不同年龄段及类别（散居、五保、低保、残疾等）老年人，分别采用发放服务证、卡、券等形式，免费为老年人提供服务。

5.2.1.7 营造孝善氛围，提倡社会新风尚

弘扬孝善文化，打造“孝善金堂”品牌，将孝善文化建设及敬老风尚营造与养老服务充分融合，每年举办“孝善文化节”，开展“新二十四孝”评选和“孝子行”“百寿宴”等系列民俗活动，新建孝善博物馆、孝善公园（广场）等场所，使“在家当孝子、在外做善人”的理念深入人心，着力构建起“孝、敬、养”三位一体的养老服务发展格局，为全县养老服务营造良好氛围。

金堂县开展的“一中心、多站点、重点巡访”的农村居家养老服务模式，切实解决了城乡老年人特别是空巢、独居、残疾等老年群体安全、生活、健康、文娱等居家养老难题，通过分层次建立农村养老核心区、辐射区、放射区，逐步形成了就近服务、就地服务、上门服务，真正做到了服务主体、服务内容与服务对象零距离。同时，不离亲、不离家，符合老年人的心理需求，也更易被接受。这一模式为农村地区老年人养老问题找到了一条低成本、易复制、效果好的路子。

5.2.2 农村民办非企业养老机构

5.2.2.1 案例背景

江苏省镇江市农村的养老服务，特别是提供的老年照护服务长期以来一直维持在过去的家庭照护层面，缺少领先的社会化养老方式。面对这一情形，该地区应当加快养老服务建设步伐。可利用扩大养老护理中心、老年公寓、社会中介服务机构的覆盖率，以创新养老社会服务新模式。伴随乡村地区失能、失智、高龄、缺少生活自理能力的老年群体数量急剧扩展，再加上社会经济实现了高速发展，因此希望通过养老机构颐养天年的老年人会更为普遍，老年人对机构养老的需求必然会急剧扩张，所以必须利用切实可行的优惠支持政策，整合社会各界力量，大力建设农村养老服务机构，积极参与社会化养老服务事业，只有这样，才能直面未来老龄化社会的压力。

镇江市农村养老照护存在急迫的需要，再加上国家出台的“社会福利社会化”政策，促进了农村民办养老机构的形成与发展。镇江市某区大多数区域归属农村社区，这一区域从2007起开始建设农村民办养老机构，截至现在，完成登记注册的机构为两个，第一个是地处辛丰镇辛丰村的丹徒区第一老年公寓，第二个是地处荣炳镇胜利村的爱心托老所。上述两个机构均表现出显著的投资数额低、自身规模小、可承载人员少等特征，它们最为明显的不同之处体现在投资主体有所差别，前者主要是集体投资，后者主要是私人投资，然而两者均是民办非企业单位，归属民办养老机构行列。

5.2.2.2 案例介绍

(1) 集体投资——丹徒区第一老年公寓

辛丰镇位地处镇江市东南部，北依沿江高等级公路，南靠丹阳市经济技术开发区，东临镇江大港港口，西接丹徒新城，总面积76.2平方千米，辖15个行政村和1个居委会，户籍人口4.83万，常住人口6.1万。辛丰镇是镇江市经济发展“十强镇”之一，丹徒区五大经济板块之一。拥有较好的产业基础，以轴承、纺织、电子、笔刷为主导产品，并配以新兴特色旅游产业，具有极强的产业优势。截至2000年，全镇工业总产值20亿元，创造利税近1亿元，人均纯收入4 020元，是江苏省经济实力百强镇、江苏省文明镇、江苏省卫生镇、江苏省新型示范小城镇、江苏省先进科技乡镇、江苏省教育现代化乡镇、江苏省经济与环境协调发展示范镇。现已形成鳗鱼养殖、化工、制刷、灯泡等产业。辛丰镇基础设施完善，经过多年的建设，全镇的交通、通信、能源、科技、文化、教育、环保等各项事业发展迅猛，休闲、娱乐、商贸等产业繁荣，城乡面貌日新月异。

私营企业发达的辛丰镇在镇江市属于经济比较发达的城镇之一，政府和民众都比较富裕。近几年来，在收入增加以后，辛丰镇更加注重基础设施和公共服务方面的建设。该镇在老年照顾服务稀缺的情况下，由辛丰村投资，与镇江市第三人民医院合作，建成镇江市丹徒区第一老年公寓。该机构属村级福利机构，是村级合作经济组织解决养老并惠泽村民的载体和形式。

老年公寓占地面积2 500平方米。有房屋三套：一套是办公室和工作人员的休息室，两层小楼；一套是水厂生产车间和仓库；还有一套长排平房是老年人生活居住的主要场所。共有老年人居住房间11间，分为2人间和3人间，均是带有洗漱间和卫生间的套房。房间宽敞明亮，内有空调、电视机等电器。另有食堂、厨房、保健室和娱乐室各一间。院子将近500平方米，有树、花草、水塘和座椅，环境优美，空气清新。

该养老机构由村集体投资，属于民办非企业单位。它隶属于镇江市第三人民医院，由其监督、指导和管理。除村集体划拨的土地房产外，前期村集体投资约50万元。老年公寓的基本运营属于院养院的性质，适当收取老年人的养老费用，维持老年公寓的基本运营。该老年公寓还有一个纯净水厂，并以水厂的收入补贴老年公寓的运作。

老年公寓提供的服务主要是生活照顾，以及基本的护理。专业护理方面，未实行严格的护理分级，但区分了自理、半自理和特护三个基本等级。护士对老年人身体进行定期检查，基本能够做到每天一查。生活照顾方面，提供食宿照顾，房间有专人打扫，定期更换床单，老年人就餐有统一的大厅，不能到餐厅就餐的老年人由护理员送到房间。

管理活动主要采取“机构式”的管理理念。管理制度方面，老年公寓有详细的规章制度，比如签订入寓协议书、老年公寓公约、老年公寓优质服务及护理规定、入住公寓老年人须知、护理班长职责、老年公寓保健室工作制度等。一些常用的礼仪、服务规范都悬挂上墙。在对护工的管理上，明确了责任和义务，老年机构对入住老年人的管理相对宽松，能够自理的老年人可以向管理人员说明情况后出去散步或自由活动。院内老年人也可以通过棋牌等方式消遣娱乐。

该机构目前共有7名工作人员，其中管理人员1名，原先是第三人民医院的护士，现在作为该养老机构的院长，拥有药师证、护士证和驾驶证。护工5名，该院护工均是农村中年女性，无专业技术，但都是长期从事该工作的有经验的熟练护工。同时另有会计一名。主要管理人员（院长和会计）属于市三院编制，在市三院领取工资。护工和老年公寓属于合同工性质，每月工资约为800元。

该老年公寓参照镇江市养老机构收费标准自行定价。收费标准按照自理、半自理和完全不能自理划分，分别是600元、700元、870元三个等级，费用包含床位费、护理费和伙食费。

当前该公寓实际入住老年人25名（已住满）。入住老年人平均年龄约78岁，最高年龄99岁。基本能够自理的老年人占50%～60%，但大多患有老年病，如高血压、糖尿病、心血管疾病等。其中1人是无锡人，9人是临近村子的老年人，还有15人是本村老年人。入住老年人中70%原先是职工，享受养老保障，100%参加合作医疗。

（2）私人投资——爱心托老所

荣炳镇地处镇江市丹徒区最南端，位于镇江市与常州市交界处，总面积45平方千米，耕地1 457公顷，辖5个行政村，44个自然村，188个村民小组，总人口2万多人。这里人杰地灵、民风淳朴、土地肥沃、山清水秀，是典型的鱼米之乡。这里南接金坛、东到常州、北至镇江、西达南京。荣炳镇拥有大型国有企业荣炳盐矿，并已经发展成一个繁荣兴盛、经济活跃的新兴集镇——荣炳盐资源区。但是，总的来说，荣炳镇在镇江地区乡镇经济的发展中处于中等水平。民营养老机构爱心托老所坐落在荣炳镇胜利村，是由私人投资建设的民办非企业性质的家庭式爱心托老所。

该托老所有四合院一套，是利用原有的闲置住宅四合院进行翻建改造而成，占地面积约1 000平方米，托老所营业场所主要是外围建筑，共有寄托房5间，每间房间2～3个床位，房间配备电视机一台。爱心托老所有公共洗澡间、厕所、厨房、娱乐间各一间。

该民营养老机构是由私人投资建设的民办非企业单位。机构投资人原先经营一家窑厂，后窑厂停业，自2008年开始投资该老年服务机构。开办初期，由于没有经验，也没有相关部门的指导，老板也是抱着取经的态度，到各家养老机构参观、学习，获取经验，也算是自学创办该机构。机构的一期投资为15万元，全部为私人资金。

该养老机构提供的服务以生活照顾为主，基本没有专业的护理。专业护理方面，仅仅包括：①镇卫生院每天有医生过来做例行检查；②喂药服务。在生活照顾方面，提供食宿、清洗等基本的日常照顾。床单基本是两日一洗，房间整洁，毫无异味。

该养老机构是家庭式运作管理的机构。管理制度方面，有相应的规章制度，比如护工的规章，但是由于开办时间短，比较简单。管理培训方面，主要是管理者对护工的言传身教，并落实“爱心、耐心和责任心”。对于入住老年人的管理，由于老年人的身体状况都比较差，都属于卧床型的老人，所以也没有具体的管理。

爱心托老所有管理人 1 名，农民企业家，原先经营窑厂，有企业管理经验，但无养老服务业的从业经历和专业知识。护工 4 名，农村中年女性，都是原先从事过护理服务的护工。

爱心托老所参照镇江市养老机构收费标准自行定价。收费项目主要是生活费、护理费、水电费、房租费和伙食费的合计费用，入院时通过议价，大约是 700~750 元不等。

该托老所可入住 15 人，实际入住 12 人。男性老年人 4 名，女性 8 人。平均年龄 78 岁，最低 66 岁，最高 85 岁。入住老年人均为中风引起的半瘫、全瘫，或者是痴呆老年人，都属于全天护理的老年人。入住老年人都是附近的村民，其中有 3 人是金坛区人，1 人是丹阳人，其余都是荣炳镇的老年人。老年人普遍不享受养老保障，入住的费用由子女分担以及个人积蓄两部分组成，但享受合作医疗。

5.2.2.3　*农村民办养老机构两种投资形式的对比分析*

第一，两个民办养老机构登记的都是民办非企业单位。国务院于 1998 年 10 月正式颁布《民办非企业单位登记管理暂行条例》，其中对民办非企业单位进行了规定，主要指社团组织、企事业单位以及其他社会团体公民利用非国有资产成立，主要用于开展非营利性社会服务活动的社会组织。它的服务宗旨主要为对社会公众提供公益服务，利用一系列完善的服务活动，推动社会发展，它的建设目的并非盈利，这一点在该组织的财务分配制度与财务管理制度方面表现得淋漓尽致。企业的盈利能够通过分红的形式提供给成员，完成清算之后的财产也能分配于内部成员，但是民办非企业单位获得的盈利与完成清算之后的财产却仅可用在社会公益事业发展上，不能分配给内部成员。根据社会福利多元化理论，负担福利的部门包含四类，首先是国家相关部门，其次是志愿部门，再次为非正规部门，最后为商业部门。而民办非企业单位属于其中的志愿部门，承担着社会福利的重任，是我国“社会福利社会化”政策的有力承担者。

第二，入住老年人的地域范围。通过对两家机构的调查分析，可清楚地看出，除老年公寓中有 1 位来自其他市的老年人外，托老所有 3 名金坛区人（金坛区临近该村），其他均是本镇甚至本村居住的老年人。可见，农村民办养老机构的入住老年人都是较近地域范围内的老年人。实际上，这样一方面使得家人可以经常来看望，另一方面，也减轻了老年人离家的孤单感，甚至在身体条件允许的情况下可以常回家看看。

第三，机构规模小，资金压力大。农村两家养老机构的规模都比较小，第一老年公寓可入住25人，爱心托老所满负荷是20人。反映出他们所能容纳的老年人在有服务需求的老年人中比例是非常低的。规模小的原因主要在于资金压力。第一老年公寓，前期投入较大，因而，硬件设施较为完善，但在目前的发展中，很难再向集体索求资金，只能通过以院养院的方式生存。第一老年公寓负责人指出：“由于收支只能保持基本的平衡，所以想要添置一些大的电器，或者是翻修院舍，在资金方面都有很大的困难，现在的发展基本上属于吃老本，沿用开办时候的硬件设施。所以老年公寓不可能靠自己的力量扩大规模。”私人投资的机构更是如此，爱心托老所的负责人谈到资金问题时，万般无奈，“对于这个机构的发展，我已规划了好几期的目标，下一步就是改造原有的小学，但是苦于没有资金。由于民办非企业性质的养老机构，银行也不能够贷款，现在只有慢慢来。”资金的短缺，无疑是现有民办养老机构规模小、设施简陋的主要原因。

第四，从业人员非专业化。两家养老机构请的护工都是农村中年女性，他们具有较强的吃苦能力和责任意识。然而，不容忽视的是这些人普遍年龄较大，文化水平较低。养老机构负责人挑选护工的标准是是否有耐心和是否能吃苦，不太重视护工的文化素质和专业素质。两家机构中有专业知识的只有老年公寓的负责人某女士，她原先是医院护士，并通过自学，有药师证和管理学的文凭。爱心托老所的负责人是民营企业家，尽管没有专业知识，但是市场、竞争意识都比较强。

第五，创办养老机构的动机。第一老年公寓主要是村集体为群众创办的福利机构，满足老年人对养老照顾服务的需要。而爱心托老所的筹建动机也离不开企业家爱心奉献，回报社会的动机，负责人多次表示“不求经济效益，投入成本也不求收回，为社会、老年人奉献爱心。”两者都是为广大农村老年人谋求福利的养老机构，但是动机还是略有区别。集体投资的更加重视公益性，机构的收入全部应用于机构的运转，集体的动机是将老年公寓的建设看成一项社会福利来投入。而私人投资的托老所的负责人在谈话中透露出，把养老机构的发展看成一门产业，有回报社会的意愿，但同时也是一项投资的事业。认为民办养老机构既是社会公益主体，又是个人经济主体，这种双重属性决定它奉献爱心和热情的同时保持营利性。

第六，服务内容的单一。两家民办养老机构的相似性还体现在软件服务的缺乏上，主要表现就是服务内容的单一。提供服务内容不丰富，显得单调、贫乏，与老年人日益增长的多样化服务需求有较大差距。机构提供的主要是生活照顾的服务，比如吃饭、穿衣、吃药，其他方面的活动只有读报、看电视、棋牌和散步，专业化的护理内容以及促进老年人自助健康发展的服务基本没有。特别是在软实力方面，与国有福利机构相比，略为逊色。比如敬老院，过年过节，会有相关单位捐钱捐物，慰问演出，政府领导的视察和慰问，调查的两家机构都没有这些活动。

（2）差异性分析

第一，投资主体、性质不同。

丹徒区老年公寓是由村集体投资，受市第三人民医院监督和管理，该家机构属村级福利机构，是村集体为解决养老并惠及村民的载体和形式。而荣炳爱心托老所，是私人投资的非营利机构，是家庭式托老所性质的民办养老机构。老年公寓专供老年人集中居住，符合老年体能心态特征的公寓式老年住宅，具备餐饮、清洁卫生、文化娱乐、医疗保健等多项服务功能。托老所为短期接待老年人托管服务的社区养老服务场所，设有生活起居、文化娱乐、康复训练、医疗保健等多项服务设施，分为日托、全托、临时托等。

爱心托老所的定位。严格意义来说，爱心托老所既不属于机构养老服务，也不属于社区养老服务。虽然老年人也进入了爱心托老所，但是与机构养老服务的区别在于其设施无法达到养老机构的要求。目前无论是硬件设施还是软件设施，与正规的养老机构都有相当大的差距。就每床建筑面积来说，福利院、敬老院一级、二级、三级分别应不少于 40 平方米、30 平方米、25 平方米。而托老所的每张床位建筑面积平均只有 18.7 平方米。楼梯、坡道、厨房、无障碍设施等也达不到养老机构标准。爱心托老所究竟是属于何种形式的为老服务，相关部门一直没有予以界定，也没有相关的政策加以规范和扶持，处于法律和政策的盲区，也就是处于一种“非法身份”状态。

总之，从集体投资的资金实力，从医院、卫生局监督管理的专业服务，从机构优于托老所的法律定位来说，两家机构是存在差异的，丹徒区第一老年公寓整体实力更强。

第二，不同的业务主管单位。

民办非企业的业务主管单位的职能应能涵盖所属民办非企业单位的业务范围，并能够对主管的民办非企业单位进行业务指导。主要职能是“业务主管单位必须对其所主管社会团体负责，按照中共中央、国务院文件和有关法规的规定切实履行管理职责。业务主管单位承担的一个主要职责就是监督管理责任。要求各业务主管单位和登记机关确定年度检查，建立联合抽检制度和审计制度。在检查内容确定后，定期或不定期对民办非企业单位进行实地检查，指定社会中介机构对民办非企业单位的财务情况进行审计，以保证其非营利性的落实。”

对于农村民办养老机构来说，业务主管单位起着监督管理和指导的作用。实际上两家机构分属于不同的主管单位。第一老年公寓隶属于市第三人民医院，主管单位是丹徒区卫生局；而爱心托老所的业务主管单位是当地的管委会。就两家单位的性质和承担监督管理指导的职责和能力来看，卫生部门对护理工作有更加清楚的职业化、专业化的理念，能够更好地起到指导与监督的作用。但是在实际操作中，相关的监督和指导都比较模糊。调查中发现对养老机构相关的指导和评估检查基本没有，相关单位还需要进一步明确责任，规范化管理。

第三，管理模式差别。

第一老年公寓主要是“机构式”的管理模式，该机构的负责人是受委托管理该机构的，并制定了较为全面的规章制度和规范。下面还设有会计和水厂负责人这些职位。可看作拥有正式机构设置和组织层次。

而爱心托老所是“家庭式”的管理模式，负责人就是投资人，雇了四个护工。在管理中，主要依据经验、情感、习惯等经验层面的手段管理机构日常工作。爱心托老所也制定了相关规章制度，但是比较简单，在很多方面需要明确细节。尤其需要强调的一点是，该机构的自然人财产与法人财产并没有被严格区分开来，经营者的劳务收入与机构的经营收入混在一起，家庭生活与机构运作混淆在一起。

第四，硬件设施差别。

首先，由于一期投入和占地面积的差别。第一老年公寓的硬件设施好于爱心托老所的硬件设施。①老年公寓是套间形式，房间宽敞，一般都是两人间，且有独自的卫生间和洗手间；托老所主要是单间形式，没有独立的卫生间，房间一般住 3 人，显得比较拥挤。②老年公寓建有保健室（配有常用药）、娱乐室、棋牌室等娱乐设施。爱心托老所没有专门的保健室，娱乐室只有一张闲置的棋牌桌（因为入住老年人身体状况差，无法正常下床活动）。值得注意的是，两家农村民办养老机构都没有扶手、防滑垫等为老年人设置的无障碍设施。尽管托老所由于投入的不足在硬件设施上与老年公寓有一定差距，但是室内环境卫生方面还是保持干净、整洁。

第五，入住老年人差异

首先，健康状况。辛丰镇的老年公寓中老年人健康状况较好，自理以及半自理的老年人能够达到60%；爱心托老所入住的老年人主要是卧床的高龄老年人，生活基本靠他人照顾。其次，养老保障。辛丰镇的老年公寓享受养老保障的老年人达到了80%；而爱心托老所的入住老年人在经济上基本没有养老保障，主要靠子女承担费用。

辛丰镇由于经济较发达，企业比较多，老年公寓又是坐落于辛丰镇，有养老保障的职工就比较多。又由于老年人有经济基础，就可以选择是否入住养老机构。可以看出，经济收入的自主性，决定着老年人是否能够自主选择养老机构居住。如调查中反映出的第一老年公寓中自理老年人比例高，充分说明了这点。

在农村，对于机构养老的需求是巨大的。由于当前农村老年人社会保障的滞后。老年人没有经济能力，也就失去了主动选择入住养老机构的可能。一年粗算估计，单养老机构的费用，家属就要承担7 000~8 000元。因此，对于大多数依靠子女养老的农村老年人来说，在能够自理的时候想要住进机构的想法，很可能由于经济负担重而不能被子女所接受。

一般认为，农村民办养老机构的受众面非常广，对所有人开放，而实际上只有负担得起费用的老年人才是潜在客户。镇江市农村民办养老机构的月收费标准是700元，一年是8 400元，还有基本生活用品和看病治疗费用，年负担大概在10 000元左右。就这样，农村民办养老机构提供的服务已经是一种低偿性的服务，是微利性的运作。这还是一个能够基本自理的老年人的费用，不能自理的老年人花费更多。农村社会保障的覆盖率还远远低于城市水平，老年人大多没有养老保障，生活上的负担都靠子女承担，子女的负担就很重。没有收入往往就意味着没有话语权，结果导致老年人在很大程度上没有主动选择入住养老机构的选择权。所以对大多数农村老年人来说，特别是一些真正需要服务的高龄老年人，可能的现状是有需求但没有支付能力。

5.2.3 广西壮族自治区贺州市农村幸福院

5.2.3.1 背景

随着中国城镇化建设进程的加快，农村青壮年劳动力大量外出务工，农村留守老年人越来越多。而在广西壮族自治区贺州市，随着农村青壮年进城务工和城市化进程的加速，2010年60岁以上的老年人总数达25.35万人，占全市人口总数的12.97%，农村老年人17.2万人，占全市老年人口总数的68%，其中留守老年人总数就高达12万人之多，而且，贺州市的留守老年人70%分布在农村，属于留守的农村老年人。

众所周知，在我国广大农村，以家庭为主的养老方式一直占主导地位，“养儿防老”的理念在农村深入人心，子女供养一直是老年人晚年生活的基本依靠和主要保障。随着承担主要赡养义务的农村青壮年劳动力的大量外出，家庭养老遭遇严峻挑战，因为外出务工谋生的子女长时间滞留外地，难以经常回家照顾在农村留守的父母。有些农村留守老年人不仅生计难以保障，而且家务沉重，孤单寂寞，更有甚者，有些独居留守老年人甚至在生病时也无人照顾，这种情况无疑影响到留守老年人的健康和福祉，影响社会的和谐和稳定。针对该问题，2013年7月，民政部正式启动了“农村幸福院”工作计划，贺州市被列为广西壮族自治区3个试点市之一。在试点建设期间，贺州市抓住契机，敢为人先，农村幸福院建设走在全区前列。贺州市深刻领会上级精神，大胆尝试，敢想敢作敢为，仅仅用1个多月的时间，就建成了15个农村幸福院并投入使用。贺州市作为广西壮族自治区3个农村幸福院建设试点市之一，着力把农村幸福院建设与农村基层组织建设相结合，与社会主义新农村建设相结合，全力推进农村幸福院建设，虚心学习借鉴先进地区和兄弟市县的先进经验，在农村幸福院建设方面进行大胆探索创新，加快推进民政基础设施建设，不断完善管理体制、工作机制和政策措施，努力为全区乃至全国农村养老服务业发展做出有益尝试、提供成功经验。

5.2.3.2 做法

农村幸福院建设是保障农村老年人合法权益的重要内容，是完善社会养老服务体系的重要措施，也是有效破解农村养老难题的重要途径和落实国务院《关于加快发展养老服务业的若干意见》的具体行动。广西壮族自治区贺州市农村幸福院本着“六有”的目标，服务农村留守老年人。

（1）保障基本需求，实现老有所养

与敬老院相比，农村幸福院有一个好的做法：留守老年人只有白天进幸福院，晚上回自己家，“进院不离家”，幸福院就建在村里头，留守老年人可以做到“离家不离村”。农村幸福院为农村留守老年人提供日间照料服务。与五保村相比，农村幸福院扩大了服务对象，留守老年人、独居老年人和散居五保户以及3~7岁随同老人生活的留守儿童，白天都可以进幸福院，在这里玩耍、吃饭和午休，晚上再回家住。老有所养有个基本保障。

（2）改善医疗保健条件，实现老有所医

贺州市广大农村都设有村级卫生室（所），幸福院紧靠这些村级卫生室

（所）建设，如果留守老年人身体有恙，便可立即到村级卫生室（所）就医。为了增强留守老年人的体质和抵抗疾病的能力，贺州市农村幸福院内普遍配备了各类健身器材，与此同时，幸福院还特意购置了一些健康保健类图书，供老人们阅读。农村幸福院还经常邀请医生为留守老年人讲解疾病预防和保健方面的知识，以增强老年人们的预防意识。老年人聚到一起活动，还可以有效预防生病数天也无人知道的事情发生，有病可以得到及时医治。

（3）发挥老年人余热，实现老有所为

幸福院提升了农村养老水平，让农村留守老年人获得了物质帮助，享受了比较好的社会服务和社会优待，充分保障了老年人权益。此举激发了老年人发挥余热的积极性。老人们尽其所能，更加积极地参与到所在农村社区的经济建设、城乡清洁工程和社会和谐、平安建设工程等各类事务中，为社会主义新农村建设添砖加瓦，实现老有所为。

（4）提供学习资源，实现老有所学

贺州市农村幸福院为改善老年人的精神生活，专门在院内设计了学习阅读室，院内放置书桌和各类适合村民阅读的图书，比较多的是一些实用技术和国学图书。幸福院内还为老年人和村民配置了电脑和电视，开通了互联网宽带，接通了远程教育网。这些丰富的学习资源和平台，让幸福院里的留守老人们学习知识、愉悦精神、充实生活，实现了老有所学的目标。

（5）提供教育载体，实现老有所教

贺州市幸福院非常重视农村留守老人的老年教育，努力实现老有所教。农村幸福院普遍开办德孝大讲堂，让农村老年人在接受日间照料的过程中轻松学习德教文化。农村幸福院还充分利用高校教育资源对留守老人们进行教育服务。在幸福院，定期或不定期的就有高校大学生志愿者来开设农村大讲堂，向留守老年人讲授养身保健、法律法规和文化艺术等老人们感兴趣且实用的知识，实现了老有所教。

（6）创设情感交流平台，实现老有所乐

贺州市农村幸福院老年人活动室放置音响、麻将、棋牌、茶水等众多物件，这些器物可以供老人们谈话聊天、文体娱乐时使用。农村幸福院学习阅览室开通了亲情电话和互联网，方便农村留守老年人和留守儿童与外出务工的亲人联系交谈。农村幸福院室外活动场地设置有健身器材、儿童滑梯、乒乓球桌等，方便老年人和孩子们健身。凡此种种，增进了老年人之间、邻里之间、老年人与子女之间的感情，丰富了老年生活，实现了老有所乐。

5.2.3.3　经验

（1）领导重视，精心组织

各级领导高度重视、精心组织、加强督促指导是建设好幸福院的坚强保证。正是各级领导的重视和支持，从根本上保证了贺州市农村幸福院建设工作的良好开局和顺利展开。贺州市委、市政府高度重视农村幸福院建设工作，成立专门机构。贺州市成立了以市委副书记为组长，市委常委、组织部部长和市政府分管副市长为副组长，市纪检、组织部、宣传部、发改委、民政、财政、卫生、计生、住建、文化、体育、团委、妇联、工商联等有关单位领导为成员的贺州市农村幸福院建设工作领导小组，具体负责幸福院建设工作。2013 年 7 月底，被广西壮族自治区列为建设农村幸福院试点市。之后，贺州市委、市政府主要领导亲自过问并指示，由市委组织部牵头，民政部门负主责，其他相关部门密切配合，尽快完成试点建设工作。此外，贺州市还专门制订“农村幸福院建设具体实施方案”。市委办公室和市政府办公室在充分调研和论证的基础上，结合贺州市实际，制定下发了《贺州市农村社区幸福院建设工作方案》（下文简称《方案》）。《方案》就农村幸福院建设的工作原则、工作目标、工作内容、工作要求以及资金筹措等做出明文规定。《方案》确定以后，贺州市立即部署具体落实农村幸福院建设。

（2）五个一点，筹措资金

推进农村幸福院建设，资金是关键，那么，贺州市建设农村幸福院，所需资金是如何筹措的呢？农村幸福院建设的基础资金来自中央专项彩票公益补助金和自治区本级彩票公益补助金，各 3 万元。中央专项资金 3 万元，主要用于农村幸福院设备、设施的修缮和日常用品配备补给；自治区的幸福院建设补助资金，主要用于支付农村幸福院管理人员的工资以及水电费、煤气费等幸福院的日常运行开支。此外，贺州市还有效整合组织部、发改委、民政、扶贫、住建、文化、计生、卫生、体育等部门的相关资金，综合使用，用于幸福院建设。除此之外，贺州市还在自愿基础上，通过“五个一点”的方式筹集幸福院建设资金，作为幸福院建设经费的补充，以弥补农村幸福院建设资金的不足部分，提高和改善幸福院条件。从贺州市试点建设的农村幸福院来看，当地社会各界对幸福院建设都很支持，除了政府出资、民间捐钱外，农村老人遇上自己的本命年时也会捐 100 元钱，子女在外地赚了钱，也会捐一点。在上游资金未到位的情况下，为解决启动资金难题和保证农村幸福院建设的推进，贺州市采取了很多办法：地方政府用其他资金先行转移支付，民政部门筹资，机关事业单位、企业和民间组织的帮扶。

（3）尽力而为，因地制宜

贺州市通过整合各类农村社区建设资源，因地制宜地推动农村幸福院建设。贺州市在幸福院选址方面指导思想非常明确，专门选择有闲置资源、环境优美、有自己特点的农村社区来建设幸福院。试点建设的农村必须具有适合兴办幸福院建设的场地和设施。贺州市农村幸福院建设按照属于村级公益服务设施的定位，坚持村级主办、互助服务，立足于对村里现有闲置的校舍、厂房仓库、村委会房舍、五保村、村老年协会等现有设施的整合、改造和利用，而不是新建项目。贺州市农村幸福院建设还积极改造利用原有的五保村或敬老院。如贺州市富川瑶族自治县极乐村利用原有的粮站仓库进行改造，建成新的幸福院，很有特色，在较短的时间内为广西做出了榜样。可见，农村幸福院建设重在整合农村养老服务资源，而非新建项目，避免了资源的浪费。在贺州市农村幸福院建设中，村集体是兴办主体，是组织者、建设者和管理者。贺州市各试点地方深刻领会并把握这一原则，坚持“因地制宜、因陋就简、量力而行、尽力而为”的思路，不盲目求高、求大，充分利用现有资源和条件，整体推进幸福院建设。

（4）建章立制，规范管理

贺州市非常重视农村幸福院的管理机制建设。农村幸福院以自助互助管理为主，进院人员自我管理、自我服务、自主参与、互帮互助。散居五保老人按照国家《农村五保供养工作条例》规定给予其无偿服务，对其他符合条件进入幸福院就餐和日间照料的老年人则采取有有偿（低偿）服务，每餐仅收取用餐的成本。农村幸福院建立了比较规范的财务监督管理制度，设立了理财小组、监督小组。理财小组负责幸福院日常财务收支管理；监督小组负责对幸福院日常财务收支情况进行监督。农村幸福院财务收支情况每月及时公布。为加强管理，贺州市农村幸福院配备了管理人员。幸福院根据实际需要聘请部分管理人员，管理人员负责为入院就餐和日间生活照料老人提供服务以及幸福院日常具体事务管理。为节约成本，地方政府通过民政联络员、离退休干部、本村低龄老人、志愿者等方式解决管理人员缺口问题。贺州市农村幸福院还注重发挥村委会管理主体作用。村委会作为管理主体，在村党委的领导下，认真履行管理责任，维护幸福院正常运行秩序。

（5）志愿服务，多方帮扶

为节约运行成本，改善和提升服务质量，贺州市积极发展志愿者队伍，引导他们投入到农村幸福院的管理服务中。首先，充分发挥各类志愿者在农村幸福院管理服务中的作用。贺州市组织和动员全社会参与农村幸福院服务事业，充分发挥民政、团委、妇联等部门作用，组建农村幸福院志愿服务队，并鼓励农村身体健康的退休老干部、老党员、退休教师、退休工人等加入志愿者服务队伍，为留守老人和儿童提供便利、安全、高效、多样的志愿服务。比如，在贺州市富川瑶族自治县铁耕村幸福院里共有16名志愿者义工，他们当中有村委干部、中小学教师、青年团员等。这些志愿者的服务范围主要是为农村幸福院的老人的生活保障、身体健康、家政管理。其次，贺州市鼓励社会民间（慈善）组织帮扶幸福院。通过组织、民政等部门的牵线搭桥，贺州市境内的多家民间组织加入了结对帮扶幸福院的行列。贺州市富川瑶族自治县极乐村幸福院和铁耕村幸福院，得到贺州市外来投资者协会和贺州市阳光义工团的共同帮扶，贺州市八步区新华村和仁冲村两家幸福院受到了贺州市民间慈善协会帮扶。每隔2个月，这些民间组织就会组织帮扶人员深入这些幸福院看望老人，帮助他们解决一些具体的困难。另外，贺州市还积极动员市、县、乡（镇）三级政府的有关机关，贺州市境内的企事业单位与幸福院开展结对帮扶、结对共建活动，力所能及地帮助农村幸福院解决实际困难和问题。

（6）齐抓共管，形成合力

跳出民政抓民政思维，形成社会合力建设农村幸福院是贺州市推动农村养老服务事业发展的关键举措和成功思路。随着形势的发展，民政工作必须改变传统观念，更新思维。现在的民政，无论是业务范围还是工作标准都发生了很大的变化。在党的十八大提出了加强以改善民生为重点的社会建设要求之后，贺州市各级民政部门深入贯彻落实党的十八大精神，改变思路、开拓创新，不再仅仅看到自己的“一亩三分地”，而是站在改善民生、推进城乡一体化、提升社会建设水平的高度看待民政工作，不断增强民政部门的地位、作用和整体效能。基于这样的理念和思路，贺州市提出，幸福院建设不仅仅是民政部门的事情，也是其他众多相关部门的事情，农村幸福院是一项惠及千家万户的民生工程，牵涉到方方面面，应积极发挥各部门乃至全社会的合力，亟须各个部门和单位紧密配合、协同推进。为此，贺州市委组织部召开了农村幸福院建设领导小组成员单位领导会议，部署开展幸福院建设工作，提出以民政为主体，负责组织协调幸福院建设工作，发改委、财政、卫生、计生、住建、文化、体育、团委、妇联、工商联等部门单位按照各自职能参与建设，着力整合资源，形成强大的工作合力。比如，资金问题由财政部门想方设法解决，娱乐活动基础设施由文化体育部门负责建设落实，计生、卫生部门提供医疗保健服务，团委、妇联负责组织志愿者队伍等等。总之，农村幸福院建设过程中，贺州市形成了由组织部门牵头、以民政主体、各部门各单位齐抓共管、上下联动配合的良好工作格局。

6 构建农村留守老年人护理保障机制

完善农村留守老年人护理保障体系不仅要解决农村留守老年人护理政策中某一方面或某几方面的问题，还要为农村留守老年人护理难题提供充足的政策、人力、法律法规等保障，从而满足农村老龄化日益加重的趋势下农村留守老年人的护理需求。

6.1 构建农村留守老年人生活照护保障机制

6.1.1 健全政策法规

社会保障制度建立、完善并有效运转的成功经验之一就是立法先行，建立留守老年人生活照护体系也不例外，只有将有关生活照护的资金保障、项目内容、服务标准等各项细则以法律的形式加以整合、规定，才能改变过去那种分散、随意的操作方式，保障留守老年人都能获得必要的生活护理的权利。目前，我国在法律层面，2018 年修订和实施的《中华人民共和国老年人权益保障法》是保障老年人权益的最重要专项法律，其中保障老年人获得赡养和照护也是一项主要内容。除此之外，我国在近二三十年间先后颁布实施了许多规范养老行业服务准入、标准、评定的制度，如《国务院办公厅关于推进养老服务发展的意见》（国办发〔2019〕5 号）、《国家发展改革委　民政部关于规范养老机构服务收费管理促进养老服务业健康发展的指导意见》（发改价格〔2015〕129 号）、《国家卫生健康委办公厅关于印发老年医学科建设与管理指南（试行）的通知》（国卫办医函〔2019〕855 号）等。针对农村留守老年人，9 部门联合印发了《关于加强农村留守老年人关爱服务工作的意见》（民发〔2017〕193号)。这些政策法规的不断出台和修订完善显示了政府对养老的高度关注，但是也可以看出现有的养老政策意见比较零散，不成体系，且大多停留在指导意见的层面，较为笼统，缺乏操作性和适应性，强制性也不足，尤其是针对留守老年人生活照料缺乏，子女不履行赡养、抚养义务的，本应依法追究其法律责任，但在我国广大农村，罕见有追究子女责任的情况。

因此，在当前农村留守老年人生活照料形式如此严峻的情况下，可以从政府、社区大众、社区、老年人及子女四个方面入手，构建科学的、符合实际的政策法规践行机制。

第一，围绕农村留守老年人的生活照料问题，出台国家整体性的照护服务规划或指导意见，构建一个系统的、融入多元供给主题和照护模式的农村留守老年人照护政策体系，同时要根据地区之间不同经济社会发展水平和生活照护服务发展现状区别对待。在总体的框架设计基础上，应当对留守老年人生活照护体系的发展目标和操作要点进行分阶段的详细规范，对家庭承担的责任等做精确的界定，对社区居家养老的评估、内容等给出明确的标准。

第二，加大对村委会及社区的财政支出，使社区有足够的经济资源补贴农村留守老年人，支持养老机构。建立社会监督与政府视察相结合的机制，督促社区及村委会将资金支出的信息透明化，使老年人受到公平对待。

第三，遵循社会经济规律，把握机遇，顺应国家形势，站在留守老年人及养老机构的立场制定相关政策。例如，抓住养老机构需求的缺口，给予激励政策，鼓励更多人才投身养老机构服务建设，带动养老机构的运营和管理。同时鼓励企业在养老院急需物品上进行公益捐赠，采用评奖评优机制，为各大企业获得良好形象提供契机，同时促进养老机构的发展。并继续健全农村医疗保障体系，倾听老年人心声，不放过老人最真的意愿，在医院开设农村老年人绿色爱心通道，简化报销手续与看病流程。

第四，自上而下解放思想，大力宣传关爱农村留守老年人的社会观念，让老年人意识到自己是被关爱的群体，享受着国家的政策服务。并使各项举措为大众所接受，在推行过程中更加合理化。

第五，激励并支持外出务工者返乡自主创业。政府部门应当充分承担政策指导的职能，根据本地乡村地区的经济发展实情与实际自然条件，通过招商引资等形式，积极建立劳动型公司，为外来务工者回乡就业营造良好环境。另外也要制定更多的惠农扶贫政策，可采用税收减免等形式，推动乡村地区电商产业的发展，鼓舞农村青壮年回乡自行创业。此举益处颇多，不但能够推动本地经济增长，而且返乡青壮年照顾家庭里的老年人变得更为方便，能够为老年人带来经济供养与精神支持。

6.1.2 发展农村留守老年人社区居家养老

养老方式长期以来一直是社会各界聚焦的重点问题。社区居家养老服务主要指的是将政府部门与社会力量整合起来，共同依附于社区为居家老年人群提供助餐、助洁、助浴、助医等一系列服务，这种模式是对家庭养老方式的优化和改进，全面推进社区服务发展，建立相对完善的养老服务系统是当前首要的任务。基于农村留守老年人以自我生活照护、配偶生活照护为主的现状，应该提出大力发展农村留守老年人社区照护。

6.1.2.1 农村社区居家养老的必要性

我国在过去长期采取的养老模式是家庭养老，但是当前我国社会正面临急速转型，老龄化已经成为不容忽视的社会问题。面对这种新形势，过去的养老方式已经不能满足当前的社会需求，必须改变我国延续上千年的家庭养老模式。

（1）人口老龄化日益严峻

所谓人口老龄化，是指一定时期内，某地区或国家中老年人人数占比不断变大。人口老龄化反映了社会中人口年龄结构的发展趋势，说明越来越多的人开始进入老年期①。目前，我国已经步入老龄化社会，通过分析第六次人口普查得到的数据，能够看出我国老龄化问题非常严重。而人一旦步入老年，身体开始越来越衰弱，不可避免地会出现各种健康问题，并且劳动能力也会逐渐丧失。如果不能够妥善安置为数众多的老年人口，不仅不利于维护社会的和谐稳定，也不符合我国政府“服务人民”的原则，不利于经济建设的大局。

（2）我国社会正面临着重要转型

目前我国处于改革机遇期，在过去到未来的几十年中，我国社会会有更大的发展。特别是我国在积极推动城镇化进程，希望能够突破城镇和农村之间的壁垒，让农村也享受到社会发展带来的福利。社会转型不仅仅是社会宏观结构的变动，也会导致各个方面的变化。特别是 21 世纪以来，农村社会出现了过去没有出现过的巨大变化。首先是家庭规模越来越小，过去那种家族聚居、几世同堂的情况不再存在。其次，农村中的成年劳动力为了获取更多报酬选择外出打工，致使“留守老人”越来越多。随着这部分老年人的岁数越来越大，

---

①肖建英. 我国养老服务能力现状与提升对策研究：以重庆奉节为例 [M]. 成都：西南财经大学出版社，2018：43-56.

养老问题就成了社会安定的隐患。最后，虽然我国政府近些年一直在推动农村改革，建立完善农村社保体系，但是客观上就养老问题来说，城镇和农村还存在一定差距，这种资源不平衡的现象客观上损害了农村老年人的权益。

（3）农村老年人养老的迫切需求

目前来说，如果农村家庭中需要照顾卧病在床的老年人，那么不管是经济压力还是生活压力都会大大增加。并且为了照顾老年人的生活，势必会导致一部分劳动力不能够外出务工，影响家庭的收入及稳定。社区居家养老集中了机构养老和传统家庭养老两种模式的优点，以老年人熟悉的家为居住地，以社区为服务平台，为老年人提供养老服务的模式。住在自己熟悉的环境中能够极大地慰藉老年人的内心，并且能够为老年人提供必需的照顾。把这些需要照顾的老年人交给那些有专业知识的人来照顾，不仅有利于为老年人提供更科学的服务，而且能够让子女放心工作，进而维护社会的稳定和谐。但是我们必须强调的是，社区居家养老不是说子女就不需要赡养和照顾老人了，子女反而更应该多和老人交流。

6.1.2.2　*农村留守老年人社区居家养老的原则*

（1）遵循适度惠普的原则

面对当前农村留守老年人的实际情况，单纯依靠传统家庭养老模式已经不再适合。农村社区居家养老是十分必要且具有意义的一种模式。我国的普惠政策就是要尽可能覆盖全部人口，就是在制定标准的时候一定要考虑到绝大多数人的情况，尽可能让所有人都能够享受到福利。而我们要求“适度”就是为了能够与经济水平匹配，要保证留守老年人的生活水平能够不低于当地平均生活水平。政府在推动农村社会居家养老服务体系建设的时候，要在保护大多数人利益的同时尽可能照顾弱势群体。比如：偏远农村的、有疾病的、生活比较艰难的、年龄较大的留守老年人。鉴于这部分老年人的养老问题比一般的老年人更困难，所以政府在制定政策时要对这部分人群额外帮扶，给予一定的资源倾斜。

（2）遵循容易获取的原则

这里所提到的容易获取指的是应该让更多的农村留守老年人能够方便地获取到养老资源和服务。特别是留守老年人最需要的日常照顾和陪护资源。首先，应该完善农村社区医院体系，让社区医院能够覆盖广大农村。在提供日常照顾和看护的时候可以和社区医院结合起来，定时上门为留守老年人检查身体，提供留守老年人需要的药物和治疗。其次，政府在推动这些服务的时候应该考虑当地的经济水平，让留守老年人能够放心使用，比如说医疗检查、药品等都应该在留守老年人支付范围内，也就是说让留守老年人能够买得起。再次，在为留守老年人提供这些养老服务时要考虑到留守老年人的尊严，不能让留守老年人觉得是施舍，要尊重留守老年人的人格，让留守老年人感受到热情和真诚，养老应该是有尊严的。最后，应该设置专人每天到社区集中服务留守老年人，这种方式更容易操作，这部分工作可以由村委会负责。

（3）遵循公平公正的原则

社会服务或者说社会保障体系的建立就是为了保证对国民收入进行更为公平的再分配，让社会能够朝着更加公平、公正的方向发展，避免两极分化。养老服务机构在农村是比较少的，并且缺乏足够的养老资源，大部分的资源比如医院和养老院都集中在城镇地区，这客观上说是不公平的。我国在积极打破城乡壁垒，那么在养老问题上也应该一视同仁。因此，在建立农村社区居家养老服务体系的时候更应该注重公平公正，要让农村的留守老年人也能够幸福地度过自己的晚年生活。在实际操作中政府可以给予农村地区适当的资源倾斜，维护整个社会的公平公正。而且我们应该看到，如果政府不给予资源倾斜，农村地区的养老问题就无法解决，更难以实现惠及更多的老年人。

6.1.2.3　主要内容

根据上海市民政局2015年印发的《社区居家养老服务规范实施细则（试行）》（沪民老工发〔2015〕4号）和农村留守老年人的现实需求，笔者归纳出了农村留守老年人社区居家养老涉及的核心内容。

（1）生活护理

①服务内容

个人卫生护理：具体包含洗头洗发、刷牙洗脸、清洗手脚、梳头擦脸、剃须洗浴、修剪指甲等项目。

生活起居护理：具体包含帮助饮食、帮助如厕、换洗衣服、卧床护理、翻身移动等项目。

②服务要求

第1，个人卫生护理

洗头：适宜温度为40~50℃，注意水不能流进眼睛和耳朵；用指腹揉搓头皮及头发，力度适中，勿用指甲用力抓头皮，防治抓伤；吹干头发，以防受凉。

梳头：从头发根部直至末梢进行整理，动作要轻缓；应当使用圆钝木梳；引导老年人经常梳头，以增强头部血液循环。

刷牙：对佩戴了活动性义齿的老年群体要在取掉之后，才能完成刷牙工作；刷牙过程中，要轻柔擦拭，刷牙工具不能破坏老人的口腔黏膜；使用擦拭棉球等工具时，不要太湿，避免老人呛咳，同时，注意棉球或纱布不能遗留在老年人口腔里。

洗脸：洗脸水的温度要适中，洗脸动作应当轻缓；要做到面部、嘴角、颈脖、耳朵等处干净整洁，眼睛处没有污垢；耳廓、眼角等一些容易藏污纳垢处，要注意擦拭干净；脸部清洗之后应当涂上润肤膏，规避过于干燥。

剃胡须：确保脸部没有长须；剃须工具要干净；适当使用剃须膏擦拭面部，使胡须软化；动作要柔缓，规避划伤面部肌肤；胡须剃干净之后，应当使用温水加以清洗，并涂上润肤膏；剃须刀片要经常消毒，规避产生细菌。

修剪指（趾）甲：保持无长指（趾）甲；动作轻柔，防止皮肤破损；修剪后指（趾）甲边缘用锉刀轻磨。

清洗手脚：清洗双手与双脚的工具必须区分开；每日擦洗洗手或洗脚前，应当提前将其放到水温适当的面盆或水盆里完全浸润；可使用一些香皂来清洗双手或双脚的污垢，动作要柔缓；清洗完毕之后应该涂上润肤膏，规避皮肤干裂。

沐浴：适宜水温为 40～50℃，适应室温为 24～28℃，先洗面部，再洗身体。在沐浴的过程中要注意老年人的身体情况，如果有异常情况要及时处理；不能在老年人刚吃完饭或饥饿的时候沐浴；提醒老年人不能突然站立或突然蹲下；沐浴前先调好水温；沐浴时让老年人舒服地坐着，肢体处于功能体位；沐浴后老年人身上应无异味、无污垢；沐浴过程中安全第一，防止老年人烫伤、跌倒、受凉。

第二，生活起居护理

帮助饮食：在饮食之前，服务者与老年人都要清洗双手；针对无法自行咀嚼和吞咽的老年人，必须提前把食物弄碎搅匀；在喂取食物的过程中，服务者要站在老人侧方，经过下方向老人口中喂食；每天喂取食物之前，首先要帮助老年人喝汤或者饮水；帮助老人吃饭过程中，应当为其提供充足的时间进行咀嚼或吞咽，规避呛到或噎到；吃饭结束之后，要帮助老人使用清水进行漱口。

帮助如厕：对于一些失禁的老年人，换取尿布的频率应当维持较高，使之皮肤表面清洁，没有污垢；针对排便不正常的老年人，要及时地观察、记录其排便形状、颜色、次数、排量等；用完排便器之后，必须立刻倒掉，如果尿片被污染，要快速地投放至污物桶中，避免破坏环境；尊重老年人隐私。

协助移动：轮椅刹闸稳固，轮椅刹闸后定点放；将轮椅靠近老年人身体健侧，轮椅与床或椅子呈 30°～40°，固定轮椅，将老年人稳妥地移到轮椅或椅子上，叮嘱老年人扶好轮椅扶手；动作轻柔，为坐轮椅的老年人固定好安全保护带。

换洗衣服：掌握老年人的肢体活动情况，重视换洗衣物的顺序；在老人肢体功能范畴之中进行活动，规避其肢体受到损伤与拉扯，规避其摔倒或坠伤；尊重老年人隐私；依据其意愿及时换洗衣服。

卧位护理：根据不同的身体状况及护理要求调整老年人体位；翻身后适当按摩受压部位；保持姿势稳定，并在受压部位垫海绵垫、气垫或枕头等；翻完身后整理床单，各肢体关节保持功能位；保护老年人隐私。

（2）助餐服务

①服务内容

集中用餐：集中用餐是指老年人到社区助餐点集中就餐。

上门送餐：上门送餐是指由助餐点或供餐的村委会等派遣专人使用具有统一标识的送餐运输工具将膳食送至老年人家中。

②服务要求

集中用餐：助餐点的设置符合《中华人民共和国食品卫生法》的相关规定。配置符合老年人特点的无障碍设施，配备满足老年人助餐服务需求的膳食设备（保温设备、消毒设备、必要的炊事用具和餐桌椅等）。在醒目处公示助餐服务时间、服务须知等，保持内外环境及餐桌整洁，餐具须每餐消毒一次（不得使用化学消毒剂）。助餐员须经体检合格取得健康合格证后才能从事膳食服务工作，每年定期体检一次，有记录；注意个人卫生，勤洗手、勤理发、勤剪指甲，保持工作服清洁。尊重老年人的饮食习惯，做到荤素搭配、干稀搭配、粗细搭配合理，每周有食谱。给予老年人充分的用餐时间，服务过程细致、周到、亲切；注意观察老年人用餐安全，发现异常及时处理。

送餐上门：使用具有统一标识的送餐运输工具将膳食送至老年人家中。提前一周为老年人预定膳食，并做记录。送餐途中确保食物的卫生、清洁、保温。送餐时核对老年人的姓名、菜品及数量，确定无误后签收，服务时礼貌、周到、细致。

（3）助浴服务

①服务内容

上门助浴：上门助浴是指由服务人员上门协助老年人沐浴。

外出助浴：外出助浴是指选择具有相应资质的公共洗浴场所协助老年人沐浴。

②服务要求

上门助浴：根据老年人身体状态确定助浴次数，时间以15~30分钟为宜，防跌防烫伤，注意防寒保暖、防暑降温及浴室内的通风。水温控制在40~50℃，室温（24±2）℃，先面部后躯体，注意观察老年人身体情况，发现异常及时处理。沐浴前有安全提示，忌空腹或饱餐时沐浴，忌突然蹲下或站立。沐浴时取舒适的肢体功能位，沐浴后身上无异味、无污垢，皮肤干洁。沐浴过程中应有家属或监护人在场。

外出助浴：选择具有相应资质的公共洗浴场所协助老年人沐浴。根据老年人身体情况准备手杖、助行器、轮椅，或其他辅助器具。备齐外出沐浴需携带的洗发露、沐浴露、毛巾、换洗衣物等用品。沐浴要求同“上门助浴”的步骤。

（4）助洁服务

①服务内容

居室保洁：服务人员上门为老年人提供居室清洁服务。

物品清洁：物品清洁是指服务人员上门为老年人提供物具清洁服务。

②服务要求

居室保洁：卧室、客厅整洁，地面洁净，垃圾篓外观干净，篓内无垃圾。厨房洁净。厕所干净整洁。注意操作安全，踩梯作业时防止磨损地面、碰损室内的物品。清洁时应按照由里到外，由上至下的程序完成，完工后重新检查一次服务质量，防止疏漏。

物品清洁：整理被褥、枕头、床单等床上用品，按季节及时更换被褥且翻晒，夏季凉席每日擦一次。家具表面整洁，居室物品洁净、摆放有序，沙发巾、靠枕摆放整齐。清洁需移动物品时，须征得老年人或家属同意，清洁完后第一时间将物品复原位。清洁用具及时清洗、消毒，保持清洁。

（5）洗涤服务

①服务内容

集中送洗：集中送洗是指选择具有资质的专业洗涤机构为老年人提供衣物等物品清洗。

上门清洗：上门清洗是指由服务人员上门为老年人清洗衣物。

②服务要求

集中送洗：选择定点地方为老年人提供服务。告知老年人或家属贵重衣物不在洗涤范围。送取衣物时，应做到标识清楚、核对正确、按时送还。疑似传染性衣物送取时要用专用污（洁）衣袋。

上门清洗：被褥清洗至少一月一次。分类收集衣物、被褥、尿布，污、洁衣物分开放置。洗涤时根据衣物的质地和颜色分类洗涤，并做到洗净、晾晒。告知老年人或家属贵重衣物或不能水洗的衣物不在洗涤范围。疑似传染性衣物先消毒后清洗，消毒液浓度及消毒方式、浸泡时间应符合消毒隔离要求。

（6）助行服务

①服务内容

陪同散步：陪同散步是指由服务人员陪同老年人在住宅周边户外散步。

陪同外出：陪同外出是指由服务人员陪同老年人就近购物、探访等。

②服务要求：根据老年人身体情况准备手杖、助行器、轮椅，或其他辅助器具。服务人员应掌握助行器、轮椅及其他辅助器具的正确使用方法。告知外出时的注意事项，取得老年人的理解和配合。助行过程中注意观察老年人身体情况，发现异常情况及时处理。服务过程中注意保护老年人安全。

（7）代办服务

①服务内容

代购物品：代购物品是指由服务人员代替老年人采购日常生活用品。

代领物品：代领物品是指由服务人员代替老年人领取养老金、邮局包裹等。

代缴费用：代缴费用是指由服务人员代替老年人缴纳公共事业费用。

②服务要求：根据老年人实际需求，确认代购物品名称。代领时仔细核对养老金金额、物品的名称，发生异议当面核实。代缴公共事业费需持有水、电、燃气、电信等缴费通知单。提供完整的代购、代领、代缴完成凭证，钱款当面点清。服务过程中注意保护老年人隐私。

（8）康复辅助

①服务内容

群体康复，借助社区卫生和养老服务等公共服务设施，组织和指导3人及以上老年人群体开展肢体功能性康复训练。

个体康复，由专业康复治疗（士）师上门为有康复需求的老年人提供被动运动、辅助运动的肢体功能性康复训练，以及保健性康复。

②服务要求

根据需求配备相应的康复器具。项目设置需符合老年人的生理和心理特点，群体康复应有计划。个体康复由专业人员或在专业人员指导下按计划实施。告知老年人康复训练的目的及安全注意事项，量力而为。康复过程中注意观察老年人的身体情况，并予以记录、评估。康复过程中注意防跌、防过度，保护老年人安全。

（9）交谈服务

①服务内容

谈心交流：服务人员采取倾听、对话的方式，对老年人进行心理上的关爱，舒缓心情，排遣孤独感。

与子女沟通：通过微信视频等，让留守老年人与在外的子女等亲人沟通，并与子女沟通留守老年人现状。

②服务要求

谈心交流：以老年人感兴趣的话题为切入点，引导老年人倾诉。多倾听，少表达，与老年人建立良好的信任关系，找出症结并解决。消除不良的情绪反应及孤独，帮助老年人维持家庭和子女的和睦关系。帮助老年人逐步适应老年生活，养成乐观的生活态度。注意保护老年人隐私。

与子女沟通：协助留守老年人用现代通信工具与子女沟通；在老年人与子女沟通过程中，不随意插话，不打断老年人讲话。与老年人的子女沟通老年人现状的时候要如实告知。注意保护老年人隐私。

（10）助医服务

①服务内容

陪同就诊：陪同就诊是指由服务人员陪同老年人到村卫生院、区县医院等取预约号、诊疗、取药、缴费等。

代为配药：代为配药是指服务人员到医疗机构或药房为老年人代配药物。

②服务要求

陪同就诊：选择合适的交通工具陪同老年人就诊。就诊时应携带病历、就诊卡，在医疗机构挂号窗口取号，协助检查，就诊后根据医生的医嘱划价、取药，给予用药指导等。钱物、票据、药品当面清点，做到票据、药物相符。注意老年人安全，保护老年人隐私，并通过交流缓解就医不良情绪。及时向老年人家属或其他监护人反馈就诊情况。

代为配药：代配药需符合当地医疗保险定点医疗机构门诊委托代配药的有关规定和要求。代配药仅限于临床医师诊断明确、病情稳定、治疗方案确定的门诊慢性病。由老年人或家属写明代配药的药名及剂量。在代配药定点医疗机构挂号、配药，根据医嘱划价、取药。钱物、票据、药品当面清点，做到票据、药物相符。保护老年人隐私。

6.1.2.4 服务管理

(1) 服务机构和人员要求

①服务机构

配备与服务项目要求相符的设施设备和场所，并依法予以登记注册。

建立社区居家养老服务规章制度，包括行政管理制度、生活照料制度、后勤保障制度、质量监督制度等。

制定社区居家养老服务管理标准，包括环境标准、设施设备及用品标准、安全与应急标准、职业健康标准、合同管理标准等。

配备与服务项目相符合的工作人员，包括管理人员（机构负责人、业务主管等），专技人员（社工、康复师、心理咨询师、营养师、医生、护士、会计、出纳等），工勤人员（护理员、保洁工、洗衣工、驾驶员、厨工、门卫等），使用统一的社区居家养老服务标识。

②人员要求

遵守养老服务职业道德规范，做到：尊老爱老、以人为本，服务第一、爱岗敬业，遵章守法、自律奉献，尊重差异、保护隐私。

掌握基本养老服务礼仪，做到：着装整洁、讲究卫生，举止得体、细致周到，态度诚恳、礼貌待人。

与服务对象直接接触的服务人员须持有效健康证明上岗，并确保一年至少进行一次健康检查。

接受相关专业知识和技能培训，持行业认定的证书上岗。

(2) 服务过程控制

①信息公示

有关于社区居家养老服务组织（机构）的简介。

有关于以下信息的公示：执业证照、服务项目、服务对象、服务时间、收费标准、规章制度、工作流程、服务承诺、投诉方式等。

及时更新信息内容，保证信息内容真实、准确、完整。

通过社区或机构公示栏、网络等多种渠道进行公示，便于老年人了解、获取信息。

②内容核定

主动、详实地向老年人介绍服务项目、服务内容及收费标准等。根据老年人的身体状况、服务需求、支付能力及服务机构的服务能力，核定服务内容。

③协议签订与终止

遵守老年人权益保护的法律法规，确保老年人权益不受侵犯。与接受服务的老年人或其家属（其他监护人）签订服务协议。核定的服务内容、收费标准等发生变化时，及时变更服务协议。发现接受服务的老年人患有传染性疾病、精神疾病，或违反服务约定时，终止服务协议。

④服务安排

根据服务协议制定服务计划，包括：服务内容、服务人员、服务时间、服务要求等。

根据制定的服务计划，安排服务内容、服务时间和服务人员，并提供相应服务。

服务做到时间准、项目明、安排清。

服务情况发生变化时，及时完善和调整服务计划。

⑤意外事件处理

坚持“预防为主、积极处置”的原则，杜绝或减少各类意外事件的发生。

制定社区居家养老服务意外事件处置应急预案，包括：火灾事故应急预案，食物中毒应急预案，触电事故应急预案，治安案件应急预案，自然灾害应急预案，老年人急诊应急预案，老年人意外事故预案（猝死、噎食、跌倒、烫伤、走失、坠床等）。

掌握意外事件处置流程，在意外事件发生时，紧急启动应急预案。

⑥档案管理

根据《中华人民共和国档案法》，建立健全档案管理制度，保证档案的系统性和完整性，完善档案借阅手续，达到规范化、合理化、标准化。

档案包含服务对象档案和机构内部档案，具体包括：服务对象照护评估表，服务对象服务合同，服务对象服务计划，服务对象服务记录，机构内部行政管理档案，机构内部人事管理档案，机构内部财务管理档案，机构内部质量安全档案，机构内部基建档案等。

有条件的机构要充分利用现代技术，实现档案管理的数字化。

6.1.2.5 服务质量评价

（1）评价主体和程序

①评价主体

机构自我评价、服务对象评价、第三方评价。

②评价程序

通过调查，确定服务质量评价的依据。收集服务质量评价信息。整理分析评价信息。向员工、老年人、家属反馈评价结果。根据评价结果确定改进重点。定期评价并分析改进。

（2）评价指标

①评价指标

有形性指标：服务装备现代化水平高，吸引力极强，员工衣着干净得体，和服务相关的材料整齐且全面。

可靠性指标：在规定时期内履行承诺，拥有处理老年人问题的热情，能提供准确的服务时间，并在承诺时间内提供服务，做好工作记录。

响应性指标：第一时间告诉老年人为他们服务的准确时间，为他们提供优质服务。所有服务人员要饱含激情，积极主动地提供服务。

保障性指标：老年人对服务人员的表现充满信任与信心，享受服务的过程中充满安全感。服务人员一直对老年人非常礼貌，可以为其解答提出的问题。

移情性指标：为每个老年人给予关爱，设定的服务时间要具有便利性，始终把老年人的利益放在第一位，掌握他们的特殊需要。

②评价量表

服务对象满意度测评表。

家属（监护人）满意度测评表。

有效投诉率。

（3）评价方法

①基于服务对象的评价方法

服务成绩评价，方法有：实地察看、电话回访、信件投送、网络评价。

投诉问询记录。

服务对象流失分析。

②基于服务机构的评价方法

员工报告和调查。

服务数据记录分析。

质量检查。

③委托第三方明查和暗访

（4）服务质量改进

①改进目的

提高服务质量，提高团队竞争力，消除影响服务质量的障碍，降低服务成本，改进与老年人、家属（监护人）、员工及社会组织的关系，促进互相沟通。

②改进程序

根据现实中存在的服务质量问题，确定质量改进的对象。根据所确定的质量改进对象，按规模和涉及范围大小，组织有关人员实施改进，必要时制定改进计划，明确资源配置和完成期限。调查服务质量问题的原因，采取预防和纠正措施。确认改进结果，采用更改规范、制度、程序等方法，保持和巩固改进成果。寻找新出现的或未解决的质量问题，确定新的质量改进对象。

6.2.1.6 相关策略

社区居家养老未来的发展要求建立相对完善的社区居家养老服务系统，彻底解决有特殊困难老年人的需求，使之享受到便利、称心、周详、高效、专业、精细的服务，还要从如下几点入手做出改进：

（1）强化政府主导功能，构建社区居家养老服务的长效体制。

社区居家养老是一项民生工作，深得民众欢迎。因此，各级政府应把加快养老服务事业，尤其是发展社区居家养老作为关注民生、保障民生、改善民生的一件大事，同时，优化并改进养老服务系统建设的相关管理制度与运作体制，真正彰显出政府所具有的“牵头”功能。根据各个地区的实际经验，政府的指引与参与是这项工作有序开展的力量源泉，并且要一直参与发起、计划、组织等一系列流程。政府必须要从统筹计划、组织实行、流程管理、宣传推广、政策编制、资金投放等方面入手，强化扶持力度。

首先计划必须做到科学全面。政府职能部门在全面开展居家服务养老工作的同时，必须把社区居家养老服务和政府工作目标高度结合起来，同时还要把城乡社区居民委员会、村民委员会所具有的托老所、老年活动场所、养老服务场所与设备整合进城镇化建设整体计划里来，实现和城镇化建设的协同发展。

第二，资金必须充足。社区居家养老服务工作的开展离不开充足的经费作保障。比方说居家养老服务机构的建立与发展、资金机构服务人员的各项补助、设施设备建设、政府购置服务对象的补助等，所以政府职能部门必须把大力推动老年福利服务事业发展资金和财政预算挂钩。

第三，政策必须更加优惠。根据目前的状况，国家出台的老年人相关政策较为全面，但政策的落地还需加强，同时，政府需要在扶持和优惠方面加大力度，给予社会居家养老服务一定的财政补贴，以从政策方面提高吸引力，将更多的社会力量和民间资本吸引到养老服务业中。

第四，各部门要合力。居家养老服务涉及民政、宣传、财政、卫生、人力资源和社会保障、文化、教育等多个政府部门，不但要求政府相关部门积极承担自身职能，而且要增强和民政部的协调配合力度，以达到政府服务优化的目标，发挥协同效应，真正打造“党政主导、民政牵头、部门配合、社会参与”的工作新局面。

（2）增强宣传与推广力度，大力开展社区居家养老服务系统建设的宣传和推广工作，使这项工作的开展拥有积极健康的社会氛围。

一是要在各个区县与村镇积极举办全面、长久、有效的居家养老服务工作的宣传、推广及普及活动，增进社会群体对这项工作的认知与理解，使之达成参与共识，增加其为老人服务的社会责任感，在整个社会中创造一种社会全员关注、个人自觉参与的健康气氛；

二是必须大力开展对居家老人的教育工作，想方设法转变他们的生活理念与消费观，提高这一群体对社会的信赖，打消其后顾之忧，鼓舞并支持越来越多的老年人自觉加入社区大家庭，享受更为优质的服务。

三是开好居家养老现场会，党委、政府、涉老部门、社会、学校、家庭都要重视，按有关要求做好居家养老服务工作。要加强对青少年的尊老爱老教育，教育他们从身边做起，从家庭做起。学校、共青团组织要鼓励、动员、组织青少年参加一些援助困难老人的活动，要支持并推动社会志愿者义务为老年人服务，帮助老年人解决生活困难，进而在全县逐步形成尊老爱老的良好社会风气。

（3）实施规范化管理，提供多层次的居家养老服务。要通过政府强有力的政策指导，逐步建立一套居家养老的质量监管、评估、职业培训、经费补贴等体系，进一步优化与改进居家养老服务工作，使之更为规范，各项举措践行到位。面对类别所差异的老年人，要为其提供差别化的居家养老服务。

第一，对于生活不能自理以及高龄老人，主要提供上门照顾服务，也就是提供家务助理服务，使其能够享受到医疗、心理疏导、康复、购物、饮食、护理、清洗等服务。

第二，对于日常生活可以自理，但仍旧需要照看服务的中高龄老人，可充分利用日间护理中心、老年康复站以及托老所等服务机构来提供服务，通常是早出晚归，白天老人可去前往社区日间护理中心或者托老所来获取日常护理、身体康复等诸多服务，还可以参与社区开展的一系列丰富有趣的文娱活动。

第三，对于身体残疾、独自居住等类型的老人，这些老人是社区居家养老服务的重点帮扶对象。对这一群体应当充分遵循政府救济与社会互助高度融合这项原则，积极建立多样化、多层级的帮扶服务系统。

第四，对于空巢老人或者是低龄老人，这类老人大部分刚刚退休，通常来说收入水平非常可观，身体较为硬朗，缺少子女的陪伴。对于这部分群体，政府部门与社区组织应当支持并鼓舞其在自主自愿的基础上积极参加社会公益性事业，此外还可以充分依附老年大学、社区服务中心等载体，使之自觉参与有益身心的教育、文娱活动。

（4）探寻类型不一的服务模式，强化服务团队建设。从老人的现实需要入手，转变服务内容，使服务逐渐从现阶段以文娱、休闲、医疗、救助等服务内容为核心，逐渐拓展至居家帮助、医疗照护、情感抚慰、暂托服务、娱乐学习等内容。具体的服务模式可包含上门服务（比如居家服务）、社区支援网络服务（比如结对帮扶）、社区设施服务（比如日间照料中心、社区活动中心）等，使老年人能够依据个人实际需要，合理使用各类服务模式，选择服务内容与项目。另外，必须强化养老服务团队建设。

一是必须要组建专业的服务团队，鼓励不同专业的毕业生进入养老服务岗位，建立养老服务技能培训系统，一方面想方设法提升养老服务团队的专业化能力，另一方面切实保证养老服务工作者的正当利益，为其提供合理的薪资福利待遇，使之享受到良好的社会保障，这样才可以维持团队的平稳性。

二是积极开展养老服务职业技能资质认定工作，真正做到持证上岗。

三是建立志愿者和义工服务队伍。动员、组织、引导国家机关公务员、企事业单位职工、高校学生以及低龄退休健康老年人，本着自愿和灵活的原则，组织他们开展各种志愿服务活动，并对其服务内容、服务时间给予登记，从工作单位、社区层面给予奖励。

总之，着力建设社区居家养老服务，要以构建和谐社区为主线，积极探索居家养老工作的途径和方法，在实践中，注重发现新情况，解决新问题，总结经验，为养老事业发展做出贡献。

6.1.3 积极推进医养结合

党中央对医养结合工作给予了广泛关注，中国共产党第十八次全国代表大会举行之后发布了诸多的战略决策，不但优化与健全了医养结合的政策系统，而且使公众的获得感得到了满足，享受到了优质便捷的服务。但是，我国目前在实施医养结合过程中还有很多问题亟待解决，如：工作机制不够完善，养老与卫生医疗服务从政策上没有突破，养老与医疗、医保还不能从政策上无缝对接；市场化进程缓慢，医疗资源利用率不够高等。

中国农村老年人占比超过75%，这些留守老人特别是失能及高龄老人，健康情况非常差，其不但存在“养”的需求，而且具有“医”的需求，该群体的养老问题令人担忧。乡村地区老年人对医疗卫生服务拥有巨大的需要，潜移默化地加速了“医养结合”模式的形成。其中，医主要涉及身体检查、医疗救治、临终关怀等；养主要包含的服务有心理疏导、生活照料、精神慰藉等。

本书根据全国老龄办、国家医保局、中医药管理局等十二部委在 2019 年 10 月共同下发的《关于深入推进医养结合发展的若干意见》，针对如何更好地发展农村留守老年人“医养结合”养老模式，制定了以下举措。

6.1.3.1 合理布局，完善“医养结合”组织架构

积极推进“医养结合”养老模式需要依托政府力量，多部门（特别是卫健委、人社局、财政局等部门）协同调研、座谈交流、商榷，扎实开展“医养结合”相关基础性工作。现阶段约束中国“医养结合”发展的瓶颈在于两方面，首先是多重管理的交叉管理现状，其次是各部门职能范畴模糊不清。如果想优化与改进“医养结合”养老模式相关的管理体制：第一，政府职能部门应当突破制度约束，进一步清晰界定民政局、卫健委、人力资源和社会保障部等多部委在“医养结合”工作中的职能范畴，真正规避各个部门职能权限交叉重合的情况，消除条块分割局面，防止医养结合服务养老资源的随意浪费；第二，必须要突破各主管部门之间设置的层层壁垒与障碍，充分发挥其协同效应，站在规范化管理的基础上，优化“医养结合”机构资质审批模式，提升行政审批效率与速度；第三，相关主管单位在加快构建医养结合服务网络的过程中，必须要根据不同地区的特色，做到统筹计划、重点分明、资源整合，这样才可以推动“医养结合”项目的有序开展。

各个地区应当建立领导小组，面向农村留守老年人群，由政府职能部门从医疗保险、公共事业等诸多层面入手，出台全面化、精细化的优惠扶持政策，以推动“医养结合”的发展；另外，也要及时颁布和“医养结合型”养老机构有关的准入、计划、管理、培训等方面的具体操作细则。

6.1.3.2 加速制度创新步伐，全面推出多元化“医养结合”服务方式

依据现实状况，全面推出多元化“医养结合”服务方式，具体包含如下举措：第一，把目前存在的社区卫生服务中心和养老服务高度融合起来，真正达到医疗卫生和养老之间的密切对接，使留守老年群体能够享有生活照护与健康关注等一系列养老服务。全面推动医院和养老服务之间的通力协作，使社会资源发挥出最大化的效用；第二，把二级医疗服务单位和老年养老机构加入医疗保险报销范畴，并明确具体的报销标准，让老年人能够享有到更为全面、便捷的医疗服务。

6.1.3.3 逐步改善服务方式，推动“医养结合”融合发展

改善服务方式，主要是指：①除专业医养机构外，基层社区卫生机构和乡镇卫生机构应与养老机构协同合作，向其提供建立健康档案、开展健康体检等医疗护理服务，对失能、半失能的居家留守老年人给予医护知识指导；②由二

级医院和社区共同搭建绿色快速通道，为留守老年人群提供养老服务，由医院来支持并帮助基层机构培训养老服务人员；③针对现阶段已经开设的养老机构，为其提供必要的扶持。由卫健委等主管单位对满足要求的养老机构下发医疗机构执业许可，准许其内设医疗机构；④鼓舞并支持职业医师进入养老机构下设的医疗机构进行多点就业，鼓舞相关专业医护人员进入养老机构，为老年群体提供健康医疗服务，鼓舞养老机构的工作人员进入医疗机构进行学习，参与培训，完成进修；⑤全面推动医疗机构和养老服务之间的深度结合，使之协同发展，对于乡镇卫生院以及社区卫生服务中心等机构，应当强化及具有的康复护理等能力，积极协助条件许可的综合性医院在内部设置老年病科，重点接纳一些患有重大疾病、智力缺失和失能老年人，为其提供慢性病救助、老年病护理等服务；⑥真正将国家的敬老优待政策践行到位，引导并鼓舞各大医疗机构为留守老年人群提供各类义诊服务。

6.1.3.4 探索建立“护理保险”等制度

长期护理险（Long term care insurance）主要指的是为一些由于患病、高龄、残疾而失去生活自理能力，且必须长期进行照顾的人群提供看护服务或者护理费用的保险。这类保险在诸多西方发达国家被列入公共保险范畴，要求义务缴纳。根据相关国际经验可知，这种举措有利于减轻社会因人口老龄化步伐的加快所造成的护理服务开支负担。构建长期护理保险机制，如今早已变成了诸多国家与区域防范人口老龄化的有效举措。长期护理保险含义非常广泛，不但可以是社会保险，而且能够通过政府与中低端商业保险进行协作，同时还能够根据不同国家的国情构建创新型的保险制度，现阶段，韩国、日本、德国、荷兰等构建了多元化的社会长期护理保险机制，美国等国家形成了长期护理的商业保险模式。

根据第四次中国城乡老年人生活情况抽样调查报告可知，我国失能与半失能老年群体人数高达 4 000 万，其中，重度失能老年人群占据的比重非常高，其中农村地区数量最为广泛。依据中国保险行业协会对外公布的相关调查报告可知，我国 7%的家庭存在必须要长期进行看护的老年人。现阶段，老人获得的看护与照料大多数来自子女、亲友或者是配偶，通过第三方机构提供服务的老人占比相当低。2017 年 7 月，人社部颁布《关于开展长期护理保险制度试点的指导意见》（简称《意见》，其中明确了 15 个长期护理保险机制试点城市。根据中国乡村地区留守老年群体的现实状况，不断摸索并构建长期护理保险机制，不但是推动农村社会和谐的有效措施，而且是应对人口老龄化的重要手段。

长期护理险的价值与作用体现在：①缓解了失能留守老年人群的经济压力，降低了他们的家庭负担。老人的儿女假如在家中照看，那么必然会造成经济收入有所下滑，所以长期护理险显著降低了留守老人与他们家庭面临的支付风险；②构建并执行长期护理保险机制，不但能够让留守失能老人享受到专业、全面、便捷的护理服务，保障其自身的尊严，而且有利于维系他们家庭的生活品质；③伴随长期护理险的社会需求越来越大，显著促进了老年护理服务市场的衍生，使诸多老龄产业实现了高速发展。并且伴随着长期护理保险机制的贯彻执行，它在扩大就业机会、提升服务品质、推动市场竞争、刺激劳动力需求等层面具有的功能逐渐凸显出来。

6.1.3.5 落实“兜底式”养老服务保障政策

这些年来，政府相关职能部门为推动医养结合发展，颁布了诸多优惠政策，加速了医养结合的发展进程，然而总体来说，这部分政策过于宏观，实际可行性较差，各个地区的基层机构无法将政策践行到位。所以，有必要颁布具体的实施细则，使医养结合相关的优惠政策执行举措、发展道路和方向等更为具体和细化。

各个地区的政府部门应该把推动农村“医养结合”养老服务业发展加入工作计划，确定具体的发展目标，划分相关责任，动态化追踪与监督，定期开展考评，奖罚分明，把个人的工作绩效和理政能力、人员任免等高度结合起来，真正保障农村“医养结合”养老服务业实现稳定持续发展，不断提高乡村地区政府兜底保护对象的供给标准，动态化掌握乡村留守老年群体的现实需要，增强资金扶持力度，真正保障老年群体幸福生活。

6.1.3.6 多措并举强力推动农村医养结合养老服务业发展

第一，在全社会范围内积极推进农村医疗和养老相结合的服务模式；第二，支持并引导村级社会组织参与到社会养老服务工作里来，积极开展“区域性养老服务中心”的试点工作，通过上门护理等形式，为留守失能老人提供所需服务，使留守半失能老人能够享受日间照料服务，针对身体健康的留守老人，可为其提供一系列精神文化服务。

6.1.3.7 增加财政投入，改善农村社区医疗设施

政府应当增强财政投资力度，不断提高乡村地区社区机构及其设施装备的服务水平，推动乡镇卫生院养老及医疗等资源之间的密切衔接，围绕乡镇医疗卫生服务这一主线，强化社区医疗康复服务全过程动态化监督力度，增强对营养配餐的监管。

6.1.3.8 重塑养老理念，吸引社会力量参与其中

现如今，农村步入到了家庭养老和社会养老高度融合的全新养老时期，如

果希望实现农村养老服务的稳定持续发展，不但要关注有形服务，而且要关注无形理念的改变。政府职能部门与相关社团组织应当深入农村地区，宣传并普及新型的养老理念，转变老年人对传统养老的认知与理解，强化其对现代养老模式的认可与支持，真正在乡村地区形成现代养老的价值观。

政府部门需要联合基金会、社团组织、志愿者等诸多主体，共同介入农村医养结合建设工作里来，指引并支持各界社会组织为农村留守老年人提供服务，不断创新乡村养老服务方式。与此同时，要坚定不移地贯彻以政府为主、以社会力量为辅的参与方式，使越来越多的社会主体为农村养老事业出谋划策，以加快农村医养结合养老服务方式的创新与优化。

6.1.3.9　立足农村现实，坚持做低价养老

农村留守老年人收入水平不高，大部分依靠子女提供的赡养费来保障生活所需，所以在乡村地区开设的医养结合养老院，必须秉承公益性质，不将盈利作为发展意图。在保障乡镇养老院有序运作的基础上，尽量降低养老费用，想方设法使越来越多的乡村留守老人住进养老院，以拓展医养结合的服务范畴。

鼓舞并支持各地先行先试，利用多元化的形式深入摸索并构建长期护理保险机制，降低老年群体的护理支出压力；积极深化医疗保险变革，力争使"医保费用"与"护理费用"相分离，规避"压床"情形，确保医疗及护理资源能够发挥出最大效用。

6.1.3.10　创新农村医疗机构为老服务模式

我国医养结合事业发展必不可少的一项工作便是提升医疗机构为老服务能力，因为二级之上医院自身的医疗供应负担非常大，假如强行要求其内设老年病科，很容易导致其资源过于紧缺，很难保证基本的服务供给，因此可利用成立三甲老年病医院的形式，准许其内设派出机构或者和其他养老机构建立协作关系，如此一来，这部分机构不但可以为老年人提供服务，而且能够对其他社会成员进行开放，潜移默化增加了服务覆盖范畴。另外也要支持大型医院安排医护人员进入养老服务机构进行服务，逐步构建稳定的机制。增强中医和养老服务之间的深度融合，支持中医诊所提供养老护理服务。

进一步推进农村养老服务机构和乡镇卫生院、村镇卫生室等诸多医疗机构之间的协作，通过定期形式，由医疗机构把老年群体所需药物运送至养老服务机构。在此过程中，充分彰显养老服务机构与医疗机构所具有的辐射带动效应，为困难家庭提供上门问诊服务，使留守老年人就医难得到化解。除此以外，乡镇卫生院与村卫生室等机构也还可以和留守老人签署"家庭医生式"服务合约，为其提供上门入户服务，协助老年群体进行医疗保健、健康咨询、

日常诊治。

6.1.3.11　加强农村地区医养结合人才队伍建设

在推动“医养结合”养老模式稳定持续发展的道路上，“医养结合”专业人才严重不足是最为主要的发展阻力。现阶段，纵观中国养老服务劳动力市场现状，人才专业化素养较低，流动性极强，市场准入门槛不高等特征非常明显，大多数养老护理人员是家庭成员中的50后或者是60后，他们并不清楚老年群体的身心特点、服务需要等，特别是对存在慢性病、失能失智、高龄等老年人，很难达到他们对专业化、精细化养老服务的需要。必须加大“医养结合”专业人才培养力度，建立专业养老服务团队，包括康复治疗师、护理员、社工等。①借助“医养结合”的东风，先从“技术上融合”。因为不是每个社区、每一家养老机构都能通过同时建立“院中院”的形式走“医养结合”的路，按照党的十九大报告提出的“积极推进医养结合，加快老龄事业和老龄产业发展”的要求合理布局资源，鼓励临床护理中级、高级人才积极参与社会养老群体中护理员的业务技术指导工作，如卫健委在职称晋升中制定优先推荐“送知识下机构、进农村”的医护人员制度，这样通过“医养技术融合”促进养老护理员职业能力得到提升，逐步做实“老有所医”。②由基层政府部门承担对乡村地区低龄老人及中年女性提供养老服务、健康护理等专业技能的培训、经济补助等，构建稳定的工作机制。通过培训的中年妇女能够对农村留守老人提供照看服务，并为其培训健康护理、医疗康复、基本养老等相关的知识与技能。③通过将乡村地区的留守妇女培养成营养师，使留守老人能够吃到绿色健康、搭配营养的食物，享受到健康关注和疾病康复服务。另外，在培养乡村医养结合人才过程中，应当鼓舞越来越多的社会公益组织参与其中，整合社会各界力量。

6.1.3.12　建设护、康、养的综合性服务社区

以基层政府为主导，联合社会各界力量，鼓舞并指引农村综合服务社区建设工作，吸引社工进入乡村地区发展，成立为老年人提供服务的专业化社工服务工作站，由社工凭借专业化的特长为农村老年群体提供精神抚慰、养老护理等服务。除此以外，乡镇卫生所也应当加入乡村综合社区建设事业，依附于现有的医疗资源，积极为留守老人提供所需的日常护理、医疗康复等服务。

6.1.3.13　严格监管服务过程，提升“医养结合”服务品质

现阶段，中国“医养结合”养老方式依旧处在实施初期，乡村区域的实施进程非常滞缓，服务内容不够具体和规范，服务品质监管不足。在这一背景下，应当坚定不移地遵循“医+养+康+护”一体化服务原则，结合服务对象的

实际养老需要与自身健康状况，为其提供层级存在差别化的医养服务。可通过人力资源社会保障局、民政局、卫计委连同社区卫生服务中心等诸多机构，合作设置“医养结合”工作标准化技术委员会，根据国家下达的标准并参考其他国家与地区所获得的领先经验，规范化和系统化地确定服务内容、原则、宗旨、方式、程序、要求、管理、保障等，设定具体可行的行业准入标准，动态化地监督服务流程，科学引领“医养结合”服务事业的发展路径，真正提升行业服务品质。另外，伴随老年人群服务需要不断增加，应当迅速完善推动“医养结合”养老方式稳定持续发展的规章机制，全面保障医务工作者养护人员的正当利益，维系其参与热情，比方说变革医保支付形式、不断健全长期照护机制等。

6.1.4 完善安全防护举措

伴随乡村留守老年人相关的安全事件日益激增，关于这一群体的生活品质、生命健康、社会保障等诸多问题，得到了社会各界的高度重视。2018 年 2 月，民政部、公安部、司法部、全国老龄办等 9 部门联合印发了《关于加强农村留守老年人关爱服务工作的意见》，针对农村留守老年人在不同程度上存在的安全缺乏保护问题提出了一系列针对性的安排和措施：建立农村留守老年人信息台账与定期探访制度，有条件的地区可建立留守老年人风险评估制度，对风险等级高的留守老年人及时进行干预，实施关爱救助。众所周知，老年人由于身心功能的退化、慢性疾病、认知功能的减退，再加上自身控制环境的能力下降，遇到意外和突发状况时往往难以应对，跌倒、烫伤、坠床、误吸、走失等安全问题在老年人群中发生率较高，在养老机构中也时有发生。这些情况的发生对老年人的生活质量及家庭会带来很大的影响。

6.1.4.1 增强安全防护意识

(1) 认清影响留守老年人安全的影响因素

建议加强宣传，让农村老年人及其照护者提高安全意识，熟悉可能影响留守老人安全的原因，如生理因素。由于全身各个器官以及认知功能的退化、运动平衡功能下降，老人很容易发生跌倒、扭伤、骨折等事故；疾病因素、心理因素、社会支持因素等也是导致意外事故发生的原因；居室环境因素如居室杂物堆放太多、不适宜的地面环境、居室采光不好、居室内行走的空间不够大等，都容易导致老年人发生安全事故；卫生设施配备不全面、蹲便器旁边缺少扶手等也可能会引起老人发生意外；还有照护者的专业技能水平有限也是导致老年人发生安全问题的因素之一。农村留守老年人的照护基本上都是配偶照护和自我照护，大多数照护者文化程度不高，没有接受过专业的培训，老年人发生烫伤、跌倒、噎食后处理方法不当也是安全隐患；最后必须强调的是老年人自身对安全问题的认识不够，防范意识淡薄也是隐患，部分老年人会从电视、广播等渠道获取少量的预防安全问题的知识和信息，但是对于安全问题的预防能够真正掌握的老年人占少数。

（2）留守老年人常见的安全问题分析

①跌倒。长期卧床老年人起身时由于重力作用使脑部供血不足出现头晕，易跌倒。居室、浴室、卫生间、走廊等的布局不合理或老年人对生活环境不适应，也容易造成跌倒。

②烫伤。老年人怕冷，一些伴有感觉障碍、皮肤感觉迟钝且敏感性下降的老年人易发生烫伤。冬天部分农村使用炭火取暖不当是烫伤和火灾的诱因。另外，老年人使用保暖用品、沐浴洗澡时温度不当容易导致烫伤。

③坠床。患有神经系统疾病的老年人多伴有意识障碍、定向力障碍、肢体功能障碍、视力障碍等，可导致老年人坠床。另外，在护理过程中，因翻身不当也容易造成老年人坠床。

④走失。患有老年痴呆的老年人因记忆力、判断力减退和定向力障碍而容易发生走失。

⑤误吸和噎食。老年人因神经反射活动衰退，咀嚼功能不良，消化功能下降，引起吞咽障碍而容易发生噎食。脑血管病变会使老年人丧失正常的吞咽功能，在饮水或进食时易导致异物的吸入，特别是在饮水时更易发生，严重者会引起肺部感染甚至窒息死亡。

⑥压疮。老年人因肢体功能障碍、长期卧床容易造成局部皮肤受压、弹性下降、血液循环障碍，引发压疮。

⑦自杀。老年人在面对身体老化过程带来的一连串问题，比年轻人在自杀方面更高危。据有关统计，老年人已成为我国自杀率最高的人群。神经和精神方面的疾病、老年抑郁症、丧偶等在老年人自杀中也起着重要作用（详见本书第 221 页）。

⑧用药错误。大多数老年人常患有多种慢性疾病，一般需要同时服用几种药物，容易导致漏服、多服、少服、错服药等现象发生。

6.1.4.2 安全防护对策建议

（1）加强老年人慢性病管理，提高日常生活活动能力

首先，应逐步完善健康管理，收集健康信息，建立档案，与医院建立医养结合协作关系，定期体检，对高危对象进行有计划的健康管理，如发生病情变

化，能提供及时到位的紧急救护。护理人员及留守老年人自己都要重点学习常见老年病的护理知识，提高对老年疾病的护理水平，包括饮食安全护理、用药安全护理以及康复护理。加强留守老年人疾病宣教，使留守老年人了解自身的健康状况和能力。另外，护理人员要熟悉留守老年人的生活规律和习惯，及时给予指导和帮助。

（2）完善环境设施

推动老年住房适老化改造政策向农村地区倾斜。在适老化房屋建筑方面，请专业设计和护理人员走进老人家中，对老人的身体状况及居室环境进行综合评估，制定优化方案，提供订制类房屋改造服务。

（3）加强照护者的护理技能培训

留守老年人的照护者为配偶或自我，其自身文化水平不高，预防护理安全问题发生的关键是如何提高他们的护理技能和服务水平。乡镇、村卫生院可以开设健康知识宣教和技能培训讲座，提高照护者的理论和实践操作能力。

（4）规范使用辅助器具和保护器具

根据留守老年人身体的不同需求，采用有利于肢体活动的辅助器具，可以方便他们行走，包括拐杖、轮椅等助行器或者进食器等。在使用前一定要严格评估老人身体情况是否适宜使用、评估辅助器具是否安全、环境是否适宜等，在使用时也应严格规范操作。保护器具是为了老年人的安全与治疗，通常用来限制他们身体或机体某部位的活动，包括床栏（床挡）、约束带等，如防止老人坠床可以使用有床栏（床挡）的护理床加强防范，使用保护性约束时护理员需加强观察和护理确保护理安全，并注意和家人解释。

（5）留守老年人护理安全问题宣讲

根据老年人的特点和不同需求，采用他们易于接受的宣传教育方式，如在机构宣传栏中刊登有关安全预防的宣传画，制作宣传手册发放给老年人及其家属，组织护理安全知识讲座等，以增强老年人的安全防范意识。

（6）健全相关护理应急预案

照护者应对老年人生活中和疾病护理中可能出现的有害因素进行分析，制订跌倒、噎食、烫伤、猝死等突发事件的应急处理流程和应对措施，对应急预案进行反复学习和演练并不断完善。建立应急预案可减少环境和自身状态的改变给老年人造成的伤害，同时也可提高照护者的理论水平和技术水平，强化风险意识和自我保护意识。

（7）做好养老服务机构消防安全工作

少数留守老年人选择了机构养老。消除安全隐患，做好养老机构消防安全工作，需要从以下几个方面着手解决问题。

①认清目前养老机构存在的消防隐患

目前一些机构还存在以下消防隐患：

一是规划不合理。有的养老机构设置在居民小区中，有的邻近周边建筑甚至直接设置在居民建筑内，防火间距严重不足，一旦周边或同一建筑内发生突发情况，势必影响养老机构安全。

二是无证经营。养老建筑未办理相关建设工程消防审核和验收手续。

三是未按消防技术标准配置消防设施及器材，部分器材损坏或缺失。

四是消防安全制度形同虚设，部分场所灭火、应急疏散预案可操作性差。由于人员的配置及资金问题，部分养老院和福利院的消防安全制度还停留在纸面上，夜间防火巡查制度、日常防火检查制度未能完全落实，导致日常消防安全管理存在漏洞，不能及时发现隐患。此外，大部分养老院和福利院的灭火、应急疏散预案可操作性差，未能针对老年人实际情况制定切实可行的预案及落实火灾疏散时相应的护理人员。

五是养老服务队伍职业化建设滞后。服务队伍的整体素质较低，专业水平、业务能力和服务质量不能有效满足服务对象的需求，而且消防培训工作落实不够，护理人员大多消防技能差，不能按预案有效扑救火灾及疏散老年人。

六是老年人消防安全意识淡薄，疏散能力差。老年人作为弱势群体，认知度低、理解力差，不能正确认识火灾带来的危害，应对火灾的逃生能力很弱，往往小火酿大灾，造成意想不到的严重伤亡。

②按行业标准规范养老建筑设施。建筑要求包括：a. 老年公寓，养老院等养老机构应设置在独立的建筑内。公共走道净宽不宜小于 1.5 米，长度大于 20 米的内走道应设置排烟设施。公用楼梯的有效宽度不应小于 1.2 米，应采用封闭楼梯间，楼梯间的门为乙级防火门。窗槛墙高度、窗间墙宽度不宜小于 1.2 米，以减少火势蔓延。b. 根据《建筑设计防火规范》，老年人居住的建筑应设置火灾自动报警系统，除老年公寓外，大于 5 000 平方米的养老院或敬老院应设室内消火栓系统，每层大于 1 500 平方米或总面积超过3 000 平方米的老年人护理病房应设自动喷水灭火系统。各养老机构应据此逐步规范。

③老年人居住建筑应设置火灾自动报警系统。根据《建筑设计防火规范》，老年人居住建筑应设置火灾自动报警系统，但也要充分考虑到老年人大多有高血压、心脏病等疾病，火灾自动报警系统声光报警装置应设置在管理人员用房内，报警系统应与城市远程火灾监控中心联网。建筑室外 150 米范围应设置室外消火栓等消防水源，建筑室内应设置带消防水喉的室内消火栓。建筑

灭火器按 A 类场所配置，老年人床位在 50 张以上的为严重危险级，灭火器配置级别为 3A，单位级别最大保护面积为 50 平方米/A，老年人床位 50 张以下的为中危险级，灭火器配置级别为 2A，单位级别最大保护面积为 75 平方米/A。

④加强养老机构火灾的预防措施。做好养老服务机构消防安全工作，应加强养老机构火灾的预防措施。

一是强化管理，消除火灾隐患。养老机构对所配置的消防设施、器材和消防安全标志，应定期组织检验、维修，确保消防设施和器材完好、有效。检查中要注意检查安全出口是否上锁，楼梯间和楼梯是否堆放杂物，疏散走道是否畅通以及消防设施完好程度，查看保养记录，完善应急预案和措施。

二是加大宣传力度，提高防范意识。养老机构应注重消防教育宣传工作，不仅要对员工的基本消防知识进行培训，要求员工掌握日常用火、用电等防火知识，定期组织养老机构员工进行消防灭火演练，保证养老机构员工都会报警、疏散和扑救。另外，为老年人举办安全消防知识讲座，讲解用火、用电的基本常识，向老年人示范失火后的报警程序。

三是建立健全的安全管理体系。养老机构应制定相应的消防灭火疏散预案和规章制度，明确内部人员的岗位和任务，落实责任到人。定期组织内部员工进行消防演习，同时对各楼层消防设备设施进行检查、检修。物业人员、仓库保管员对存储设备、物品要严格依照防火规定进行管理，并掌握防火和灭火基本知识，做好定期防火检查记录。

总之，做好消防安全防护工作，应做到：在完备、规范的硬件设施基础上，常抓安全教育，同时做到不间断的安全检查，并且注重加强员工素质的培养以及制定可行的安全预案和规范的管理制度等。

6.1.4.3 留守老年人走失与自杀

老人走失和自杀是不容忽视的两大杀手，在此单独列出，以期得到关注。

(1) 防止留守老年人走失

防止留守老年人走失应在认清留守老人走失原因的基础上，落实预防管理措施。

①认清留守老年人走失的原因

留守老年人走失的原因主要包括以下几个方面：

一是很多留守老年人文化程度偏低或是不识字、记忆力衰退、辨识能力差，不会使用现代化的通信工具，一旦外出，就有可能走失。

二是在农村生活多年的留守老年人入住机构后，由于他们对新的生活方式感到陌生和不适应，一方面渴望出去走走看看，一方面又不识路，一旦单独外出，很容易迷路走失。

三是留守老年人群中，患有老年性痴呆、小脑萎缩、抑郁症等的人数占有一定比例。老年性痴呆是老年人常见的疾病，疾病的发生能使患者出现记忆力减退、反应迟钝。由于记忆力和定向力减退，留守老年人外出也常常找不到回家的路。

②落实防止老年人走失的管理措施

选择家庭养老的留守老年人建议据不同情况设计特色标识：易走失留守老年人可佩戴联系卡或爱心手环，注明老年人的姓名、居住地、联系方式等，便于走失时接受他人的救助，安全返回；或者酌情制作专门的背心，老人赶场、走亲访友时都要穿上，遇到迷路或走失的时候，便于民众拨打背心上印制的电话告知相关人员。

为防止留守老年人走失，养老机构应加强以下几个方面的管理。

一是入住管理：了解有无走失史，严格签订入住协议。准确、动态地评估留守老年人的认知能力。对留守老年人进行详细体检，并认真记录。对老年人做全面详细的跟踪观察，有异常情况通报给主管，并与家属联系，必要时签订补充协议。详细登记护送人姓名、住址和联系方式。

二是门卫管理：门卫设施、设备完善，确保安全；必须由专人管理，建立健全出入登记管理制度；制定严格的老年人外出制度，自理老年人外出或非自理老年人家属陪伴外出均应进行详细登记。

三是护理管理：加强巡视，密切观察失智老年人的异常变化。对易走失老年人，寻找原因，如环境改变、思念亲人等，制定相应措施。营造良好、舒适、温馨、安全的居住环境，组织老年人参加感兴趣的活动，使老年人安心休养。经常与家属沟通，通报老年人生活及精神状态等信息，易走失老年人外出时必须有专人陪护。照护者应加强与老年人的沟通与交流，给老年人安排适当的娱乐活动、治疗作业、智力康复和自理能力等训练，循序渐进，持之以恒。在老年人房间门口做特殊、容易记忆的标识，以利于老年人辨认。带着老年人反复熟悉周围环境，强化记忆。

四是员工管理：加强素质教育，坚持“以人为本”的服务理念，让老年人得到良好的照料；加强巡视，让喜欢走动的老年人在自己的工作视线范围内活动；提高护理技巧，制定完整的易走失老年人管理办法；发挥团队协作精神，共同关心、参与和管理。

（2）防止老年人自杀

随着人口老龄化的加速和老年人口的增多，老年人自杀成为一个全球性的公共卫生和精神卫生问题。近年来，我国老年人自杀问题也日趋突出，老年人群体已成为我国自杀率最高的群体。农村留守老年人自杀现象尤为严重。

①认清留守老年人自杀的原因

通常来讲，留守老年人自杀不是由单一件事情引发，而是多方面危险因素累积到一定程度，经历内心徘徊，最终由一个压力或者创伤诱发。

一是身体疾病因素。随着年龄的增长，身体各部分的机能都在不断下降，大多数老年人患有多种慢性疾病，病程长且不易痊愈，一方面忍受不了疾病的折磨，对生活感到绝望；另一方面认为自己给家庭带来了负担，老年人容易产生内疚，从而选择自杀。

二是精神疾病因素。抑郁症是导致老年人自杀的主要危险因素之一，孤独感也与自杀意念相关。抑郁和孤独感是两种经常一起出现的心理体验，密切相关又相互独立。另外，焦虑症、精神病等也是老年人自杀的危险因素。

三是家庭因素。家庭因素一方面包括家庭纠纷，老年人与青年一代在思想上往往会有代沟，老年人常会感到被忽视，内心会产生痛苦和矛盾心理，当这种矛盾心理增强时，老年人便会采取自杀的方式结束自己的生命。有的子女直接把老人送进机构，没有和父母同住或把老人送进养老机构后很少探望老人，这使老年人感到被遗弃，容易产生轻生念头。另一方面包括丧偶，丧偶对老年人心理的影响非常严重，和自己生活了几十年的人突然死去，许多老年人常常是悲痛欲绝、悲伤过度，或者眼睁睁看着一起进机构的老人一个一个去世，会造成心理阴影。

四是社会因素。社会因素一方面包括留守老年人对生活失去信心，有的老年人需要依靠子女生活，遭到子女们的嫌弃，便会产生强烈的无用感，对生活失去信心。另一方面包括缺乏社会支持系统，留守老人子女不在身边，对老年人的生活照顾不周，精神上的慰藉更少，使老年人产生孤独感。另外，老年人由于身体疾病、心理方面等原因，与社会联系少，会加深对社会生活的疏远和隔绝感。

五是生物因素。在不同的年龄阶段，突触传递和神经传导系统方面存在改变，据估计，随着年龄的增加，如果补偿效果不足，则容易产生抑郁症。

②落实留守老年人自杀的预防措施

照护者一旦发现留守老年人有自杀的动机，要立即对老年人的自杀倾向加以评估，从而采取干预措施。同时，应从以下几个方面防患于未然：

一是对护理人员进行预防留守老年人自杀的相关培训，使他们有能力去帮助老年人改变一些错误认识，并增强捕捉老年人自杀征兆的能力。

二是定期组织开展留守老年人心理讲座和活动，促进老年人心理健康，增强老年人的责任感并使老年人认识自我价值，从而预防老年人自杀。

三是对有疾病困扰的留守老年人，养老机构应整合相关资源为他们提供医疗、护理及康复服务。

四是在留守老年人出现精神及心理障碍时，及时带老年人去看心理医生。

五是应妥善管理精神类药品、锐器物品等，要把这些东西放在留守老年人难以取到的地方。发药时要落实好“服药到口，咽下离开”制度，防止留守老年人藏药，累积后吞服自杀。

六是照护者对有自杀高危倾向的留守老年人要进行重点评估，必须要安排专人陪护，一旦发现留守老年人出现情绪焦虑，应及时有效地对留守老年人进行心理疏导，解决其面临的困扰。

七是必要可用约束带时对有自伤、自杀念头的留守老年人进行保护，尤其是夜间。

八是对工作繁忙、缺乏对留守老年人关心的儿女，村里负责人、养老机构负责人应经常与其联系，告之老年人心理状态，要他们尽量多打电话关心留守老年人，探望老年人。因为子女及亲人的关爱尤其重要，会最大限度地减少自杀。

综上所述，留守老年人安全问题是生活护理工作的重点和难点，也成为家庭、社区、养老机构亟待解决的首要问题。要找出影响留守老年人安全的不利因素，掌握留守老年人安全防护基本规范和相关知识，督促采取人文关怀及护理安全管理对策，尽量防止意外和突发状况发生，从而提高养老护理质量，保障留守老年人生命安全，杜绝意外事故发生。

6.1.5 着力培育养老护理人才

目前，我国养老服务人才培养与配置规划缺乏，没有建立相应的人才配置体制，完全由市场经济决定养老服务人才的就业区域和单位，专业化的养老服务人才多集中于北上广等经济发达城市和高端养老院，经济欠发达地区，尤其是西部农村地区，养老服务专业人才匮乏。为经济欠发达地区，尤其是为农村培养老服务人才，是解决我国广大农村老年人养老之需，全面提升养老服务人才专业化、职业化水平的必由之路。

习近平同志在中共中央政治局第 32 次集体学习过程中明确指出，必须要不断健全老龄政策机制，不断完善相关政策。比如，农村留守老人关爱服务、家庭养老支持以及为老服务，人才激励政策等等。

专业人才匮乏很长时间以来已经变成了约束养老服务业发展的巨大阻力。根据第四次中国城乡老年人生活情况抽样调查结果可知，我国半失能以及全失能老人人口达到4 063万，在全部老年人中，占比达到18.3%。初步估计进入2050年，中国失能老年人数量会突破6 800万人，在所有老年人数中占据大约27%的比例。根据国际标准，假设每三个失独老人能够获得一个护理人员的服务，现阶段中国最少要培养1 300余万护理人员，未来的需求规模会更加日益庞大。

在我国广大农村地区，养老服务业人才更是紧缺，由于照护失能老人、失智老人、高龄老人“专业性、技术性”强，专业化、个性化养老服务需求日趋增加，养老护理员成为照护老人的主力军。目前，农村老年人基本上都是由能够吃苦耐劳的就业比较困难的人员或者家庭成员照顾。

一方面，中国养老服务需要面对“人员不足”与“需求激增”之间的矛盾，而另一方面，目前的养老人员依旧表现出受教育程度不高、收入水平过低、工作强度较大、流动性极强、服务年限过高、社会地位太低等特点，严重背离了快速推进农村地区发展养老服务业的时代要求。加快养老服务业人才团队建设步伐，培育出一大批专业化人才，并鼓舞其走向农村，对推动养老服务业持续发展、提升社会养老服务水平大有裨益。因此，应当坚持“政府主导、分类培育、规范管理”这一逻辑，将培养一大批职业化与专业化养老服务人才作为发展目标，逐步构建和养老服务专业人才相关的引入、培育、职称评鉴、登记注册、薪资福利、激励奖惩相关的体制，力争在中国乡村地区培养出一大批规模庞大、素养较高、尊老孝老、爱岗敬业、结构科学的养老服务人才团队，使中国乡村地区养老服务业稳定持续发展拥有充足的人才支持。

6.1.5.2 规划培养养老服务业人才的措施

（1）注重医疗人才培养，发展医养结合模式

“健康中国战略”明确指出，未来要积极建设相关政策系统，以解决人口老龄化问题，为老年人养老提供良好环境，真正带动医疗和养老事业相结合。伴随乡村留守老年群体患慢性病人员数量越来越多，再加上其对生活品质提出了更高的要求，使得“医养结合”养老方式逐渐变成了留守老年人的一种最优选择。应得到政府的大力重视，同时，“医养结合”也亟待培养符合养老服务行业需求的医疗人才，特别是康复方面的人才。

（2）激励投身农村养老，统筹城乡协调发展

根据全国老龄办发布的相关数据可知，截至2015年12月，中国乡村地区老年群体达到1.24亿，在我国老年人数中占据比重为56%。在此之中，留守老人与空巢老人数量达到了5 000万人，半失能老人与失能老人达到了2 250万人，特困老人数量达到了444万人，低保老人数量高达1 900万人，国家非常关注乡村地区老年人相关的养老问题，并颁布了诸多的政策举措。2017年2月出台的《"十三五"国家老龄事业发展和养老体系建设规划》明文强调：城市与乡村老龄事业发展及养老系统建设不平衡问题严重，未来必须强化农村养老服务建设工作。可以说，保障农村老年人养老是民生所求、社会所需，而养老需要人才的投 入，只有引导养老服务业相关人才投身农村养老事业，才能使城市、农村老人都得到很好的照顾。

（3）大力培育养老护理人才队伍

通过吸引和培育高度融合这一形式，不断强化对机构养老、居家养老、失智失能老人等的护理员的人才团队建设力度，提高他们的专业技能与照看能力。具体来说包含：提高其为留守老年群体提供日常护理、健康评定、心理引导、精神抚慰、康复锻炼等一系列能力。

第一，在各个城市的中职院校和高职院校招聘护生，使之从事对失智失能等留守老人的日常护理工作，储备一大批优质人才来共同加入老年照护行业，壮大该行业的人才团队。

第二，积极开展养老护理人员的职称技能评价与在职培训工作，鼓舞其参与继续教育活动，依附于"医养结合"的有利时机，尽可能地吸引医疗机构护理工作人员以定期形式参与到人才培训工作里来。同时，应加强各养老服务机构培训培养自身在职员工的力度，如采取每周统一查房、定期交流学习等方式逐步提升服务人员的实践技能。

第三，积极举行养老护理知识技能进社区、进家庭等一系列活动，吸引留守老人家庭护理者参与基本护理知识与专业技能的培训活动，并逐渐把这一群体吸引至养老护理人才团队里来，便于其更好地开展对老年群体的生活照护服务。

第四，积极在行业之中组织协调举办养老护理专业技能竞赛，选拔出优质的护理人才参与行业技能比赛，由此来提高护理人员的技术能力。

第五，通过分类分层的形式，把养老照护人员集中加入至行业规范管理范畴里来，并设定清晰的岗位规则，编制薪资技能相关的政策。

（4）全面发展服务人才队伍

针对高龄留守老人，特别是失能、失智、半失能留守老人的需要，科学设置养老服务岗位与职责，发展壮大相应的医疗保健、康复护理、营养调配、心理咨询、技术培训、能力评估等方面的养老服务人才。激励各养老机构、社区居家养老中心、站点等通过设置职业晋升、提升薪酬待遇、加强专业知识培训等途径，进一步留住养老服务人才。

一是鼓励医护人员到医养结合机构执业。适量引进老年医学、康复治疗技术、护理等方面的专业人才，培养他们成为行业的业务骨干。

二是针对目前各养老机构、社区居家养老服务中心营养师、心理咨询师、社工人才缺乏的现状，吸引这类人才，填补空缺。

（5）规划培养养老管理人才队伍

目前农村养老机构负责人年龄、资历参差不齐，管理人员的管理水平也十分有限。建议加强培养管理人才：

第一，必须要强化对社会组织机构、农村养老机构、社区养老服务站等诸多组织机构负责人的支持与培训力度。一方面是养老服务理论和实操培训，另一方面是养老行业法律法规、养老机构管理模式、养老运营流程、养老服务质量的培训。

第二，优化并完善养老管理人才备案机制，通过定期的形式举行和养老服务、安全管理等相关的培训会议，真正组建综合素养极高、养老专业能力强、善于经营管理的养老管理人才团队。

（6）建立养老服务人才职业体系

① 扩大来源

基于维系目前养老服务人员团队的前提下，不断拓展养老服务人才的获取途径，引导并支持各个领域与专业的人才加入农村养老行业中来，为达成乡村振兴的目标做出贡献。支持并引导卫生专业的相关技术人才参与到养老行业里来，支持护理等诸多专业的中专与高职毕业生就职于养老服务行业，支持医院护工人员、家政服务工作者城市与农村就业难的人员参与养老行业，支持离退休医务工作人员加入养老行业。

②完善职业发展体系

鼓励农村养老服务机构优化管理模式，强化岗位管理能力，将护理、技术、管理等多个岗位细分开来，支持其以轮岗等形式培育一大批复合型专业养老人才，不断提升养老护理员的个人素养与专业能力。做好职业生涯发展规划，进一步增强养老行业岗位的吸引力。探索走出一条招得进年轻人，留得住中年人，按岗位与工种区别对待差异化管理，以达到提升护理员队伍职业素质的路子来，但需要卫生计生、民政、人力资源和社会保障等政府各职能机构携手制定切实可行的方案。

③建立登记制度

对农村养老服务从业人员实行统一登记管理，如实记录从业经历、从业年限、服务对象评价、参加培训经历、投诉处罚等情况，建立养老服务从业人员信用评价体系。该职业实践性很强，应注重规划培养一线的成熟技能人才。建立养老服务从业人员年度报告制度，逐步实现养老服务从业人员的规范管理。

④培育职业道德

加强职业道德建设，将德和孝作为养老服务从业人员的职业素养。应将尊老敬老的孝道文化纳入继续教育内容。在选聘录用人员时，优先聘用尊老爱老孝老、热心为老人服务的人员。同时，规范养老行业从业人员的职业行为，重点从仪表着装、体态语言、服务流程、服务标准等方面予以规范，为留守老年人提供更加优质、更加贴心的养老服务。

（7）进一步提升养老服务人才的社会地位

①提高养老服务工作的社会认同度

对一项服务于广大民众的职业，如果他的职业难度、强度、专业特性不被认可，势必造成各级领导对其重视不够、管理不到位。对于养老服务工作，尤其是在农村照护失能、失智留守老人的“技术性、专业性”工作必须引起各级政府层面的高度重视，因为统一对养老服务工作专业特性的认识、提高养老服务工作的社会认同度，既是提升养老服务人才社会地位的先决条件，更是提升服务质量的必备条件。

②依法保障劳动权益

为加强劳动保护和职业保护，养老机构、社区养老服务站应当与养老服务从业人员依法签订劳动合同，建立劳动关系，参加社会保险，落实带薪休假、轮休制度，依法保障养老服务从业人员合法劳动权益。另外，不要优化工作环境，每年为养老服务从业人员提供免费体检机会。

③完善机制强化保障

近年来，政府陆续出台了一系列文件，但尚未解决养老服务业的人才荒，为此，政府应该结合市场需求及人才培养规律、就业趋势，制定相应的人才培养计划，并出台相应的政策予以保障。比如，高校养老专业人才在待遇方面：参照师范、农林、地质等特殊专业学生免学费，或通过奖学金、公益金项目支持等办法，减免养老相关专业中高职学生学费，要求养老相关专业毕业生必须在农村的养老相关行业指定的区域就业满一定年限。同时，根据经济发展状况，稳步提高养老服务从业人员薪酬水平，推动养老服务行业平均薪酬待遇原则上不低于上年度当地服务行业的平均工资水平。对长期从事养老护理服务工作的，酌情按从业年限适度上调薪酬待遇，同时，尽早完善职业技能等级与养老服务人员薪酬待遇挂钩机制。对具有护理专业背景的学生，如立志从事养老服务岗位，推出系列优惠政策，如在岗服务期达到10年以上，给予一定的城镇户籍、保险、津贴等鼓励，以稳定这支队伍的质量等。

④完善激励评价机制

对于优秀养老服务人才，应优先给予深造机会、优先推荐奖评等。建立养老机构、社区养老服务站星级评定机制，将养老服务人员从业人员登记注册、职业技能、参加教育培训等规范管理情况与星级评定挂钩。建立养老服务行业社会评价机制。

6.2 农村留守老年人心理护理的对策

6.2.1 老年心理护理认知

中国是世界上老龄化问题比较突出的国家，到2040年，中国基本上每4人中就有一个是老年人，面对如此庞大的老年人口，尤其是未富先老、没有子女在身边的农村留守老年群体，中国养老事业面临着严重的挑战；与此同时，中国老年人的心理问题也是一个需要关注的问题。随着年龄的增长，老年人的适应能力、记忆能力、思维能力等会出现不同程度的障碍，还会因为各种各样的身体问题而产生抑郁、孤独、恐惧、痴呆等精神问题。认识老年人心理问题的严重性，重视老年心理护理的意义，加强老年心理健康教育，对老年心理做出正确的测量与评估，积极展开心理护理，将有助于提高老年人的心理健康水平。

6.2.1.1 老年人心理健康

中国是世界上老年人口最多的国家，2012年年底，60~94岁老年人的数量，占总人口的14.3%，占全球老年人口的21.58%；2015年我国老年人口达到了2.16亿，占全国人口的15%。随着老年人口的快速增长，平均寿命的延长，老年人的心理健康问题日益显现，老年抑郁症、老年焦虑症和其他精神疾病不断增多。这些心理问题乃至心理疾病不仅严重影响着老年人的健康，而且给他们及家人带来很多麻烦和痛苦。因此，维护和促进老年人的心理健康尤为重要。

（1）心理健康的界定

1948年建立世卫组织时，其宪章里清晰定义了健康的含义："健康指的是一种生理、心理与社会适应均日益完满的状态，而不单是无疾病与虚弱的状态。"美国著名学者恩格尔（Engel）于1977年通过《科学》杂志发布了一部学术论文，并在其中设计出了一项假定：人类的健康与疾病主要是生物、心理、社会等要素彼此作用形成的结果，也就是生物—心理—社会模式。他的假设短期之内在医学领域引起了深刻的探讨，造成从传统的单纯生物医学模式转变成了当代生物—心理—社会医学模式。1989年，世界卫生组织对健康的含义进行了进一步修正，指出"健康不单是身体无缺陷与疾病，更是身体精神与社会适应方面的良好状态。"我们认为，心理健康是一种良好的心理状态，在这种状态下，个体有安全感，有良好的自我状态，社会适应良好，能与外部环境良好沟通。它主要表现为情绪的稳定和心理成熟两个方面。

（2）老年人心理健康现状

我国现代老年人的心理状况如何？是否健康？我国学者施帆帆在2014年对成都市某社区老年人心理健康状况进行了调查，调查对象为65岁及以上，且在调查地区连续居住满6个月及以上的老年居民，采用简单随机抽样的方法，共调查995名常住老年居民，其中男、女性分别占47.4%、52.6%；最大年龄95岁，平均年龄（71.79±13.94）岁。调查结果显示：该社区老年居民幸福感指数评分为16.81分，百分制得分为67.25分，与最优的生活质量标准（积分数为25分、百分制得分为100分）存在很大差距，且21.3%的老年居民可能存在心理健康问题。吴一玲等人对金华市1 296名60岁以上的老年人（男性592名，女性704名）进行调查发现，金华市社区老年人心理问题总检出率为24.9%。童兰芬等人对社区、敬老院、住院患者3组老年人的心理健康状况进行了对比调查，发现社区老年人心理健康较好，住院患者心理健康最差，需要加强心理护理。陈美好等学者对老年人心理健康进行调研后指出，由于自身经历有所差别，因此老年人身心健康情况参差不一，并且其生活条件、经济情况差别显著，使得心理状态也存在差异，具体包含如下类别：恐惧、忧虑型心理——大部分老年群体患上了慢性疾病，且他们的疾病非常复杂，因为对个人所患病症缺少正确的理解与认知，大多数心理非常忧虑，还有少部分老年人出现了恐惧心理，具体体现在心事过多，经常一筹莫展，寡言少语，敏感多疑，造成食欲较差，难以入睡；抑郁、孤独型心理——这部分老年人大多数是配偶去世、经济收入较差、离退休、家庭关系不佳的老年人，这些老年人经常疲倦不堪，闷闷不乐，忧郁烦恼，热衷独处；固执、暴躁型心理——这类老年人大部分个性较强，主要是一些在青年时期对他人、家庭甚至社会贡献颇为突出的人员，具体体现在过度自我，偏执不堪，拒绝安排，不愿顺从，心胸狭隘，过度猜忌，敏感多疑，容易暴怒，自尊心极强；自弃、自卑型心理——这类老年人大部分存在器质性的病变，疾病治疗成效较差且容易反复，需要频繁诊治，亲属与单位对个人不够关注，使老人形成了失望、自暴自弃的心理，拒绝和他人进行沟通和交流，特别是对疾病的治疗失去希望，拒不配合医生的检查；顺从、依赖性心理——这类老人大部分家庭比较和睦，性格不够坚强，自认为年龄较大，事事不行，过度依附于儿女，缺少自信心，过重地猜忌个人的病情，缺少生活自信心与积极性。综上可以看出，我国老年人的心理健康状况不容乐观，亟须对其进行心理护理，提高其健康水平，使老年人在延长寿命的同时，提升其生命质量。

（3）老年人心理健康的标准

很多学者围绕老年人的心理健康标准做了深入的探究，中科院心理所老年心理研究中心在进行探究时，将个体的心理包含个性心理特点与心理过程等作为理论支持，并凭借二十余年来在老年心理学领域所获得的研究成果，指出老年人心理健康标准涉及 5 点：第一，认知功能正常；第二，自我评价合理；第三，情绪乐观积极；第四，交际关系和谐；第五，适应能力较好①。此外，还有部分学者依据美国著名心理学家马洛斯与米特尔曼发布的心理健康标准做了大量的探究，认为老年人的心理健康标准具体包含如下方面：

第一，充足的安全感。在老年人看来，家庭、工作、自然、社会等方面的环境均达到安全，特别是家庭环境安全非常关键。这是由于家无论何时都是人的避风港，家庭能让人感受到安全感。

第二，正确认识自己。有这么一句谚语，“人自有自知之明”，老年人在步入老年期之后，已走过了人生的风风雨雨，历经了诸多事，此时应当具备更为强大的认识能力，能够客观地评价自身，做出正确的判别。实际上，是否可以对个人的能力拥有清晰的认知，做出理性判断，对老年人个人情绪影响颇为显著。对自身的能力估测太高，勉为其难地完成超越自身能力的事，自然很难达成目标，也会让老人感到受挫，产生不良情绪，而对自身的能力估测太低，并未做出正确的评价，自信心不足，同样很容易使老人形成抑郁心理。

---

①李胜琴，饶和平，孔庆红．衢州城乡社区老年人群心理健康素养知识与对策〔J〕．中国老年学杂志，2019，2（39）：954-956.

第三，生活目标和现实相契合。老子曾经说过：“乐莫大于无忧，富莫大于知足。”这说明老年人必须依据自身的经济状况、家庭收入、所处的社会环境等来设置生活目标，应当消除攀比心理，确立的生活目标不但应当切合现实，而且应当留有余地，规避超越自身的经济负荷与家庭成员的能力范畴。

第四，和外界环境维持亲密接触。具体来说包含三点，首先是和自然之间的接触，其次是和社会之间的接触，最后是和人之间的接触，老年人离退休之后，待在家里的闲暇时间非常多，假如一直居家，缺少和外界之间的接触，极有可能出现抑郁心理或烦躁等不良情绪，所以老年人必须要多外出走走，和外界进行接触。如此一来，不但能够使个人的精神生活更为丰富有趣，而且能够对自我的情绪做出适度调节，这对其适应环境大有裨益。

第五，保持个性的完整与和谐。这点主要表现为老年人平常的生活中积极的情绪多于消极的情绪；能够正确评价自己和外界事物，能够听取别人意见，不固执己见，能够控制自己的行为，办事盲目性和冲动性较少；表现在老年人的能力、兴趣、性格与气质等各个心理特征的和谐统一。

第六，具有一定的学习能力。现代社会，知识爆炸，不学习就落后，跟不上时代的脚步，与年轻人的落差会加大，因此，为了适应新的生活方式，与自己的后代更好交流，就必须不断学习。如：学习用手机打电话，缩短与家人的沟通距离，学习健康新观念提升生活质量。另外，学习可以锻炼老年人的记忆和思维能力，对于预防脑功能减退和老年痴呆有益。

第七，保持良好的人际关系。有了良好的人际关系，就有了好的社会支持系统。在自己开心时有人与你分享，在情绪低落时有人听你倾诉，在健康时有人与你一起锻炼，在生病时有人照顾。众多的研究发现，社会支持与个体的主观幸福感成正相关，与抑郁等负面情绪呈负相关。可见，个体的社会支持程度越高，其越快乐。对老年人亦如此。

第八，能适度地表达与控制自己的情绪。人在进入老年后，由于生活环境等的改变，容易产生不良情绪，如焦虑、抑郁，情绪易激动。但是，负面情绪在心里憋得太久或情绪过激，很容易对个体的身体与心理健康形成危害，恰当地控制自身情绪的波动，合理地通过情绪对人的各项生理指标进行调节，有利于维持个人的身心健康。情绪能够带来疾病，同时也是疾病恢复的良药。所以对老年人来说，应当对个人的情绪做出恰当的控制。

第九，最大化地凸显个人的才能，表达自身的兴趣爱好。老人的喜好和特长应当对自身、家庭甚至社会大有裨益。如果自己的兴趣爱好有悖于他人，则老年人应该在思考后改正。如，有的老年人喜欢往家里捡垃圾，造成家人和周围邻居的不满，就需要改之。

第十，在恪守社会道德规范的前提下，个体的现实需求

应当被满足。和其他群体相同，老年群体自身的需要达到之后很容易出现满足感，令其身心愉悦，而个体的需要在一些时候有违道德约束和法律规定。

④提高老年人心理健康水平的方式

现阶段，如何保障老年群体的心理健康，早已变成了一项重大的社会性问题，所以有必要采用行之有效的举措，为老年群体提供心理与精神方面的护理服务，帮助其开展心理调节，这样才有利于提升老年群体的生活品质，使之维持身心健康。前文已提及了心理健康的含义与老年人心理健康相关标准，接着笔者会提出一些提高老年人心理健康水平的办法。

第一，认真对待老年人，对他们展开合理的心理评估。具体评估可以参照老年人心理评估与测量展开。具体评价内容包含老年群体的认知能力、情绪及情感的相关心理要素评价。在此之中，评价老年人认知能力时，可利用与之交流的形式，从中洞察他们的语言、行为、记忆力等认知能力，并根据智力状态检查量表与问卷调查结果来对他们的认识能力进行评价。评价老年人情绪时，可利用和他们展开谈话，或者是通过汉密尔顿焦虑量表与抑郁量表等问卷形式展开①。

第二，分析并掌握老年人普遍的心理需要②。依据老年人最为重要的需求，采用差别化的心理护理方式。一般来说，老年人最为普遍的需要包含：健康需要——老年人在步入老年阶段之后，经常会出现恐惧死亡、忧虑疾病的心理；工作需要——老年人在离退休之后，大部分依旧存在工作能力，极度渴望再次上岗，以彰显个人的价值；依存需要——因为老年人年老之后，脑力、精力与体力均明显降低，生活自理能力差，经济较为困难，极度渴望获得照料与关注；和谐需要——老年人均期待个人家庭和睦，子女和谐；安静需要——老年群体年老之后渴望宁静，厌烦喧哗。支配需求——老年人希望像以前一样拥有对家庭的支配权；尊敬需求——老年人希望得到家人和社会的尊重，否则易产生负面情绪，甚至不愿出门；求偶需求——有些丧偶或离异老年人生活寂寞，想要寻找另一半。

第三，引导老年人转变理念。首先必须要维持乐观的生活态度，一个知名的心理学家曾经讲道："感觉属于一种主观意识，生活实际上便是一种感觉，

①卢怡帆. 中国农村老年人群抑郁及其影响因素研究〔D〕. 济南：山东大学，2014.

②胡健，雷世光. 兴义市农村留守老年人抑郁状况及相关因素〔J〕. 中国老年学杂志，2016（36）：2081-2082.

个人用何种态度来看待、感觉生活，生活便会用何种姿态来回馈人们。如果人能够积极向上，乐观进取，热情开朗，那么生活必然处处都是阳光。”生活里的所有事情，由某个视角来看待，也许是令人悲伤痛苦的，而站在其他的角度而言，也许是积极向上的。因此，要教会老年人换个角度看事情，保持积极的生活态度。不要习惯于盯住生活中的“黑点”——困难、挫折，失败，而看不到自己的价值或本已拥有的幸福生活；要善于看到生活中的“白点”——在黑暗中看到光明、心怀希望的阳光。这样才会积极地面对生活困境。其次，正确对待身体的变化与死亡。正确认识自己的年龄，接受年龄带来的身体变化，正确对待疾病，坦然面对死亡。

第四，使老年人保持与外界环境的接触。心理护理人员可以指导老人做一些力所能及的工作或参加一些活动，使其人生价值再次得到体现。而且通过这些工作与活动，老年人可以与其他人交流沟通、与朋友保持联系，从而相互之间得到友爱与温暖，减少老年人的孤独感与寂寞感，使自己处于年轻活泼的氛围中，此类活动还可以延缓老年人大脑功能衰退。

第五，鼓舞并支持老年人进行合理的脑力与体力劳动。有句谚语讲到：“活到老，学到老”，所以在生活里应当支持老年人积极学习，适度用脑，将学到的科学知识用来颐养身心，一方面锻炼自身智力，另一方面有利于其掌握自行照看的技能。老年人在年老之后应当学习的事物相当多，比方说自我保健、心理学、社会学等诸多领域的专业知识，再比方说国家大事，以更好地了解社会动态，升级自身观念，消除和子女的代沟，这样不但使个人的生活更为丰富，另一方面也训练了智力，拉近了和家庭成员的关系。除了要支持老年人开展脑力劳动，同时还要鼓舞其参与体力劳动，依据老人自身的兴趣特长、身体情况，有针对性、适度地参与运动，比方说跑步、打太极、打球、登山等运动。

第六，协助老年人共建和谐幸福的家庭。老年人很容易出现孤独感，渴望获得家庭成员的关注与照料，所以儿女应当增进和老人之间的交流，经常和老人进行沟通，凡事多与之商讨，让老人感受到子女的尊重。失去配偶的老人独居时，常常会出现孤独感，所以子女要对他们的求偶需要予以谅解，尽可能地支持，以达到老年人的心愿。

第七，开展心理知识宣传工作，建立老年人心理档案，推动社区居民对心理健康的认识和重视。要想使心理健康问题得到社会普遍的重视与认同，需要普惠型的社会宣传。如采用在社区定期举办心理健康科普讲座，在居民集中的公共场所滚动播放专题影像。发放小册子、小折页等卫生科普资料等方式普及心理健康知识，满足社区居民对心理问题的差异性需求，增进整个社区的心理健康意识，帮助人们建立有益于心理健康的行为方式。还可在社区卫生服务中心建立老年居民心理卫生档案，通过持续的评估和记录描述出老年个体心理发展变化过程，建立老年心理卫生的科学指标，指导老年人及家属健康养老、科学养老，为目前各地都在推广的居家养老、社区养老工作提供依据。

第八，开展团体辅导活动，提升老年人心理健康水平。以团体辅导的形式开展的老人心理健康服务，将有共同心理需求的老人结成小组来开展服务，这种方法强调通过团体过程及团体动力去影响老人的态度和行为。团体治疗的目标在于促进个人对社会、行为和情感的适应。可根据不同的心理健康服务需求成立如慢性疾病患者心理呵护团体、退休后社会生活适应训练团体等各类不同性质的老年团体。

6.2.1.2 老年心理健康评估

心理评估与测量是心理干预或心理护理行为产生的前提条件，对老年心理护理具有重要意义。在对老年人进行心理护理前，必须对其心理状况进行评估，评估问题所在，而后才能有针对性地采用正确的护理方法。

（1）心理评估的含义

心理评估有广义和狭义之分，广义的心理评估是指对各种心理和行为问题的评估，可以在医学、心理学和社会学等领域运用。广义的心理评估主要用来评估行为、认知能力、人格特质，帮助做出对人的判断、预测和决策。狭义的心理评估也叫临床评估，是指在心理临床与咨询领域，运用专业的心理学方法和技术对个体的心理状况、人格特征和心理健康做出相应判断，必要时做出正确的说明，在此基础上进行全面的分析和鉴定，为心理咨询与治疗提供必要的前提和保证①。老年心理评估就是指对老年人的人格特质、认知能力、情绪情感、行为等特点以及心理健康状态进行判断、预测和决策的过程。心理评估在老年人心理护理中的作用非常重要，原因在于：第一，心理评估可以让心理护理人员了解不同老年人的心理特征，有的放矢地进行心理卫生方面的指导；第二，心理评估可以让心护理人员明确老年人的心理问题所在及形成原因，从而采取预防和治疗心身疾病的措施；第三，心理评估可促进一些不健康行为的研究，对于改变一些人的不健康行为、促进他们保持自身的心理健康有很大作用。因此，针对老年人的心理评估是做好心理护理的重要前提和依据，同时，也是对心理护理效果做出判定的保障。

①余运英. 老年心理护理［M］. 北京：机械工业出版社，2017：78-83.

（2）老年心理评估的原则

老年心理评估的原则是开展老年心理评估工作的最基本要求和指导思想，是老年心理护理的基础。老年心理评估应该遵循以下六个基本原则。

①客观性原则。老年心理评估的客观性原则，是指在对老年人进行心理评估的过程中要遵循实事求是的态度，依据被评估者的客观心理事实和科学的方法，对其心理问题进行科学的评估，防止护理人员主观臆断、猜测虚构。心理评估的客观性原则非常必要，因为它直接关系到收集的资料是否真实、观测的数据是否可靠、评估是否科学、护理效果是否有效等，因此，客观性是老年心理评估的最基本原则。贯彻客观性原则，要求心理护理人员具体做到四点：第一，心理评估确定的目标或指标要客观，应选择那些客观存在的现象进行观测和探讨。第二，收集资料时要尊重被评估者的客观心理需求。第三，在实施心理测量时，要运用适当的心理评估工具，严格按照有关的操作标准进行，对测量结果以科学、慎重的态度予以解释。第四，在做评估结论时，要对通过各种途径获得的全部事实进行综合分析，以保证评估结果的科学性。

②整体性原则。老年心理评估的整体性原则，是指在心理评估过程中，要运用系统观点对被评估的心理现象及影响因素之间的相互关系进行整合研究，同时对被评估的心理现象进行多层次、多水平的系统分析。因此，在心理评估中心理护理人员应具体注意以下两点：第一，对心理问题的分析和研究应从整体出发，挖掘老年人内在心理要素间有怎样的联系。第二，对心理现象的评估要从不同层次、不同水平予以分析，要从横向和纵向的角度去发现老年人心理问题的成因。

③动态性原则。要以动态的观点来看待老年被评估者的问题和整个心理评估的过程，明确心理评估只是对老年被评估者当前的问题的一种定性，而不是最终的结论，要看到或去挖掘被评估者的潜力以及自我治愈的能力。

④综合性原则。老年心理评估的综合性原则，是指在心理评估中除运用心理学的方法和技术外，还要根据需要运用多种学科的方法和技术以取得最佳的评估结果。在心理护理的实践中，除以心理学的评估方法为主外，有时还需借助多种方法综合进行。如采用一定的生化、物理检测手段，从神经生理学、医学的角度获取一些有价值的信息；通过访谈、调查、现场考察等方法，从教育学、社会学等方面获取丰富的内容。总之，采用综合性原则进行心理评估，可以博采众长、取长补短，全面提高心理评估的水平与质量。

⑤指导性原则。老年心理评估的指导性原则，是指对被评估者的心理问题做出评估后，对其存在的心理问题可以给予有针对性的指导，从而更好地促进

其心理问题的解决和心理的健康发展。

⑥保密性原则。老年心理评估的保密性原则，是做心理护理最基本的道德水准和从事评估的最基本要求，是鼓励被评估者提供真实材料的基础，也是对被评估者的人格与隐私权的最大尊重。即护理人员不能在工作和生活中随意提及被评估者的姓名、家族住址等重要的个人信息与心理问题的主要内容等，除了被评估者可能会对社会或他人甚至自己构成危害时，需与有关部门或其家属及时沟通外。

（3）老年心理评估的方法

①观察法。观察法主要指的是在自然情境或预先设定好的情形里，系统化地对个体的行为予以洞察、记录和剖析，进而掌握人们的心理活动形成与发展规律的一种办法。应用这一方法时，可采用两类形式：第一，参与观察。这种模式最典型的特征就是观察者站在旁观者的角色观察活动，而没有真正参与到被观察者的活动当中。第二，非参与观察。这种模式最典型的特征就是观察者站在旁观者的角色观察活动，而没有真正参与到被观察者的活动当中。不管采用何种形式，由原则来说，不应当让被观察者察觉到个人的活动正在被他人观察，要不然便会对其行为表现形成影响。观察法主要是对被观察者行为所做出的直接了解，所以搜集到的资料更为客观、真实、全面，且具备代表性与精准度，怎样规避观察者的主观猜测和判断，是应用这一方法的重点。在观察过程中，应当有规划、有目的、有意识地对个体在活动过程中呈现出的心理特征进行观察与记录，便于对行为出现的成因进行科学的阐释。这种方法的优势在于维持了被观察对象的自然表现与客观性，收集的资料真实性与客观性较高，它的不足之处在于观察者所处的地位非常被动，仅可无无奈地等候被观察者的一些行为表现，历经的过程非常缓慢。

②调查法。调查法指的是为达成目标，针对某项问题要求被调查者对个人的看法或做法进行回答，在此基础上对群体心理倾向进行剖析、推断的一种研究方式。应用非常普遍的调查法包含两类，首先是访谈法，它指的是研究者利用和被调查者进行直接交流，进而掌握他们的心理状态的一种研究办法。访谈调查过程中，研究人员和被调查对象当面进行交谈，操作过程灵活，针对性与可行性强，获得的数据资料精度与效度较高。访谈不但可以是个别访谈，和被调查对象逐一交谈，也可以是集体访谈，也就是通过座谈会的方式进行探讨。另外，还能够是正式或者是非正式的访谈，后者不用细致、具体地设定访谈问题，可自由进行谈论，依据现实状况进行访谈。前者需要提前做足充分的计划，并按计划开展访谈。访谈法最为主要的不足之处体现在投入的时间与精

力、人力非常大，调研范畴具有局限性，其次是问卷调查法。范畴较为广泛的心理调查，一般运用问卷形式展开。问卷即是书面提问的方式，问卷调查通过收集资料，然后作定量和定性的研究分析，归纳出调查结论。采用问卷调查法时，最主要的当然是根据需要确定调查的主题，然后围绕它，设立各种明确的问题，全面摸底了解。这种方法是科学研究运用非常普遍的一种研究方式，在调查过程中，要求确定调查目的与对象，设计出切实可行的调研方案，并真实地做好记录，进而对研究结果作出梳理与剖析，有必要时也需要采取数学办法展开统计。问卷调查法的优点是能够同时收集到大量的资料，使用方便，并且效率高；其主要缺点是被测试者由于种种原因可能对问题给出虚假或错误的回答。

③心理测试法。它指的是根据标准化量表对个人心理特点予以量化并展开探究的一种方式，一般主要是用在明确被试的一些心理品质的存在水平，它是量化探究个人心理特点与行为表现必不可少的工具，运用范畴非常广泛。这种方法的最大特点是对被测试者的心理现象或心理品质进行定量分析，具有很强的科学性，而且随着计算机技术的发展和广泛应用，心理测验领域已出现了明显的计算机化的趋势，如在机上测试、自动计分、测试结果分析和解释等①。

④作品分析法。作品分析法也称产品分析法。所谓“作品”，是指被评估者所进行的日记、书信、图画、工艺等文化性的创作，也包括了他（她）生活和劳动过程中所做的事和东西。通过分析这些作品（产品）可以有效地评估其心理水平和心理状态，并且可以作为一个客观依据留存，比如利用沙盘游戏来分析病患者的心理状况。

（4）老年常用的心理测试

老年人常用的心理测试主要包括如下两种：

①人格测试

第一，艾森克人格量表（EPQ）②。艾森克人格问卷（eysenck personality questionnaire，EPQ）是英国伦敦大学心理系和精神病研究所艾森克教授编制的，艾森克教授搜集了大量有关的非认知方面的特征，分析归纳出三个互相成正交的维度，从而提出决定人格的三个基本因素：内外向（E）、神经质（N）和精神质（P），人们在这三方面的不同倾向和不同表现程度，便构成了不同的人格特征。内外向，分数高表示人格外向，可能是好交际、渴望刺激和冒

①周晓虹. 社会心理学［M］. 北京：高等教育出版社，2008：56-58.
②郭念峰. 心理咨询师（三级）［M］. 北京：北京民族出版社，2005：268-292.

险，情感易于冲动。分数低表示人格内向，可能是好静，富于内省，除了亲密的朋友之外，对一般人冷淡，不喜欢刺激，喜欢有秩序的生活方式，情绪比较稳定。神经质，反映的是正常行为，与病症无关。分数高可能是焦虑、担心、常常郁郁不乐、忧心忡忡，有强烈的情绪反应，以至于出现不够理智的行为。精神质，并非暗指精神病，它在所有人身上都存在，只是程度不同。但如果某人表现出异于常人的程度，则容易发展成行为异常。分数高可能是孤独、不关心他人，难以适应外部环境，不近人情，感觉迟钝，与别人不友好，喜欢寻衅搅扰，喜欢干奇特的事情，并且不顾危险。

第二，卡特尔人格量表。卡特尔 16 项人格因素问卷（16 personality factor questionnaire，16PF）是美国心理学家卡特尔根据人格特质学说，采用因素分析方法编制而成。16PF 有 187 个条目，包含 15 个人格因素和 1 个一般智力因素。适用于 16 岁以上并有小学以上文化程度者。16PF 主要目的是确定和测量正常人的基本人格特征，所包含的 16 种人格因素各自独立，它们之间的相关度极小，每一种因素的测量都能使被试者某一方面的人格特征有清晰而独特的认识，同时还可进一步评估某些次级人格因素，从而全面评价其整个人格。16 种人格因素分别是：因素 A（乐群性），因素 B（聪慧性），因素 C（稳定性），因素 E（恃强行），因素 F（兴奋性），因素 G（有恒性），因素 H（敢为性），因素 I（敏感性），因素 L（怀疑性），因素 M（幻想性），因素 N（世故性），因素 O（忧虑性），因素 Q1（实验性），因素 Q2（独立性），因素 Q3（自律性），因素 Q4（紧张性）。

第三，明尼苏达多项人格测验（MMPI）。明尼苏达多项人格测验（MMPI）由美国明尼苏达大学的心理学家哈撒韦和精神科医生麦金利于 1940 年编制而成，可以用于测试正常人的人格类型，也可以用于区分正常人和精神疾病患者。它从多个方面对人的心理进行综合的考察，是世界上被使用次数最多的人格测验之一。MMPI 于 20 世纪 80 年代被引进中国，中国科学院心理研究所组织了标准化修订工作，经过几十年的发展和修正完善，MMPI 在中国得到了广泛运用。MMPI 由效度量表、临床量表、内容量表和附加量表构成，见表 6-1。该测验适用于年满 16 岁、初中以上文化水平及没有什么影响测验结果的生理缺陷的人群。

表 6-1　明尼苏达多项人格调查表 MMPI-2 细致表

量表	分量表	量表内容
效度量表	疑问量表（Q）	被试者不能回答或未回答的题目
	掩饰量表（L）	测被试者对该调查的态度
	效度量表（F）	测任意回答倾向
	矫正分量表（K）	测过分防御或不现实倾向
	后 F 量表（Fb）	用于对 370 题以后的题目进行有效性判断
	精神病性稀有回答量表（Fb）	高分代表被试者相信一些稀奇古怪的事情
	前后回答不一致的量表（Fp）	包括 VRIN 和 TRIN，分别指逆向和同向回答不一致的情况
临床量表	疑病量表（Hs）	测被试者疑病倾向及对身体健康的不正常关心
	抑郁量表（D）	测情绪低落、焦虑问题
	癔病量表（Hy）	测被试者对心身症状的关注和敏感，自我中心等特点
	精神病态性偏倚量表（Pd）	测被试者的社会行为偏离特点
	男子气或女子气量表（Mf）	测男子女性化、女子男性化倾向
	偏执狂或妄想量表（Pa）	测被试者是否具有病理性思维
	精神衰弱量表（Pt）	测精神衰弱、强迫、恐怖或焦虑等神经症特点
	精神分裂量表（Sc）	项目来自思维异常和古怪行为、有幻觉的精神分裂患者的一些临床特点
	轻躁狂量表（Ma）	项目来自具有过于兴奋、思维奔逸、易怒的躁狂症患者的一些临床特点。
	社会内向量表（Si）	测社会化倾向
内容量表	反映内在症状的内容量表和古怪意念量表	包括焦虑量表、恐惧担心量表、强迫量表、抑郁量表、关注健康量表
	反映外部的或攻击性倾向的内容量表	包括愤怒失控量表、愤世嫉俗量表、逆反社会量表和 A 型行为量表
	反映消极自我观的内容量表	即自我低估量表
	反映一般心理问题的内容量表	包括社会不适应量表、家庭问题量表、工作障碍量表和反感治疗量表

表6-1(续)

量表	分量表	量表内容
附加量表	包括原有的焦虑量表、压抑量表、自我力量量表和社会责任量表，另增加了性别角色（男性 GM 及女性 GF）、创伤后应激障碍量表（PK 及 PS）、控制敌意量表（O-H）和支配性量表（Do）以及 MAC-R 酒中毒量表等。	

②情绪情感评估

对老年人情绪情感评估时常用到如下量表：

第一，90 项症状自评量表（symptomchecklist 90，SCL-90）。90 项症状自评量表（SCL-90）由德若伽提斯于 1975 年编制，是进行心理健康状况鉴别及团体心理卫生普查时实用、简便而有价值的量表。该量表包括 90 个项目，包括躯体感觉不适、情绪、情感、思维、人际关系等 10 个方面的内容。可以评定一个特定的时间，通常是一周以来的心理健康状况。该量表分为五级评分（从 0-4 级），0=从无，1=轻度，2=中度，3=相当重，4=严重；该量表包括躯体性、强迫症状、人际关系敏感、抑郁、焦虑、敌对、恐怖、偏执、精神病性等 9 个症状因子。

第二，抑郁自评量表（self-rating depressionscale，SDS）。抑郁自评量表是由美国杜克大学教授庄于 1965 年编制而成。是美国教育卫生部推荐用于精神药理学研究的量表之一，能全面、准确、迅速地反映被试者抑郁状态的有关症状及其严重程度和变化。本测验为短程自评量表，操作方便，容易掌握，不受年龄、性别、经济状况等因素影响，应用范围颇广，适用于各种职业、文化阶层及年龄段的正常人或各类精神病人。包括青少年病人、老年病人和神经症病人，也特别适用于综合医院以早期发现抑郁症病人。

第三，焦虑自评量表（self-ratinganxietyscale，SAS）。焦虑自评量表由美国杜克大学教授庄于 1971 年编制，从量表构成形式到具体评定方法，都与抑郁自评量表（SDS）十分相似，用于评定焦虑病人的主观感受。SAS 是一种分析病人主观症状的临床工具，它能够较为准确地反映有焦虑倾向的精神病患者和普通人的主观感受。SAS 适用于具有焦虑症状的成年人。近年来，SAS 已作为咨询门诊中了解焦虑症状的一种自评工具，同时，它与 SDS 一样，具有较广泛的适用性。

6.2.1.3 老年心理护理认知

(1) 心理护理的概念

心理护理真正作为一种护理方式，是伴随着“以患者为中心”的现代护理观念变化和新型护理模式的建立，而在临床护理中明确提出并广泛应用的。

多年来，心理护理在我国取得了较大进展，在实践中也日益显出了独特的地位和重要作用。心理护理原指护理人员根据心理学的理论，在护理过程中通过人际交往，以行为来影响和改变患者的心理状态和行为，促进其康复的方法和手段。现今，由于社会的发展，人们对于心理护理有了更深的理解，心理护理的实施者已不限于专业的护理人员、医务人员，也不限于具体的心理护理措施。医生、护士、医院和其他各类工作人员以及病人的家属、朋友等都可以进行心理护理。心理护理的对象也不仅只是临床各科的病人，还包括疗养院的休养人员、养老院的孤寡老人、甚至包括健康的人。因此，我们赞同心理护理是运用心理学的理论和技术，针对护理对象现存和潜在的心理问题、心理需要及心理状态，通过语言和非语言的沟通，给予他们关怀、支持和帮助，以解决其心理问题，满足其心理需要，改变其不良的心理状态和行为，提高其适应能力，促进其康复或保持其最佳健康状态的护理过程。

（2）老年心理护理的依据

现代科学证明神经系统是产生心理活动的物质基础，脑是心理活动最重要的器官，一切心理活动都是在客观现实的影响下，通过神经系统特别是大脑的活动而实现的。除了神经系统直接参与调节人们的心理活动外，内分泌系统也与人的心理活动有很大关系。生理保健使机体健康，为心理保健提供了物质基础。

反过来，心理保健对生理保健也有重大的促进作用。首先，健康的心理会指导人建立科学的生活方式，使机体的活动更加符合规律，整体促进生理健康水平的提高。第二，健康的心态会促使机体的内分泌正常、激素水平正常，兴奋和抑制协调平衡，使肌电、皮电、心率、呼吸更适宜，有利于生理健康的发展。第三，健康的心态和良好的心理素质提供了良好的心理感知力、心理抵抗力、心理耐受力和心理康复力，从而提高了应付急性心理刺激和慢性心理刺激的能力，避免应激不良对机体的伤害。第四，心身疾病是由社会心理因素引起的以躯体症状为表现的一种疾病，这类疾病的治疗主要通过心理治疗。总之，心理保健对生理保健的促进作用是巨大的，这一点正在被越来越多的人认识。

（3）老年心理护理的内容

①信息支持：信息支持内容包括信息的内容和数量、提供信息的时间安排、提供方式和对不同个体区别对待等因素，同时要考虑这些因素之间的相互作用。例如，一位需要做外科手术的老年人，如果他是内向性格，则需要在术前一段较长的时间内提供与手术有关的详尽信息；相反，如果他是外向性格，则其对信息支持需要不多，仅仅在术前才需要一些简单的信息。因此心理护理

应首先评估老年人的个性特征，再进行有针对性的个性化心理护理。

②情绪护理：情绪护理是心理护理的重要组成部分，包括情绪表达或情感宣泄与情绪调控。美国心理学家马斯洛（Maslow）指出，患者与治疗者之间建立良好的人际关系是最好的心理药物。因此护理人员通过与老年人建立良好的关系，促进老年人情绪表达，从而实现对其情绪状态的主观评价和恶劣情绪的缓解。对情绪过于激动的老年人，可让其以合理的方式宣泄愤怒等不良情绪，或以忏悔的方式来宣泄情感。

③心理评估：对老年人心理问题的评估是心理护理的基本成分之一，心理问题的准确评估是优选心理护理对策的前提。评估包括对老年人心理状态的监控和检测、老年人的心理演变过程的内容。评估方法包括观察法、晤谈法和量表法等①。

④咨询或其他干预方法运用：在对老年人心理进行评估的基础上，需要应用一些专业的心理干预技术对症治疗，如放松术、认知疗法、行为矫正和催眠术等的应用。心理学上的这些理论、技术和方法是心理护理的基本要素，是科学实施心理护理的指南。

⑤提供支持和安全感：学者们认为，支持就是帮助老年患者减轻因疾病和治疗所产生的心理负担，支持的核心就是为患者提供安全感。护理人员应使用一切可能手段，或与老年人建立良好的护理关系，或促使老年人间的相互交流，尤其是病友间的交流沟通等，为老年人提供支持与安全感。

综上所述，心理护理涵盖以上5种成分，这5种成分贯穿整个护理活动的始终，各成分均有自己的特性和作用，互相联系，互相依赖，不能独立存在于心理护理活动中。在实施心理护理的过程中，我们只有有机地运用以上成分，双方设立共同的目标，护理人员与老年人才能获得最佳的效果。

（4）老年心理护理的原则

老年心理护理工作有其特殊的规律和专业的要求，为了实现护理目标，在心理护理实践中应遵循相关的原则。

第一，交往原则。心理护理是以良好的人际关系与人际交往为基础的，通过交往可以协调关系，满足需要，减少孤独，增进感情。交往有利于护理工作的顺利进行，有助于老年人保持良好的心理状态。心理护理人员要在日常护理过程中注意个人的仪容仪表，经常与老年人交流，多关心老年人，尊重他们，

---

①郭智慧，常雅宁，彭志启．失独者心理健康水平与社会支持、孤独感、应对方式关系［J］．中国公共卫生，2018，12（34）：1668-1671．

多方了解他们的需要、动机、个性和行为习惯，有针对性地搞好关系。

第二，服务性原则。心理护理具有服务性，护理人员应以服务的观点为老年人提供技术服务和生活服务，以满足其心理需要。如为老年人改善住房环境，尽量美化环境，布置好房间内设施，保持清洁安静，调整老年人之间的关系，促其友好交往，相互关照。

第三，针对性原则。护理人员应当根据每个老年人在年龄或疾病的不同阶段所出现的不同心理状态，应有针对性地采取各种对策，做到因人而异。为此，护理人员在与老年人交往的过程中，要善于观察，常与其交谈，必要时还可以使用心理测验等手段，及时掌握其心理状态与个性特点。据此，向老年人说明其个性的优、缺点及当前的心理状态与当前（未来）的疾病之间的关系，帮助老人逐步改变不良习惯和行为。

第四，启迪性原则。护理人员在给老年人进行心理护理时，应当运用相关学科的知识，尤其是心理学的知识向其进行健康教育，给其以启迪，以改变其认知水平，消除他们对疾病、死亡以及当前生活状况中存在的错误观念，使他们的态度由消极变为积极。教会老年人适应当前角色，放松心情，教会老人借助冥想等放松方法保持精神活动的平衡和稳定。

第五，自我护理的原则。自我心理护理是一种老年人为了让自己心理保持健康及舒适而进行的自我实践活动，包括自我心理评估、自我预防、自我保健等工作。良好的自我护理是心理健康的表现，有助于维持老年人的自尊、自信和满足其心理需求。因此，护理人员应启发、帮助和指导老年人尽可能地进行自我护理。

第六，早期预防的原则。我们知道个体的个性、情绪与所患疾病之间联系紧密，故在与老年人的沟通交流中，应观察注意老年人的行为表现与语言，甚至运用心理量表推测老年人的个性特点，并预测其可能会患哪种疾病，从而在生活中指导其加以注意与改变。另外，老年人随着年龄的增长，可能会出现生理疾病，如高血压、心脏病、糖尿病等，这些疾病的产生，会导致着其人格与情绪的改变，如王大力等人的研究发现，高血压患者会过多地产生焦虑，并具有性格内向、情绪不稳定的个性特征。因此，在疾病的早期，应尽早干预。

第七，持之以恒原则。随着衰老，老年人的心理问题会加重，如感知觉的异常、记忆能力的下降、认知能力的退化、人格的改变等，因此，对老年人需要连续性照顾，开展长期的心理护理①。对各年龄段的健康老人、患病老人均应采取细致、耐心、持之以恒的护理，减轻老年人因衰老、疾病所遭受的痛苦，在其生命的最后阶段提供系统的心理护理和社会支持。

第八，全社会参与心理护理原则。老年心理护理的对象不仅是老年病人，还包括健康的老人和老人的家庭成员。因此老年护理必须兼顾医院、家庭和社会人群，心理护理工作不仅是在病房和医院，还应包括社区和全社会，从某种意义上讲，家庭和社会护理更有其重要性，因为这样可使本人更受益，因为可增加家庭与社会对老年人的理解与关爱度，还可让更多的人了解心理知识并对自我的行为与观念进行修正。

（5）心理护理的注意事项

第一，心理护理的实施必须根据老年人的具体情况，采用合适的护理措施，每项护理措施的实施应经过老年人本人或家属的知情和同意。

第二，在实施心理护理的过程中，应该注意自己的立场，即不要以护理人员个人的价值观评判他人，而要将每个老人看作一个独特的个体。

第三，在实施心理护理时必须注意挖掘老人自身的潜力，因为给其过多的心理支持易造成其对护理人员过分依赖的心理，延缓其康复。

第四，护理人员在选择心理护理措施时，应以科学的心理学知识为指导，而不是只给老人一般说教式的安慰。

第五，对自己不能单独解决或不属于自己专业范围内的心理问题，护理人员可建议老年人去寻求其他专业人员的帮助，切不可大包大揽。

（6）老年心理护理的基本策略

要进行有效的心理护理，必须有良好的护理策略。

第一，广泛收集和分析老年人的心理信息。护理人员在与老年人的接触中应尽快掌握其身体状况、生活环境、社会经历和个性特点等信息，还可以通过心理测查手段来收集老年人的行为表现、个性特征、情绪体验和思想状况等心理信息。分析老年人的心理状态并做出判断，可从三个方面收集信息，进行分析判断。一是通过自我报告的信息。即通过老年人自我描述来进行分析，听其表达了什么。但由于老年人的自我表达能力不同，故对老年人的自我报告进行分析时，护理人员不仅要重视其说了些什么，还要了解其为什么这样说。二是通过老年人的生理变化信息进行分析。如老年人有睡眠障碍、饮食减退、肢体

①张少芳. 老年教育体系构建的原则、影响因素及路径选择〔J〕. 成人教育，2019，8（391）：41-46.

震颤等，就可能存在焦虑、抑郁情绪；如其有血压、脉搏、呼吸节奏等的改变，就可能是情绪紧张和激动的表现。三是通过老年人的行为改变信息进行分析。如老年人出现双手握拳、表情沮丧就可能有严重的抑郁；如老年人拒绝进食，拒绝治疗就有可能是因病情严重或其他事情而有绝望情绪等。

第二，老年心理护理的目标设定。老年心理护理目标分为三种类型：长期目标、中期目标和短期目标。长期目标：需要长期采取相应的护理措施才能达到的目标。长期目标一般是中期及短期目标的最终结果。长期目标一般是6个月以上才能达到的目标。中期目标：需要一定的努力才能达到的目标，是长期目标的分目标。一般是3~6个月能达到的目标。短期目标：是3个月内能达到的目标，是老人在短期内所能达到的心理改变的具体目标描述。心理护理目标设定时的注意事项：一是心理护理目标的确定必须以老年个体或群体为中心，即描述其行为、情绪、认知等方面的改变而不是描述护理人员有什么样的改变。二是内容必须是病人心理状况及心理需要，必须有确切、可衡量的行为动词。不能使用无法测量的行为动词。三是应当有确切的时间安排，时间安排得越早越好。如，一个月之内改变老年人的负面情绪，出现正面情绪。

第三，帮助老年人建立各种良好的人际关系。一是建立护理人员与老年人（被护理人员）的良好关系。护理人员和老年人之间应有相互信任、互相尊重、互相爱护的良好关系，这是做好护理工作的基础，也是进行有效的心理护理的必要条件①。老年人需要得到护理人员的帮助、治疗和护理，护理人员的工作需要老年人的信赖、支持和配合。虽然在护理关系中，护理人员应起主导作用，但也不能忽视老年人，尤其是健康老人的能动性，所以，护理人员与被护理老人应建立起“共同参与型”或“指导合作型”的护理关系。二是形成朋友间、病友间的良好人际关系。人们在任何生活环境都要进行社会交往活动，当老年人进入养老院或生病住院时，便会遇到新的环境，可能还会遇到新的人物，老年人可能有陌生感、孤独感。此时，护理人员应该促进老年人与周围的人或同室的人员进行交流，以使大家尽快熟悉起来，并引导老年人互相鼓励、互相关心和互相帮助。

第四，创造良好的居住环境。无论是家里、养老院或是医院，心理护理人员都应为老人准备一个幽静清新的环境。室内外的颜色选择要适宜，天花板应为乳白色或白色，室内墙壁、过道的墙裙为淡蓝色或淡绿色；要保持居室的安

①胡强强. 城镇化过程中的农村“留守老人”照料［J］. 南京人口管理干部学院学报，2006，4（2）：15-18.

静，噪音应严加控制。室内还可适当播放优美轻快的音乐，以给老人愉快舒适的感觉。居室布置应简朴、清洁、整齐，使老人从心理上感到舒适，有利于健康。

第五，加强心理健康教育。心理护理人员应经常对老年人进行个别或集体的心理健康教育活动，宣传有关的心理健康知识。宣讲的知识内容包括个性、认知、情绪与健康、疾病的关系，心理咨询与治疗方面的知识，以及如何克服不良的卫生习惯，确立健康生活方式等方面的知识，从而使其深刻认识到人的行为与心理社会因素同疾病的关系。护理人员除了亲自讲授外，还可通过录像、录音、阅读报刊等方式进行心理健康教育，以此调动病人的主观能动性，使其用乐观的态度、愉快的情绪、坚定的信心和坚强的意志去克服各种困难，积极生活、配合治疗，提高生活质量。

第六，做好家属的心理工作。老年人因感知觉的退化和疾病的发生等可能会出现情绪与人格的异常，这些会使家属产生不理解、不满的想法甚至出现抑郁烦躁情绪等，因此，护理人员在对老年人进行心理护理时，也应对其家属进行心理学知识的宣传，帮助家属理解老年人，并学会调适自己的心理状态。

6.2.1.4 老年心理咨询与治疗

心理咨询即心理辅导，与心理治疗有相似处。一般来说，精神医学家使用“心理治疗”的称呼，意味着由治疗者来医治求治者的心理疾病，较适用于已发生心理问题的病患者。但是，临床心理学家或心理学老师等人员，更倾向于使用“心理咨询”或“心理辅导”的名称，其主要工作内容是咨询，包括心理疾病的防治促进来访者成长，这适用于正常人的日常生活中的心理问题。虽然两者称呼不同，治疗者的背景、工作的方法与任务略有差异，但其治疗或辅导的原理则大同小异，可一起讨论。综上所述，心理治疗和心理咨询都是心理工作者运用心理学的知识、原理、方法对来访者进行帮助，以消除其心理疾病，促进其更好成长的过程。心理咨询与治疗要解决的问题仅是心理问题，或是由心理问题引发的行为问题，而不是老年人生活中的其他问题。非心理因素引起的心理疾病，如脑器质性精神障碍、患病中的精神分裂症等，也不适合做心理治疗①。因此，心理护理人员在进行心理咨询与治疗前，需要先评估老年求助者的整体状况。

---

①张平. 国内外养老机构护理人员的现状研究［J］. 中国老年学杂志，2015（10）：5662-5665.

（1）老年人心理咨询与治疗的原则

①保密原则。该原则要求咨询人员妥善保管老年来访者的心理测验等资料，除非征得其同意，不在任何场合，向任何人谈论其隐私。当然，也有例外情况，如是老年人在咨询的过程中谈及自杀或表露出对别人的憎恨，有犯罪倾向时，要及时通知相关人员，一起做好老年人的心理疏导和行为矫正工作。

②理解与支持原则。咨询人员对老年来访者的语言、行为和情绪等要充分理解，不能以自己的标准或道德眼光评判对错，要帮助来访者分析原因并寻找出路。因为每个人的观念、行为等都与他所处的环境和所经历的事件有关，所以，咨询师不能用自己的想法来规范来访者的行为与观念。咨询师要做的是对来访问者进行积极关注，帮助来访者走出心灵的雨季。

③相互信任原则。在对老年来访者进行咨询的过程中，咨询师应从尊重信任的立场出发，努力和咨询对象建立起良好的信任关系，以确保咨询工作的顺利进行。但需注意的是，与来访者的良好关系不能过分亲密，否则会造成来访者对咨询师的依赖心理，影响咨询的后续发展。

④整体看问题原则。与老年来访者交流沟通过程中对其的心理问题要做到全面考察，对其问题进行分析时，要考虑来访者的心理、生理和社会因素的相互制约和影响。老年人退休在家，人际交往发生改变，或家中孩子长大离开自己等原因，都会使其产生心理问题，故在对其进行心理辅导时，需全面考虑问题。

（2）老年心理咨询的常用方法

第一，共情（empathy），也叫同理心、投情、同感，即心理护理人员能感受老年人的内心世界，就好像我们自己的世界一样，设身处地地体会他们的处境和心情。共情包括共情态度和共情能力两个方面，其核心是理解。共情的态度，是指护理者愿意把自己的信念、价值观和经验参照体系搁置在一边，站在对方的立场，深入对方的内心，从对方的角度去体察、感受和思考一切的一种心理倾向，达到近乎“感同身受”的理解境界。共情的关键是站在对方的立场上，去除护理者本人的偏见和主观判断。共情的能力，是指护理者深入老年人的内心世界，把握其体验、经历、行为以及它们之间的关系，并运用有关技巧将自己准确的理解传递给对方。共情的能力包括两个方面，一是要确有所感，二是要让对方明白。

心理咨询师发展共情能力，有三点非常重要：一是内容，即对老年人所陈述的事实、观点、情况等是否有准确了解。二是老年人的感受，即老年人的情绪或情感体验，它们可通过语言如“我很难过”“我好悲伤”等来表达，但更多的是通过来老年人的表情、语调、姿态等非语言来表现。三是咨询师对感受体认识的程度，即是否全面、准确地把握了老年人的感受。高水平的共情反应往往显得比来访者表达出来的还要全面、准确。

第二，倾听。俗话说“树老根多，人老话多”，老年人爱说、爱念叨，所以对老年人进行心理护理，倾听技术的使用尤显重要，良好的倾听能引导老年人讲述自己的故事、发泄自己的情绪，因而护理人员的倾听本身就具有一定治疗作用。倾听时，护理员要认真地倾听，并适当表示理解，不要带有偏见，更不能因为老年人讲了多次而表现出不耐烦、厌恶、气愤等表情。倾听老年人讲话，既要用耳朵更要用心，不仅要听懂老年人通过言语、表情、动作所表达出来的东西，还要听出其在交谈为中没有表达出来的意思，甚至于去挖掘来访者都没有意识到的内容。因此，咨询者重点关注三个方面的内容：一是老年人的经历，二是老年人的情绪，三是老年人的行为。

第三，解释。指心理护理人员运用某种心理理论来对老年人的思想、情感和行为的原因进行描述的过程。解释为老年人提供一种新的认识其问题和自身的方式，使他们借助护理者提供的帮助从一个新角度去了解和认识自己及周围事物，并借助于新的观念和思想来对自身的行为、思想和情感加深了解，产生领悟，提高认识，促进变化。解释需要注意根据老年人的文化水平、人格特点等进行，而且必须在掌握了足够的信息，把握住了来访者的心理问题后进行，解释不应该强加给来访者。另外，虽然解释的目的是让老年人以一个与自己有所差异的方式重新审视自己的问题，但操作时要注意循序渐进，老年人由于长期的生活习惯等形成了固定僵化的思维模式，一时可能难以改变，因此，护理者的解释内容不要与老年人的信念、文化背景存在过大差异或产生严重的冲突。解释时的措辞顺得当，解释时要注意观察他们的反应，尤其是非言语行为，如沉默、微笑等，避免抵抗和防御情绪出现；即使解释合理，但如果对方一时不能接受，护理者应分析其中的原因，不能强迫他们接受。

第四，自我表露。自我表露又称自我开放，是护理人员在和老年人交流时，表达出自己的情感、思想、经验等，与老年人分享。通过这个过程，可拉近护理者与老年人的距离，建立协调信任关系，从而获得老年人更多的信息。自我表露一般有两种形式，一种是护理者直接把自己对老年人的体验告诉他本人，表明对老年人言行问题的体验，如“我很高兴和您聊天，您这么信任我”“您这么健谈，我很开心”；另一种是将自己过去有关的经历和情绪体验告诉老年来访者，如“你说的这种情况，其实我也遇到过的，当时……”自我表露技术的应用需建立在一定的辅导关系上，而且要适度，如果护理人员过多地自我开放，不仅会占用老年人大量的时间，而且会让他们觉得护理者本来心理也不太健康，反而降低信任感，同时，过度表露可能给来访者的心理带来负面影响。

6.2.2 老年人自助

人的躯体衰老无法自控和改变，但心理老化是可以自我调节和控制的，需要发挥主观能动性和自我心理保健。心理老化会使人加速生理衰退，意志消沉，缺乏生活乐趣，变得自卑，无所作为，严重损害老年人健康，特别是心理健康。心理健康自助至关重要，老年人自助主要是心理自助。心理自助是指人们有意识地调节自身情绪、改善心理问题的行为和活动。

提高心理健康的重要性和心理老化的危险性的认识，尽量保持乐观开朗、豁达和“不服老”的思想，树立“人老心不老”和“癌症不可怕，心理有病才可怕”的观点，向“老顽童”看齐。

6.2.2.1 常见的心身疾病

（1）心身疾病的概念

精神紧张可以导致人的内脏器质功能与自主神经功能产生变动，比方说血压骤升、呼吸急促等，这种波动属于生理性波动，也叫心理生理反应，消除造成这种反应的刺激之后，人的机体功能逐渐趋于正常。如果刺激消失后，机体仍不能恢复正常，但机体的器官、组织等还未发生病理性改变，当这些心理生理变化发生在某些具有易患病倾向的个体身上，并形成病理性改变时，则称为心身疾病。

心理生理疾病也叫心身疾病或心身障碍，它是一种躯体性疾病，还是一组综合疾病，其形成、发展、转化、防范、治疗等都和心理因素息息相关，也就是说它是由各种心理社会因素引发的，具体体现为躯体性症状，大部分是病理形态学或者是病理生理出现变动所形成的一组躯体性疾病。其存在广义与狭义的区分，就广义层面而言，心理生理疾病由心身相互关系的角度入手，将大部分人的疾病类型划入心身疾病；就狭义角度而言，这一概念主要认为这种疾病是心理社会要素在疾病发生、发展、转化等阶段发挥重大作用的一种躯体性疾病。目前大多数学者指出，心身疾病具有如下基础性条件：首先，心理社会应激在发病、病症发展过程中影响巨大；其次，具体体现为躯体性症状，存在器质性病理改变，或者是已经发觉的病理生理过程，其并非躯体形式的精神障碍。

（2）心身疾病的分类

近50年来，心身疾病已成为严重危害人类健康和导致人类死亡的主要原因，许多久治不愈，长期影响人们心身健康的疾病都属于心身疾病，人类的主要死亡原因如心脑血管和肿瘤也大部分可归入心身疾病的范畴。根据国内外各种调查统计，心身疾病患者目前占综合性医院门诊病人的1/3左右。

心身疾病的分类方法，国内外学者的观点不一。从临床实践的角度出发，多按器官系统进行分类。另外，也可以按躯体的病变状态进行分类。

美国精神病学会将心身疾病视为一种伴有情绪障碍的躯体异常反应，并按器官系统将其分为十大类：心理生理的皮肤反应，心理生理的肌肉、骨骼反应，心理生理的呼吸系统反应，心理生理的心血管反应，心理生理的血液淋巴反应，心理生理的胃肠反应，心理生理的生殖泌尿系统反应，心理生理的内分泌反应，心理生理的神经系统反应，心理生理的特殊感觉器官反应。

躯体病变状态主要分躯体功能性病变和躯体器质性病变两种，并由此可将心身疾病分为两大类：一是心身症，即由心理社会因素引起的躯体功能性改变的一类疾病。这类疾病虽然属于功能性病变，但也有躯体症状和一定程度的病理生理过程，如心脏神经症、冠状动脉痉挛、偏头痛、贲门和幽门痉挛、神经性厌食、神经性尿频、心因性呼吸困难、心因性胸痛、过度换气综合征等。心身症在一定条件下可以演变为以器质性病变为主的心身病。二是心身病，即由心理社会因素引起躯体器质性病理改变的一类疾病，包括原发性高血压、冠心病、消化性溃疡、过敏性结肠炎、甲亢、糖尿病、原发性青光眼、神经性皮炎等。

（3）心身疾病的致病因素

近代医学研究表明，疾病的发病因素并不是单一的，而是由文化、社会、心理以及遗传、代谢等多重因素共同参与。正因为心身疾病的病因与发病过程的病理基础是相当复杂的，它是社会—心理—生理诸多因素在不同程度和不同时间上相互作用的结果，因而很多学者多年来一直重视这一病因学研究。

①心身疾病发病的社会文化因素

社会文化因素对心身疾病的致病作用可以从流行病学调查结果发现，不同的社会环境下，心身疾病的患病率也不同①。以冠心病为例，患病率最高的是美国，每年死于冠心病的人占总人口的2.5%，而患病最低的尼日利亚，仅为

①刘仁刚，龚耀先．老年人主观幸福感与社会应激水平的相关性研究［J］．中国心理卫生，2001，15（1）：28-30.

0.75%。在调查中还发现，即使在同一社会中，不同时期的患病率也不相同。20世纪50年代以前，我国溃疡病和高血压病发病的男女比例均为4∶1，近年男女比例已逐渐接近，溃疡病约为3∶2，高血压病则接近1∶1。研究者认为，这是因为更多的女性参加工作和社会活动，受到更多心理社会刺激的结果。另外，移民是研究社会因素作用的理想群体，因为移民到一个完全不同的环境，将遇到许多矛盾，产生许多心理问题。研究证实，移民患心身疾病的比例高于当地居民，而他们在当地出生的后代，其发病率则与当地居民相近。

社会文化因素对心身疾病的发病起着一定的作用。因为人是社会的人，人类需要主动或被动地适应环境，人们在适应过程中总会失败，一种适应性行为的失败必然引起心理冲突，往往导致心身疾病。

②心身疾病发病的心理因素

心身疾病发病的心理因素也是很复杂的，它与个人的认知、情绪、意志人格等心理特征有关，尤其是消极情绪和不良人格因素对心身疾病的发病有特别重要的影响。

消极情绪的致病作用。人类在社会生活中总有一定的情绪体验，而情绪活动总伴有体内的生理生化反应，特别是自主神经系统的功能改变。良好的刺激产生愉快的情绪体验，对身心健康有利。不良的刺激产生消极的情绪体验，如果这种体验只是短暂的，机体通过自我调节可很快恢复正常；如果消极的情绪体验过强或持续时间过长，超过机体的适应能力，则引起形态学的变化，导致心身疾病。恩格尔（Engel）对170例猝死资料的研究发现，猝死的诱因与情绪活动有关，其中不仅有由于极度悲伤或失败而死亡，也有由于得胜、亲友团聚高兴过度而死亡①。

人格特征与疾病。同样的心理社会因素作用于不同人格特征的人，可能导致不同的生理生化改变，引起不同的心身疾病。人格特征之所以能对心身疾病的发病产生影响，是因为病人的人格特征既可以作为许多疾病的发病基础，又可以影响许多疾病的发展过程。同样的疾病发生在具有不同人格特征的人身上，其病情表现、病程长短和转归可能都不同。近年来，关于疾病和个性有大量的研究，已成为该领域的一个重要研究课题。

③心身疾病发病的生理因素

在针对身心疾病的病因学和发病过程的研究中，生理因素的研究主要集中

①胡健，雷世光．兴义市农村留守老年人抑郁状况及相关因素［J］．中国老年学杂志，2016，8（36）：2081-2082.

于生理始基和生理机制两个方面。

生理始基。人们早已发现，同样的心理社会刺激只能导致一部分人患心身疾病，且心身疾病的类型不同。这是因为他们原先的生理特点各不相同，即他们对不同心身疾病的易患性不同。比如，只有胃蛋白酶原的增高起重要作用，没有心理社会刺激，一般不会发生溃疡病；而只有心理社会刺激，没有胃蛋白酶原的增高这一生理始基，也不会导致溃疡病；另外，如果心理社会刺激和生理始基都具备，但缺乏特异的心理学特征，即个体对各种刺激有较强的“心理免疫”能力，同样不会发生溃疡病。因此，心理社会刺激、生理始基、心理学特征在心身疾病发病过程中都起着不可忽视的作用①。

生理中介机制。心理社会因素以及各种信息影响大脑皮质的功能，而大脑皮质则是通过生理中介机制如自主神经系统、内分泌系统、神经递质系统和免疫系统等影响内环境平衡，使各个靶器官产生病变的。第一，自主神经系统的中介机制。自主神经系统（交感、副交感神经系统）与内脏有密切联系。剧烈、持久的自主神经功能改变，可引起相应脏器产生不可逆的器质性改变。第二，内分泌系统的中介机制。当大脑皮层收到内外刺激时，可通过大脑皮质—下丘脑—垂体—靶腺轴神经内分泌机制，在心身疾病的形成中起重要作用。第三，神经递质的中介机制。情绪应激时，一些中枢神经递质发生变化。已证实，躁狂症患者的去甲肾上腺素升高，抑郁者的去甲肾上腺素降低。心理社会应激时通过神经递质为媒介来影响大脑皮层功能。中枢神经递质改变，也可继发性导致自主神经功能和内分泌功能改变，这在心身疾病的发病中起着一定的作用。第四，免疫系统的中介机制。动物实验证明，在回避性学习中，动物的被动免疫功能下降。在拥挤环境中生长的动物，对感染的免疫反应降低。强烈情绪变化可导致机体免疫机能损伤，极度抑郁易感染疾病。在癌症病人中，客观豁达的心态可加强免疫机能。

总之，在心身疾病的发生机制中，社会因素、心理因素、生理因素交织在一起，共同影响机体内环境的稳定，从而影响机体健康。

（4）农村留守老年人常见心身疾病

心身疾病包括的范围很广，可涉及躯体各系统和临床各学科。本书主要介绍农村留守老年人常见的心身疾病。

---

①明志君，王雅芯，陈祉妍．科技工作者心理健康素养现状〔J〕．科技导报，2019，37（11）：9-17.

①冠心病

冠心病被叫缺血性心脏病，它的全称为冠状动脉粥样硬化性心脏病，它的发病原因和原理机制目前并没有合理的解释，高血压、糖尿病、肥胖、家族遗传史、吸烟、高血脂等要素是各界普遍认同的致病因素。现阶段心理社会要素也被列为一种致病原因。

美国著名的心脏病学家弗里德曼（Friedman）和 Roseman 于 1959 年设计出了一种假定：认为 A 型行为类别的人极易患有冠心病，1960 年，两人组织并引导西部协作研究组（WCGS）围绕 3 524 个年龄处于 39~59 岁的男性展开了深入研究，并且于 1975 年对外公布了 3 154 个被试对象的研究结果。结论显示，将 A 型行为对象和 B 型行为对象对比，其出现冠心病的数量是后者的两倍之多，这意味着 A 型行为也许是冠心病发生的致病因素。美国国立心肺与血液研究所于 1978 年邀请相关专家团队进行了 3 天的探讨。结论如下："A 型行为类型与美国中年雇员冠心病的发病危险有关，这种危险比年龄、收缩压升高、血清胆固醇或吸烟等的危害还要大，相当于后面三者相加的强度级别。弗里德曼设计了一种通过改变 TABP 来防止冠心病复发的治疗手段。另外，国内的研究资料表明，在冠心病病人中 TABP 者占 75. 73%，这进一步证明了 A 型行为与冠心病发病有关的观点。然而，近年来，在 TABP 与冠心病关系的研究中存在两点争议，一是 WCGS 的成员 Ragland 及布兰德（Brand，1988）撰文指出，研究组中症状性心肌梗死的幸存者再次发作的死亡率，A 型行为者低于 B 型行为者，从而认为改变 TABP 行为干预手段并不适用于预防复发的目的。为此，美国医学界展开了对 TABP 的热烈讨论，其中不乏支持 Ragland 及布兰德（Brand）观点的资料，这说明 TABP 只是冠心病发病的多种危险因素之一。二是有不少学者认为，构成 TABP 的各种行为特征，如为取得成就而努力奋斗、有竞争性、易不耐烦、有时间紧迫感、言语举止粗鲁、对工作过度提出保证、有旺盛的精力、过度的敌意等，并非都有致病意义，其中只有敌意是有害的。这样，就涉及如何评价 TABP 的问题。

动物实验表明，将狒狒群中的王者关进笼子，看其他狒狒（平时臣服者）享用美食而无能为力，这种情绪的激怒可使其血压升高，一年后死于心肌梗死。这也证明紧张、敌意、愤怒等消极情绪是冠心病的重要致病因素。

②原发性高血压

原发性高血压也是多因素疾病，除摄盐高、肥胖、家族史等原因外，心理社会因素也会导致发病。流行病学调查表明，高应激区（社会经济条件差，犯罪率高，暴力事件多，人口密度大，迁居率和离婚率高的居民区）的人群中高血压发病率高于低应激区人群。第一次世界大战中，前线士兵的血压高于预备队士兵及居民，大城市电话局长途交换台的话务员（单位时间内接线频率高）患高血压病者多。同样的情况也见于机场中的空中交通调度员（指挥飞机起降）。以上事例都说明精神紧张、责任过重与高血压有关。动物的验证研究也表明，长期紧张可致高血压。将8只来自不同群体的大鼠关在一个笼子中争食厮打，不久均患高血压病；长期噪声、电击或束缚刺激均可使动物血压持续升高。

③消化性溃疡

消化性溃疡是指胃及十二指肠的慢性溃疡，其发病原因是胃酸及胃蛋白酶的侵袭作用超过胃黏膜的屏障防御机能，情绪变化会引起胃液分泌及运动功能变异，因此消化性溃疡一直被列为受心理社会因素影响的疾病。目前比较一致的认识是：在高应激职业人群中的研究表明，这些人并非好发溃疡病，而是应激可以使已有的溃疡病恶化（紧张促使胃激素分泌增多）。进食的行为也很重要，因为不健康的进食行为会影响身体健康，如边走边吃、狼吞虎咽，或摄食过多、过频及增加腹压都可以加重胃的工作负担。遗传素质表现在某些人身上有胃蛋白酶原高水平倾向，这些人在应激情境下易患消化性溃疡。但这种内因在同样的应激情境下，会产生不同的结果，如有人发生溃疡病，有人却引起高血压。

④癌症

癌症是一种严重危害人类健康的多病因性疾病，其病因包括物理、化学、病毒或其他慢性感染、某些药物、激素及心理社会因素等。心理社会因素是癌症形成的重要因素之一。这些心理社会因素包括生活事件、应对、情绪反应、个性特征等。癌症病人发病前的生活事件发生率较高，生活事件与癌症的关系又取决于个体的应对方式。那些习惯于采用克制压抑、不善于宣泄负面情绪体验者（C型行为者），其癌症的发病率较高。近年的心理神经免疫学研究表明，心理社会因素影响癌症发生发展的机制是通过免疫中介机制实现的。大量的人体和动物研究证明，负性情绪反应可影响机体的内分泌和免疫功能。

⑤肠易激综合征

肠易激综合征是由持续或间歇发作的腹痛和腹部不适伴排便功能异常组成，但无特异的生化指标或形态学异常存在的一组肠功能紊乱综合征[①]。肠易

---

①杨家钳，蔡乐，马国玉，等 云南省宁洱县农村老年人抑郁流行现状及社会经济差异分析[J]. 现代预防医学，2019，46（3）：2415-2418.

激综合征是常见的消化系统心身疾病，最早由 Powell 于 1820 年报道，近年来因其治疗难、发病率高而引起人们关注。在美国，每年约有 500 万人因肠易激综合征而就诊，年均医疗费 80 亿美元。调查同时表明北京地区的肠易激综合征症状者约占人群的 1%，因此本病在国内外甚为多见。肠易激综合征的发生被认为与心理社会因素密切相关。研究表明，肠易激综合征病人组社会支持评定量表评分低，负性生活事件评分高，艾森克人格成人问卷测验神经质得分较正常对照组高，而积极应对分值低于对照组，常采用消极应对方式。差异均有显著统计学差异。

总之，心理社会因素与精病的关系可以说是一种促发作用，至于究竟引起什么疾病，则还取决于机体的功能状态，包括从遗传素质到现实的健康状态以及各种组织器官的易感性等，因为迄今为止的研究既没有证明特异的疾病有特异的应激源，也未能确定特异的疾病有特定的人格特征。因此，将心理社会因素看作多因素发病理论中的一个重要促发因素的认识无疑是正确的。

6.2.2.2 *心身疾病的防治原则*

（1）心身疾病的预防

心身疾病是心理因素和生物因素综合作用的结果，因而其预防也应同时兼顾心、身两方面。心理社会紧张刺激因素大多需要较长时间的作用才能引起心身疾病，但突发的强刺激除外，故心身疾病的心理学预防应从早做起。主要从个体与社会两方面来预防。

就个体角度而言，应当培育健全的个性与人格；学会控制自身的情绪，构建科学完善的心理防备体制；不断提高自身的环境应对能力，构建美好和谐的人际关系，强化自身的保健观念；形成科学的求医行为。预防工作涉及如下多项内容：其一，针对部分心理素质较差的留守老年人，比方说容易发怒、性格孤僻、敏感多疑、抑郁孤独的老年人，可利用心理疏导等方式，增强对他们的健全性格培养；其二，针对存在显著行为问题的人员，比方说抽烟酗酒、运动不足、暴饮暴食、过度减肥等老人，可通过心理学技术帮助他们展开矫正；其三，对部分生活与工作过程中出现应激症非常显著的老人，要尽快地指引他们做出调节，规避不良的心理刺激；其四，针对部分产生了情绪危机的健康人，要为其提供心理疏导服务；其五，对于一些存在心理生理疾病遗传倾向的人群，比如高血压、疑难杂症、家族遗传史的人，要强化心理预防工作力度；其六，适度参与运动来防范心理生理疾病，比方说参与家务劳动。

就社会角度而言，应当重视家庭预防的作用，用正面乐观的态度处理各类现实问题，家庭成员彼此应当相互理解、严格自律、宽容相待、规避矛盾与冲突；就社会预防而言，要营造积极向上的社会环境，完善相关机制体制，真正营造良好的社会风气，人与人要彼此照应，避免对他人造成精神伤害，用积极向上的情感气氛来保障所有个体的身体与心理健康。可应用的预防举措具体包含：由心身医学工作人员对相关专业知识进行普及与推广，积极开展组织建设，增强专业人才培训力度，营造良好的自然环境与人文环境。

总体来说，从心理与社会层面开展心身疾病的预防工作涉及的层面较广，层级较多，是心理卫生工作的重要内容，也涉及个体、家庭、社会等诸多方面的参与。

（2）心身疾病的治疗

心身疾病是与心理因素密切相关而发生的躯体性疾病，治疗时可采取心理治疗，也可采取生理治疗。但一般情况下，在明确诊断的基础上，应采取心身相结合的治疗原则，并在具体治疗时各有侧重。

①消除引起心身疾病的诱因

对于心身疾病的治疗主要围绕以下三个目标进行：一是消除引起疾病症状的各种心理社会因素，这属于对症处理[①]。例如，因某事件引起焦虑继而产生紧张性头痛发作的人，通过心理支持、认知疗法、松弛训练或催眠疗法等，使病人对这一事件的认识发生改变，减轻焦虑反应，进而在药物的共同作用下，缓解这一疾病的发作。二是消除心身疾病的心理学病因[②]。比方说冠心病患者，如果他们的病情可以维持稳定，则需要指引这类病人对 A 型行为与其他诸多威胁冠心病的要素展开行为矫正，使之能够转变认知方式，营造良好的生活环境，避免造成心理刺激，最终从本质上减少心理病医学要素，控制心理生理疾病的心理病变过程，让病人的身心更为健康。第三，减少导致身心疾病出现的生物学要素。对此可利用心理学技术对个体的生物学过程进行转变，提升个体的身心素养，使之更好地实现疾病康复，比方说对高血压患者而言，可采用生物反馈疗法或者长期松弛训练进行康复，这种方法有利于优化病人的循环系统功能，使其血压有所下降。

②躯体和心理治疗相结合

针对疾病急性发作，并且表现为严重的躯体症状的病人，主要对其展开躯体对症治疗，并且将心理治疗作为辅助，比方说针对急性心肌梗死的病人而

---

①邢亚男，周浩，陈超，等. 社会支持对老年人生活满意度的影响研究［J］. 中国健康教育，2019，6（35）：493-496.

②程梦，韩布新. 老年大学学员控制感与心理健康的关系［J］. 中国老年学杂志，2019，1（39）：473-478.

言，应当采用综合性极强的生物性救助举措，另外对于一些存在焦虑反应与恐惧心理的病人，要为其提供心理辅导。又如过度换气综合征病人，在症状发作期要及时给予对症处理，以阻断恶性循环，否则将使病情进一步恶化，呼吸性碱中毒加重，出现头痛、恐惧甚至抽搐等。对于以心理症状为主、躯体症状为次，或虽然以躯体症状为主，但已呈慢性症状的心身疾病的病人，除了给予适当的药物治疗，应重点做好心理和行为指导等各项工作。

6.2.3 子女协助

在非正式社会支持系统中，最重要的部分是子女，对老年人的主观幸福感和心理健康影响力最大的也是子女。事实上，农村留守老年人除了孤独外，大多由于担心自己的养老、医疗、照顾事宜容易产生焦虑与恐慌等心理问题。已有的研究结论大多认为子女外出会对老年人心理产生消极影响①。一项以泰国一村庄社会变迁为背景的研究显示，老年人在经济上非常依赖外迁儿女的汇款，但能得到的情感支持却减少了，距离阻碍了儿女向父母表达感谢，许多老年人虽然能得到“好孩子”的物质供养，但内心却感到孤独。海伦·米提尔德对29位有子女跨国外迁的印度农村老年人的访谈发现，子女迁移会直接影响老年人的心理状态。老年人能从子女处获得雇工等方面的资金支持，可内心普遍存在孤独感和压抑感。子女可以从以下五个方面入手，关心留守父母的心理健康。

6.2.3.1 多关心留守父母

父母作为老年人，需要得到子女的关心，子女在外务工，一年到头很难回一次家，但是也很少打电话，让在家里留守的父母望眼欲穿，牵肠挂肚。作为孝顺的子女，不管在不在父母身边，都应该关心父母，多跟父母打电话，多关心父母的生活。

6.2.3.2 多体贴父母

子女要想孝敬父母，就应该多体贴父母。一是多打电话回家，向父母表达关心、担心、爱，让留守父母能感受到子女时刻在牵挂自己。二是在经济方面、生活照料方面，多考虑父母的现状，力所能及地给予支持，以保证留守老年人的心理安全。三是关注父母身体。子女需要关注父母的健康状况，定时陪父母去体检，积极治疗父母的慢性病，主动给父母买医疗保险、养老保险等，

①施云皓．农村留守老人生存现状、服务需求与应对策略：以安徽省定远县为例［J］．河海大学学报（哲学社会科学版），2012，12（2）：55-58.

适当的时候就父母养老的问题面对面进行沟通，满足老人“老有所医”的愿望。

6.2.3.3 多陪陪父母

诸多研究表明，子女的陪伴、理解、支持、帮助不仅可以排遣老年人的孤独，鼓舞老年人的意志，还能缓解老年人的心理压力①。子女要想孝敬父母，还应该多花点时间陪陪父母，陪父母种地，陪父母唠唠家常，陪父母看看电视，或者是陪父母做一些他们喜欢做的事，相信这些都是父母期望的事，也可以促进父母和子女之间的感情。

6.2.3.4 多帮助父母

父母老了，总会有一些缺点，或者是生活习惯也有所不同，作为子女千万不能嫌弃年老的父母，无论怎样，父母给了子女生命，也把子女养大成人，作为子女应该反哺父母，给父母力所能及的帮助，帮助他们解决困难，帮助他们安度晚年。

6.2.3.5 多和父母聊天

父母老了，出于对子女的关心，总会在子女面前唠叨，有些子女就会觉得父母很烦，很不愿意面对他们的唠叨，其实父母的这种唠叨就是出于对子女的关心，因为太关心，所以才会去唠叨，作为子女，就把父母的这些唠叨当成父母的爱，慢慢地消化，即使他们有些话说错了，你也不要在他们面前发作，多听听他们的话，让他们高兴。

因此，子女可以从以下两个方面协助。一是多陪伴，子女尽量与老人共同生活或就近居住，增加陪伴的机会。二是多探望，与老人同居的子女要善待老人、关心体贴老人。“隔代亲”是硬道理，与老人分居或者共同居住的子女都应让孙辈多与老人共处。

6.2.4 邻里互助

在我国农村，家庭承担主要的养老责任，如果家庭养老资源缺失，社会支持力度不足和政府角色的缺位会加剧留守老年人的养老困境。经济压力大、生活照顾缺乏、心理护理不足等问题普遍存在，作为补充养老的政府、市场、社会在农村地区的功能还不显著，邻里互助养老可以弥补农村留守老年人生活护理和心理护理缺失的空白。

---

①胡健，雷世光．兴义市农村留守老年人抑郁状况及相关因素［J］．中国老年学杂志，2016，8（36）：2081-2082.

目前，农村留守老年人的互助养老有多种形式①：陕西榆林、米脂等地的邻里互助养老模式由村委会在本村留守人员中评选若干名爱心敬老人员，组成互助养老小组，为有需要的老年人提供家务料理、心理护理等服务。湖北恩施等地组成老年协会，帮助有需要的老年人维权，调节家庭纠纷，开展娱乐活动。浙江舟山在渔村开展“银龄互助”活动，建立“时间银行”“劳务储蓄”制度，鼓励低龄、健康老年人为有需要的老年人提供服务。河北邯郸前屯村成立“互助幸福院”，老年人集中居住，互助养老，由两位同性别老年人共同居住、互相照顾，以解决独居老年人生活照顾、互相陪伴等需求。

农村各地可以根据自己村的实际情况，鼓励老年人参加社区邻里互助养老，通过邻里互助、亲友相助、志愿服务等模式和举办农村幸福院、养老大院等方式，大力发展农村互助养老服务，开展邻里互助养老活动。

当前我国农村部分家庭养老资源缺失，社会支持力度不足和政府角色缺位会加剧老年人的养老困境，造成生活照顾不到位、心理呵护不及时等问题，邻里互助可以弥补这一短板。“老吾老以及人之老”，人口老龄化的今天，关爱老年人是社会各界人士义不容辞的职责。结合“远亲不如近邻”这一实情，在我国农村地区尤其适合依托“邻里互助”提高老年人生活质量，促进“老有所养”，共同促进老年人的心理健康。

6.2.5 政府资助

政府对解决农村留守老年人心理护理保障问题应发挥主导作用，政府作为政策的制定者和执行者，应加强农村留守老年人精神文化建设，实现“老有所乐”，具体包括以下三方面。

6.2.5.1 加强人文关怀

政府应加强对农村留守老年人的人文关怀，即：不仅从物质层面进行关心，还需要发挥政府的导向作用，号召社会对农村留守老年人的精神文化建设贡献力量，多渠道推进文化建设。创新性地做好、做实、做活农村留守老年人的心理护理工作。

6.2.5.2 加强孝文化建设

孝文化是我国农村家庭养老的重要伦理支撑，弘扬孝文化，对促进老年人心理健康、人际关系和谐、社会和谐稳定具有极其重大的意义。

---

①颜宪源，东波．论农村老年弱势群体社会支持网络的建构［J］．学术交流，2010，6（6）：153-156.

首先，必须加强电视、网络等媒体的宣传作用，让年轻人意识到：一个人只有孝顺父母才可能爱更多的人，才可能做一个知恩图报的人。政府可以把养老当作一种精神文明建设活动，村干部逐家逐户宣传爱老敬老，并评选做得好的家庭作为示范，从而营造一种良好的社会风气。需要注意的是：孝不仅是物质方面的，更重要的是精神方面。常回家看看，定期给父母打电话嘘寒问暖，从言语上表达关心，这对老年人来说非常重要。

其次，充分发挥舆论的监督作用。舆论的监督有利于利用道德控制人的行为。在广大农村，舆论的作用是非常强大的。利用舆论倡导子女要赡养老年人，让大家换位思考，每个人都有老的那一天，老无所依是非常难受的处境。

最后，用法律维护老年人的权益。农村留守老年人受教育程度低，信息来源闭塞，是弱势群体。加强法制宣传教育，提高农村留守老年人维护自身合法权利的意识和能力；加强农村留守老年人法律服务工作，让其在需要的时候可以获得法律的援助；依照《中华人民共和国刑法》《中华人民共和国老年人权益保障法》等法律法规严肃处理侵害老年人合法权益的违法犯罪活动。

6.2.5.3 加强心理卫生知识普及

由于农村留守老年人的机体在结构和生理方面出现了不同程度的退化，再加上经济压力、疾病等因素，易引发许多心理问题，严重影响老年人的生活质量①。为此，对农村留守老年人及其子女宣传心理卫生知识势在必行。

农村留守老年人常见的心理问题有：孤独感、多疑心理、嫉妒心理、恐惧心理、老年抑郁症、阿尔茨海默病等②。这需要农村留守老年人及其子女了解引起老年人心理变化的原因，树立积极健康的人生观、培养良好的自我意识，能够正视现实、适应变化。

6.2.5.4 加强财政投入

政府应加强财政投入，做实做好医养结合，提供老年人聚集、休闲的场地，如修建日间照料中心、喝茶室等，为留守老年人的人际交往、休闲娱乐搭建平台。值得注意的是：每个场地的设置需要切合农村老年人的实际，不可盲目地堆砌健身器材、活动室以应付检查，而应明确老年人的爱好。

---

①郑莉，李鹏辉．社会资本视角下农村留守老人精神健康的影响因素分析：基于四川的实证研究［J］．农村经济，2018，9（7）：114-120.

②吴捷．老年人社会支持、孤独感与主观幸福感的关系［J］．心理科学，2008，31（4）：984-986，1004.

7 农村留守老年人常见疾病与护理

7.1 农村留守老年人常见身体疾病与护理

7.1.1 慢性病康复护理基础知识

7.1.1.1 慢性病概述

(1) 定义

慢性病主要指的是慢性非传染性疾病，其并非特指某项疾病，它是对某一类发病过程较为隐晦、病程历经时间长而且久治不愈、缺少清晰可靠的传染性生物病因证据、致病原因非常复杂，还有一些并没有真正被确定的疾病的总称。

通常情况下，慢性病包含很多，比如糖尿病、癌症、心脑血管疾病以及慢性呼吸系统疾病等。在此之中，心脑血管疾病常见的类型包括三类：首先是高血压，其次是冠心病，最后为脑卒中。

(2) 慢性病的危害

慢性病最为显著的危害在于促使人的心脏、肾脏、大脑等脏器出现病变与损害，极有可能引发伤残，对个体的生活品质与劳动能力极为不利，病人花费的医疗费用非常高，使家庭乃至社会承担了巨大的经济压力。

国家卫计委于 2015 年 4 月 10 日举行的新闻发布会中出台了《中国疾病预防控制工作进展（2015 年）报告》，通过诸多详尽的数据对新中国成立之后，尤其是成立近十年中国疾病预防工作展开了归纳与梳理。这份报告明确指出，尽管我国慢性病整体预防和控制工作力度得到加强，然而慢性病的预防控制局势仍旧堪忧，心脑血管疾病、恶性肿瘤等一些慢性病变得越发常见，极易致死。我国慢性病造成的死亡人数在我国总死亡人数中占比达到了 86.6%，而在此之前只有 85%，慢性病造成的疾病负担在我国总疾病负担中占比超过 70%。

（3）慢性病出现的成因

根据世卫组织发布的调研报告可知，导致慢性病出现的成因非常多，其中60%和个体的生活模式息息相关，另外也和气候环境、社会环境、医疗条件、遗传等要素关联甚密。就生活模式而言，导致慢性病出现的四项危险要素依次为：首先，饮食不够合理；其次，过度吸入烟草；再者，有害使用酒精；最后，身体活动缺乏。

常见的慢性病包含五种：糖尿病、冠心病、高血压、高脂血症、脑卒中。

7.1.1.2 老年人的生理特征

衰老是人无法改变的一种自然规律，它指的是生物体在生命进程中，生长发育进入到成熟期之后，机体的生理功能以及形态架构产生的诸多退化性改变，是非常正常的一种生理改变过程。衰老的过程是逐渐发展的，衰老的速度存在个体差异，而且同一个体的不同系统、不同器官间的老化速度也不同步。这种差异与遗传、营养、职业、生活方式、体育锻炼、文化程度、心理健康、环境、社会因素等有关①，通常认为人 60 岁以上就进入了老年期。

（1）运动系统的变化

老年人的脊柱纤维弹性下降、变矮。肌肉韧带随着运动减少而萎缩、变硬，纤维组织增生，肌肉力量减弱，肌肉弹性降低，易出现肌肉疲劳，腰酸腿疼，容易发生腰肌扭伤。老年人的骨骼明显改变，骨骼中有机物质减少或逐渐退化，出现骨质疏松，极易发生骨折，常见的是手腕部、坐骨和股骨等骨折。关节囊结缔组织增生、韧带退行性改变及组织纤维化，导致关节僵硬，活动不灵活。

（2）呼吸系统的变化

老年人的呼吸肌、膈肌以及韧带萎缩，肋软骨钙化，使肺脏及气管弹性降低，呼吸功能减弱，肺活量下降。老年人活动时常感到呼吸急促，呼吸次数明显加快，有时还会伴有节奏不齐等情况。由于换气困难，老年人常常感到多说话时也会气促，所以，与老年人交流需要时间和耐心。同时，随着呼吸功能的减弱，反射性咳嗽功能也开始下降，气管分泌物不易排除，致使老年人容易发生肺部感染、肺气肿、阻塞性肺疾患。

（3）消化系统的变化

消化系统明显的变化是牙齿松动、脱落，胃肠蠕动减慢，胃排空延缓，消化液分泌减少，消化功能减弱，容易引起消化不良，对各种营养物质的吸收减

①徐军. 常见老年慢性病的防治及护理［M］. 杭州：浙江大学出版社，2016：23-35.

少，导致老年人缺乏一些营养素，如蛋白质、维生素及钙、铁等的缺乏。胃肠蠕动减弱易使老年人发生大便秘结，排便困难。另外，由于肝脏的储存、代谢功能下降，肝脏对药物、毒素的代谢解毒功能减退，老年人用药时容易发生药物不良反应。

（4）循环系统的变化

老年人心肌退行性变化，心包外脂肪增多，心内膜增厚，心肌收缩力减弱。老年人的心输出量较年轻人减少30%~40%，且储备能力较小。窦房结内的自律细胞减少，常发生心率和心律的改变，使老年人心跳减慢，易出现期前收缩心房颤动及传导功能的变化。由于动脉硬化，造成动脉血管弹性减弱，血管内管腔狭窄，使血液流动的阻力增加，导致血压升高。同时，因冠状动脉口径变窄，供应心肌的血液减少，出现心脏供血不足，导致冠心病的发生。又因自主神经不稳定，对血管的调节功能差，容易发生直立性低血压。老年人毛细血管变脆，静脉血管弹性降低，静脉回流困难，因而容易出现皮下出血、血栓、下肢肿胀、痔疮等。

（5）神经系统的变化

随着年龄的增长，人的神经系统会出现脑组织萎缩、运动神经细胞萎缩减少等变化。

①脑组织萎缩。随着年龄的增长，老年人的组织逐渐萎缩。神经系统的进行性衰退，老年人对外界事物反应能力和对冷、热的反应不敏感，对疼痛的反应迟钝，致使某些疾病的症状不易被及时发现。因此，当老年人感觉身体某部位出现疼痛或不舒适时，要特别加以留心观察和详细询问，防止其掩盖症状，延误病情，发生意外。

②运动神经细胞萎缩减少。老年人的运动神经细胞萎缩、减少会导致运动能力下降，所以，多数老年人运动迟缓（与肌肉细胞的萎缩、减少有关），一些保护性反射相对迟缓，给人以动作迟钝的印象。因此，要特别注意老年人的安全，如地面防滑、安装扶手、室内设施适合老年人肢体活动的距离等，避免发生意外。

③平衡能力下降。老年人运动缓慢，除因肌肉能力，运动能力下降外，平衡能力下降也是一个原因。因此，在照顾老人时动作要轻缓，起、卧的速度不要过快，以防老年人不适或跌到。

（6）泌尿系统的变化

老年人肾血管硬化，管腔缩小，致使有效肾血流量减少，肾小球滤过率下降，肾小管的重吸收功能减退，对水、电解质调节功能降低，易发生水、电解质紊乱。老年人膀胱容量减少，膀胱肌肉萎缩，排尿能力减弱，膀胱残余尿量增多，导致排尿次数增加，尤其夜尿次数增加，易发生尿急，甚至出现尿失禁。老年男性因前列腺肥大，有时因排尿困难，有可能造成尿潴留，老年女性因尿道短，尿道肌肉萎缩，括约肌收缩不良，易发生压力性尿失禁和尿路感染。

（7）生殖系统的变化

女性40岁以后性激素分泌逐渐减少，大约45～50岁开始绝经、停止排卵。绝经后，输卵管、卵巢、子宫、阴道黏膜开始萎缩，阴道壁变薄，外分泌腺减弱，分泌液减少，阴道干涩，瘙痒，抵御细菌感染的能力减弱，因此，要注意老年女性的外阴清洁。由于性激素水平下降，老年人会出现一系列更年期症状，如暴躁、多疑、出虚汗、心慌等。男性更年期出现在55～60岁，也可能会出现性格变化。

（8）内分泌系统的变化

在衰老过程中，甲状腺和促甲状腺激素的合成和分泌减少，使甲状腺功能减退。另外，老年人胰岛素的生物活性明显降低，易患糖尿病。

（9）感觉器官的变化

除因神经系统的变化导致老年人对外界事物反应迟钝外，感觉器官的变化也使他们对外界反应减少。其主要表现如下：

①视觉减退。由于晶状体失去弹性，导致老年人的眼肌调节能力降低而出现老花眼，造成视物模糊。此外，老年人还容易出现白内障、视野变小、瞳孔对光反应减弱等症状。

②听觉障碍。老年人由于听力障碍，听不清别人说话，常常答非所问，久而久之，不愿与别人交流，因而变得闭塞，反应更加迟钝。

③皮肤感觉减弱。照护老人时要注意防止对老年人的触觉造成伤害。

④味觉变化。由于舌苔变厚，味蕾减少，唾液分泌减少，导致老年人的味觉大大降低，喜吃甜、咸食品，所以，应注意控制糖量和食盐的摄入。

7.1.1.3 老年人心理特点

老年人的各种生理活动的变化和衰退，或多或少地影响了老年人的心理活动①。由于各系统的生理变化和逐渐衰退使大脑的营养供应不足，影响大脑的功能，导致心理活动的衰退。此外，老年人在知觉、注意力、记忆、思维、情

①刘云娥，吕伟波，王志红．国外家庭护理服务内容的现状与启示［J］．中华护理杂志，2009，49（11）：645-646.

绪、意志、气质、性格、信念等方面均呈现出不同特点。

（1）知觉特点

人对物的知觉主要有空间知觉、时间知觉和运动知觉，这些知觉主要是由眼睛提供的视觉线索，其次有听觉、嗅觉、味觉、运动觉等。老年人由于各种感觉能力下降，知觉能力也受到影响，有时会发生对客观事物感知得不准确，形成错觉。例如，知觉能力下降的老人横过马路时，可以把远处飞驰而来的摩托车看成自行车，并误以为有足够的时间过马路，结果造成交通事故。因此，要特别注意老年人的交通安全，上街时应为其佩戴醒目标志，过马路应有人陪伴，老年人最好不要驾车。另外，老年人的生活环境要有序、简洁、安静，老年人的常用物品区别要分明。

（2）注意力特点

老年人因脑细胞萎缩、减少，致使注意力明显下降，对生活有较大影响。如，对新生事物接受较慢，学习、思考时间稍长即感觉疲劳，兴趣范围变窄等。根据老年人注意力的特点，康复护理人员（健康照护人员）在工作中应注意：向老年人介绍新事物时，语言要尽量简明、通俗易懂；安排老年人工作、学习的时间要短一些；组织老年人活动要生动、鲜明，尽可能增加老年人的生活乐趣等。

（3）记忆特点

老年人脑细胞萎缩、减少，造成记忆力下降，特别是近期记忆明显下降。老年人可能忘记刚发生的事，如半小时前服用的药等。老年人还有可能找不到自己需要的东西、不知道自己要做什么、忘记别人的嘱托等，所以总要旁边人提醒，或做备忘录。因此老年人的生活要有规律，日常生活用品摆放要固定，要有良好的生活习惯，手边应有记事本，把需要做的事写在记事本上，避免遗忘。

（4）思维特点

思维是人脑对客观现实间接的、概括的反应，反应事物的本质和内在规律。老年人由于记忆力减退，概念形成较慢，思维过程受到影响，但由于经验丰富，老年人对某事物的认识可能更准确，因此也比较固执。

（5）情绪特点

人的情绪反应是大脑、丘脑、脑垂体等多种器官共同参与的生理、心理反应。老年人脑细胞和内分泌组织细胞萎缩、减少，情绪反应时内分泌腺释放化学递质的速度减慢，数量减少，故而老人情绪反应不如年轻人激烈。但另一方面，由于脑萎缩或软化，使得老年人情感脆弱，有时不能自控，容易冲动，情绪变化快。

（6）意志、气质与性格特点

由于精力、体力逐渐衰退，大部分老年人的意志不如青壮年人。由于老年人神经过程抑制强、兴奋弱，在行为和活动中表现为沉着、安静、迟缓、自信等气质。老年人的性格易向两极演变，一方面是性格强化，自尊心增强、固执、急躁等；另一方面是性格弱化，多疑、无自信心等。因此，老年人常表现为谨慎、固执、刻板等。由于兴趣范围狭窄及社会交往减少，老年人容易感到孤独、寂寞。

7.1.2 循环系统常见慢性病老年患者的护理

7.1.2.1 冠心病概述

（1）定义

冠状动脉粥样硬化性心脏病是由冠状动脉血管发生动脉粥样硬化病变而引起血管腔狭窄或阻塞，造成心肌缺血、缺氧或坏死而导致的心脏病（下文简称“冠心病”）。广义冠心病的范围可能更广泛，还包括炎症、栓塞等导致血管腔狭窄或闭塞而引起的心脏病。世界卫生组织将冠心病分为5大类：无症状心肌缺血（隐匿性冠心病）、心绞痛、心肌梗死、缺血性心力衰竭（缺血性心脏病）和猝死。

（2）发病原因

冠心病的主要病因是冠状动脉粥样硬化，但动脉粥样硬化的原因尚不完全清楚，可能是多种因素综合作用的结果。一般认为引发本病的危险因素有：

第一，家族史。研究表明冠心病存在家族遗传特性，双亲中1人患冠心病，其子女的发病率比正常家族高2倍；双亲均患冠心病，其子女中发病率比正常家族高5倍。

第二，年龄和性别。本病多见于40岁以上的中老年人，据统计，冠心病在40岁后每增加10岁发病率递增1倍。45岁以上的男性，55岁以上或者绝经后的女性发病率明显增高。

第三，血脂异常。脂质代谢异常是动脉粥样硬化最重要的原因。高脂血症（血中胆固醇和甘油三酯含量过高）导致的甘油三酯升高比胆固醇增加更能促使动脉粥样硬化。

第四，高血压。高血压会造成血管内壁机械损伤，促进血液中的脂质透过血管壁沉积于血管内膜下，引起动脉硬化。

第五，糖尿病。糖尿病患者体内的糖与脂肪代谢紊乱，可导致血液中胆固醇含量增加，进而引起冠状动脉硬化。

第六，吸烟。吸烟会导致血液的含氧量降低，由此造成缺氧，可损伤血管内皮，使血管的通透性增高，促进冠状动脉硬化。

第七，其他因素。肥胖、经常不运动、进食过多的动物脂肪、胆固醇等以及酗酒、精神过度紧张、劳累等均易引发冠心病。

（3）临床分期

Ⅰ期：指急性心肌梗死或急性冠脉综合征住院期康复。Ⅱ期：指从患者出院开始，至病情稳定性完全建立为止，时间5～6周。Ⅲ期：指病情处于较长期稳定状态，或Ⅱ期结束后的冠心病患者，包括陈旧性心肌梗死、稳定性心绞痛及隐性冠心病患者。康复程序一般为2～3个月，自我锻炼应该持续终生。有人将终生维持的锻炼列为第Ⅳ期。

（4）康复训练的适应证与禁忌证

①适应症。Ⅰ期：病人生命体征平稳，不存在显著的心绞痛，安静状态下心率小于110次/分，没有出现心理衰竭以及心源性休克，不存在严重的心律失常状态，血压维持在正常范围，体温无异常波动。Ⅱ期：和Ⅰ期非常类似，病人病情较为平稳，运动能力超过3代谢当量（METs），在室内参与活动过程中，不存在明显的症状与体征。Ⅲ期：临床上病情平稳者。

②禁忌症：所有在进行康复训练时，能够诱使临床病情进一步恶化的状况均被视作禁忌症，具体来说主要包含两种类型，首先是原发病临床病情不平稳，其次是合并新的临床症状。

7.1.2.2　*冠心病患者康复护理评估*

依据临床表现的不同，可将冠心病划分成五种，一是隐匿型，二是心肌梗死型，三是心绞痛型，四是猝死型，五是心力衰竭型。在此之中，最为普遍的为心绞痛型，严重程度最高的为猝死型与心肌梗死型。

心绞痛主要是因为急性短暂性心肌缺血以及缺氧引发的疾病症状，致病原因主要是过度劳累、机体受寒、情绪过激、过于饱餐等，它的具体特征体现在：

第一，胸部出现严重的灼烧样疼痛、闷胀感、压迫感等，通常持续时长为1～5分钟，极少的情况下会达到15分钟，症状能够自行缓解。

第二，疼痛感经常会蔓延到左肩、左臂前内侧甚至发展到小指和无名指。

第三，疼痛主要在心脏负荷过大（比方说体力劳动过强、精神过于激动、受到严寒刺激）时产生，停下休憩或在舌头之下含上硝酸甘油，在几分钟之后症状就能够缓解或者消失。

第四，痛感来袭时，同时会伴随出虚汗、恶心、头晕、心悸、呼吸急促、虚脱等诸多症状。

冠心病最为主要的危急症状是心肌梗死。一般来说，前期会产生频发与不断加重的心绞痛，还有一些病人没有心绞痛的疾病史却突然患上了心肌梗塞，这种情形危险系数极高，通常会由于缺少防范引发猝死，这一病症的具体体现是：

第一，突然发作之后，心前区与胸骨后会出现剧烈的痛感，并朝左肩、左臂或其他部位蔓延，痛感一般会维持30分钟之上，通过休憩或者是口服硝酸甘油之后无法得到缓解；痛感强烈时，经常会出现恶心、上腹胀痛、呕吐等一些症状。

第二，呼吸短而急促、头晕发慌、发虚汗、恶心、脉搏微弱；

第三，皮肤常感湿冷，出现重病以及灰白病容；

第四，10%左右的病患只存在休克或者是晕厥这种仅有的症状表现。

老年人身体逐渐趋于老化，各项功能衰退，对身体痛感的感觉灵敏度较差，造成其心肌梗死通常并未表现出以上主要症状，而是产生了呼吸衰竭、胃肠道反应以及脑循环障碍，更有甚者突发猝死。从疾病发作直至死亡时间不超过6个小时均被称为猝死，冠心病猝死的发病高峰年龄主要是55～65岁。病人的典型病症是忽然失去意识，面色灰白，身体逐渐松弛，口部与唇部、指尖等甚至全身产生发绀，脉搏逐渐消失，失去呼吸，出现瞳孔放大等。

7.1.2.3 冠心病患者康复护理措施

（1）生活护理

一方面给予患者低热量、低脂肪、低胆固醇、高纤维的食物，少食多餐，督促患者禁烟酒；患者尽量保持心情舒畅、情绪稳定，随时帮忙患者解除或尽量减轻心理压力。另一方面提醒患者注意保持排便通畅，便秘时不可用力排便，以免发生心绞痛。

（2）医学护理

①心绞痛发作时要立刻就地休息，停止活动，取半卧位，放松身心。立即舌下含化硝酸甘油1片。

②注意观察患者病情，如果心绞痛发作次数增加，程度加重，且发作时间延长，每次超过10分钟甚至半小时，休息或舌下含服硝酸甘油片疗效不明显，以及患者有面色苍白、恶心不适、冷汗淋漓，甚至感到窒息与濒死感，则极有可能发生急性心肌梗死，应急送医院诊治。

③心绞痛患者常用药物要注意用药原则和不良反应。β受体阻滞剂：开始

从小剂量服用，停药的时候要逐渐减少剂量；硝酸酯类药物不良反应为头晕、头胀、面红、心悸等症状，偶尔伴有血压下降的症状。第一次用药的患者需要平卧片刻，必要时吸入氧气。

（3）心理护理

由于心理、周围环境、社会关系和疾病的影响，患者容易出现情绪不稳定、脾气暴躁、恐惧、忧郁等表现。护理人员及其患者家属要耐心倾听患者的诉说，观察患者的活动，尽可能帮助患者调整心理状态。

（4）康复护理训练

①Ⅰ、Ⅱ期康复。要合理地进行活动，循序渐进，最终恢复到正常活动能力。具体活动涉及上肢下肢的活动，这一部分活动既包括主动活动，也包括被动活动；靠着床边或者室内缓慢步行或者做一些其他的活动，比如卫生活动、轻度的家务活等。运动能力达到Ⅰ期和Ⅱ期间康复分别是2~3METs和4~6METs 。

第一，活动。最初的活动是床上肢体活动，在床上，首先要活动远端肢体小关节。活动要适当，不能过度。也要防止参加一些比赛。而且活动时间也不能过长。

第二，呼吸训练。比如腹式呼吸，在吸气的过程中，必须确保腹部隆起，同时还要保障膈肌下降。在呼吸的过程中，必须将腹部收缩，尽可能地排出肺部气体。

第三，坐位训练。在初次活动的过程中，有必要上升床头高度，并且在背后垫上枕头，确保患者能够循序渐进地恢复坐姿。

第四，步行训练。在初次活动中，首先在床边站立，防止出现直立性低血压的情况。如果站立没有任何问题，那么，就在床边步行（1.54~2.0METs）。尽量不做那些强度比较高的活动，否则会导致心脏受到严重负荷，很可能出现意外。

第五，大便。必须确保患者没有便秘。要将简易坐便器及时地放置在他们的床边，在大便过程中确保他们处于坐立状态，这样有利于降低他们的心脏负荷，同时还能够减少能量消耗，排便难度也更低。防止排便过程中过度用力。假如有便秘的情况，那么要及时使用通便剂。

第六，上下楼。可以上下楼，但是必须动作缓慢。也可以自己洗澡，但是要确保环境温度适宜。也可以做家务，但是要适量。要保证活动强度维持在40%~50%HRmax。

第七，娱乐。适当地做一些不需要消耗太多体力的娱乐活动，比如散步，打太极拳等。

第八，康复方案调整与监护。对患者来说，在训练的时候，假如未出现不良反应，那么，运动的心率增加10次/分，在第二天，继续实施下一个阶段的训练活动。运动中心率增加在20次/分左右，则需要继续同一级别的运动。如果心率每一分钟超过的次数达到了20，或者出现其他不良反应，那么就要及时回到上一个阶段的训练，在有必要的情况下，也可以停止。

第九，对于普通患者来说，住院时间为3~5天，之后就可以出院。但是，出院之前必须确保他们能够连续步行200米无症状，并且心电图正常。出院后，每一周还需要到门诊进行一次随访。

② Ⅲ期康复训练　对于Ⅰ、Ⅱ期的康复成果进行巩固，避免危险因素再次出现，提高患者的活动能力，进一步改善他们的血管功能，确保他们能够恢复生病之前的状态。

第一，基本原则。个体化：结合每一个患者的差异来打造针对性的康复计划；循序渐进：必须严格遵守训练以及学习适应机制；持之以恒：量变才能引起质变，训练效应也是如此。所以，要达到预期的效果，那么就必须进行长期的锻炼。兴趣性：对患者而言，兴趣有利于提高他们的积极性，从而更主动地参加训练；全面性：如果患者具有冠心病，那么，一般情况下，他们的其他脏器也会存在一些或多或少的疾病或者功能方面的障碍，除此之外，也伴随一定的心理障碍，或者其他方面的问题，也就是说，冠心病康复不仅仅局限于心血管系统。必须从多方面来进行，从多个角度来康复。

第二，康复运动。有氧运动：一般情况下，主要让患者做一些低强度或中强度的耐力活动，主要运动形式是肢体大肌群参与且具有节律性、反复性的运动，例如，骑自行车，爬山等。运动方式：主要涉及两种类型，一是连续性运动，二是间接性运动。对于间接性运动而言，其主要优势体现在能够得到强度相对更高的刺激，而且时间比较短，不会引发不可逆转的病理性变化。但是也存在缺陷，必须及时调节运动强度，整体操作较为麻烦。对于连续性运动来说，其主要优势体现在简便，对患者而言，很容易适应。运动量：每周最恰当的运动量应当保持在700~2 000卡（相当于步行10~32千米）。运动量小于700卡/周，能够确保患者维持身体活动能力，但是无法提高其运动水平。运动量大于2 000卡/周则不增加训练效应。

7.1.2.4　冠心病患者健康教育

（1）疾病知识宣教

向患者及家属介绍本病的发病因素、临床表现、发病特点和并发症。积极引导患者保持良好的心理状态，生活有规律，注意劳逸结合，积极配合治疗。

（2）指导患者预防疾病

指导老人合理的膳食、控制体重、适当运动、合理安排日常起居，戒烟戒酒，改变不良生活习惯，减轻精神压力，积极控制危险因素。指导患者严格遵照医嘱服用药物，学着自我检测药物不良反应，外出时随时带硝酸甘油以备急需。

（3）指导患者进行自我病情检测

指导患者及家属应学会缓解心绞痛的方法，告诫患者要坚持定期复查心电图、血糖、血脂等。

7.1.3 脑卒中老年患者的护理

7.1.3.1 概述

脑卒中就是我们常说的中风，属于脑血管疾病。其发病源于脑部血管突发性破裂或者出现阻塞，使得血液无法到达人脑，最终使脑组织受到损害。通常情况下，有两种类型，分别是缺血性脑卒中和出血性脑卒中。

缺血性脑卒中和出血性脑卒中相比，前者的发病率明显高得多，在总数中占据比重高达60%～70%。引发缺血性脑卒中的原因包含颈动脉与椎动脉闭塞或者是狭隘，大部分发病年龄超过40岁，患者主要是男性，严重的患者极易面临死亡，脑卒中的特征非常明显，其致残率、死亡率与发病率均非常高。出血性卒中致死率最高，各类脑卒中所采用的治疗模式有所差别，因为长期以来缺少相应的治疗手段，因此现阶段，预防是脑卒中公认的应对举措。对于这种疾病，高血压是主要的影响因素。所以，对于这种疾病的治疗，一定要做好降压治疗工作。

7.1.3.2 脑卒中患者的康复护理评估

（1）脑卒中患者的主要功能障碍

脑卒中由于病变的部位、性质和病变的严重程度不同，患者出现的功能障碍也不同，主要以运动功能障碍和感觉功能障碍最为常见。

①运动功能障碍

运动功能障碍属中枢性瘫痪，多为一侧肢体瘫痪，是重要的致残原因。脑卒中早期运动功能障碍表现明显，恢复期逐渐减弱。早期瘫痪肢体肌肉松弛、肌张力低下、腱反射减弱或消失，不能自主活动；数天后瘫痪肢体肌张力增高，腱反射亢进和出现异常的姿势反射，即痉挛性瘫痪。

②感觉功能障碍

脑卒中患者会出现不同程度、不同类型的感觉功能障碍，主要表现为痛觉、温度觉、触觉、位置觉、运动觉、震动觉的减退或者丧失。

③共济障碍

又称共济失调，是指四肢协调动作和行走时的身体平衡发生障碍。脑卒中患者常见的共济失调有大脑共济障碍和小脑共济障碍。

④认知障碍

主要为定向、注意、记忆、思维等方面的功能共济障碍以及失用症、失认症等，如视觉失认、听觉失认、触觉失认等。

⑤言语障碍

脑卒中患者发生言语障碍主要包括失语症和构音障碍。

⑥日常生活活动（ADL）能力障碍

脑卒中患者由于运动协调能力异常、感觉功能、认知功能等多种功能障碍并存，导致活动能力严重下降。

⑦心理障碍

心理障碍是指一个人由于生理、心理或社会原因而导致的各种异常心理过程和异常人格特征的异常行为方式，是一个人表现为因没有能力按照社会认可的适宜方式行动，以致其行为的后果对本人和社会都是不适应的。脑卒中患者常见的心理反应有焦虑、抑郁或者拒绝接受等。

脑卒中患者还可能出现吞咽障碍、膀胱与直肠功能障碍等。由于长期卧床，活动受限，部分患者可导致废用综合征等。

（2）常用评定方法

在对其康复护理过程中，结合各种障碍的性质、部位、范围、程度做出准确的评估，包括运动、感觉与言语等功能评定，摄食与吞咽功能评定、心理评定、日常生活活动（ADL）能力评定等。下面主要介绍运动功能评定、偏瘫恢复过程评定、ADL 能力的评定。

①运动功能评定

对脑卒中患者的运动功能评定常用 Brunnstrom 偏瘫运动功能评定法（表 7-1），该法根据脑卒中患者肌张力的变化将偏瘫肢体恢复过程分为六个阶段。

表 7-1　Brunnstrom 偏瘫运动功能评定法

分期	特　点	部　位			功能评级
		上　肢	手	下　肢	
1	无随意运动	无任何运动	无任何运动	无任何运动	I
2	联合反应、共同运动	仅出现共同运动模式	仅有极细微的屈伸	仅有极少的随意运动	II
3	随意出现的共同运动	可随意发起共同运动	可有钩状抓握，不能伸指	坐位和站位上，有髋、膝、踝共同性屈曲	III
4	共同运动模式打破，开始出现分离运动	出现脱离共同运动的活动：肩 0°肘屈 90°的条件下前臂旋前、旋后；肘伸直时肩可屈 90°；手背可触及腰骶部	能侧捏及松开拇指，手指有半随意的小范围伸展活动	坐位屈膝小于 90°，可使足后滑到椅子下方，在足跟不离地的情况下能使踝背屈	IV
5	肌张力逐渐恢复正常，有分离运动、精细活动	出现相对独立的共同运动活动：肘伸直肩可外展 90°；肘伸直肩前屈 30°～90°时前臂可旋前和旋后；肘伸直时前臂取中间位，上肢可上举过头	可作球状和圆柱状抓握，手指同时伸展，但不能单独伸展	健腿站，患腿可先屈膝后伸髋，在伸膝下作踝背屈（重心落在健腿上）	V
6	精细、协调、控制运动，运动接近正常水平	运动协调接近正常，手指指鼻无明显辨距不良，但速度比健侧慢（≤5s）	所有抓握均能完成，但速度和准确性比健侧差	在站立位可使髋外伸展到超出抬起该侧骨盆所能达到的范围；坐位下伸直膝可内外旋下肢，能完成合并足内外翻	VI

②偏瘫恢复过程的评定

脑卒中患者发病后的数日内处于急性期，应以抢救为主，同时尽早进行康复治疗，以预防并发症和继发性损害。Brunnstrom 偏瘫运动功能评定法提出偏瘫恢复一般要经历 6 个阶段：软瘫期（I 期）、痉挛期（II 期）、连带运动（III 期）、部分分离运动（IV 期）、分离运动（V 期）和恢复期（VI 期）。

I 期：脑卒中发病后数日到 2 周，患者处于弛缓性瘫痪，无任何运动引出，表现为随意运动消失、肌张力低下、腱反射减弱或者消失。

II 期：脑卒中发病 2 周后，痉挛开始出现，无随意运动，但出现联合反应、共同运动，表现为肌张力逐渐增高，腱反射亢进。

III 期：脑卒中发病 2~5 周，痉挛加重，可出现随意的共同运动，表现为肌张力明显增高，常见上肢呈典型的屈肌模式，下肢呈典型的伸肌模式。

IV 期：共同运动模式减弱，开始出现分离运动，痉挛开始减弱。

V 期：肌张力逐渐恢复，有分离精细运动，表现为能完成较难的功能活动，痉挛明显减弱。

VI 期：共同运动完全消失，运动接近正常水平，痉挛基本消失。

③日常生活活动（ADL）水平的评定

脑卒中患者由于运动功能、认知功能、感觉功能与言语功能等多种功能障碍并存，常导致衣食住行和个人卫生等基本动作和技巧能力下降或丧失。脑卒中患者的 ADL 水平常用 Barthel 指数评估法（表 7-2）和功能独立性评估法 FIM（略）等评定。

表 7-2 Barthel 指数评估法

项目	自理程度分类和评分	得分	评分日期
进食	自理：10 分；需要部分帮助（夹菜、搅拌等）：5 分； 依赖：0 分		
穿衣	自理：10 分；需要部分帮助：5 分； 依赖：0 分		
转移	自理：15 分；需要少量人帮助（1 人）或指导：10 分； 需要大量人帮助（2 人）或指导：5 分； 依赖不能坐：0 分		
步行（平地 45 米）	独立步行（可用辅助具）：15 分； 需要少量人帮助（1 人）或指导：10 分； 使用轮椅行走：5 分；依赖不能动：0 分		
大便控制	能控制：10 分；偶尔失禁（每周≤1 次）：5 分； 失禁（或没有失禁但昏迷）：0 分		
小便控制	能控制：10 分； 偶尔失禁（每 24 小时≤1 次，每周>1 次）：5 分； 失禁（或昏迷需由他人导尿）：0 分		

表7-2(续)

项目	自理程度分类和评分	得分	评分日期
用厕	自理（能用便盆自己清洗）：10分；需部分帮助：5分；依赖：0分		
上楼梯	自理（包括使用辅助具）：10分； 需要部分帮助（1人）或指导：5分；依赖：0分		
修饰（洗脸、梳头等）	独立完成：5分；需帮助：0分		
洗澡	自理：5分；依赖：0分		

判断标准：Barthel指数评分情况将ADL能力分为差、中、良三级。20分以下为完全残疾，生活完全依赖别人；20~40分为重度残疾，与20分以下者均为差，生活需要很大帮助；40~60分为中，属中度功能障碍，生活需要帮助；60分以上为良，表示有轻度功能障碍，生活基本自理。

7.1.3.3 脑卒中患者健康教育

护理人员对脑卒中患者及其家属进行健康教育主要包括出院前的康复指导和出院后的健康教育。

（1）出院前的康复指导

①健康教育。通过健康教育，让患者及家属了解疾病的治疗过程，理解康复治疗与护理的重要性，明确康复的意义与目标，养成良好的生活习惯，主动参与各期的康复训练。此外，充分发挥患者家庭和社会支持系统的作用，使其能给予患者最大的心理安慰。

②预防复发的健康宣教。告知患者定期到医院或社区康复机构随访，嘱咐其遵照以下康复原则：康复训练必须持之以恒；积极治疗原发病，如高血压、糖尿病、高脂血症、心血管病等；生活规律，避免便秘，戒烟、戒酒；心态平和，合理饮食；活动适量等。

（2）出院后的健康教育

出院后健康教育的主要目的是预防脑卒中的复发，所以应告知患者及家属坚持按“康复原则”调养。同时，指导患者或家属做好以下工作：

①居家环境的评估与改造。护理人员通过家访评估脑卒中患者的居住环境是否有不利于患者活动的障碍物，根据需要指导患者家属进行必要的改造，如去除门槛、改蹲便器为坐式便器，增加扶手以保证患者活动方便和安全。

②康复护理技术指导。一方面教育患者及家属正确对待疾病和残疾；另一

方面，对长期卧床的患者，要指导患者及家属采取正确的护理方法，尽可能帮助患者预防压疮、肌肉萎缩、感染等并发症的发生；此外，高血压患者应教会家属测量血压等护理技术，定期复查。

③行为干预。良好的生活习惯有利于降低脑卒中的发生，患者在家属的监督下坚持遵照预防复发的康复原则修身养性，保持情绪稳定，积极防治原发病。

7.1.4 骨关节病老年患者的护理

7.1.4.1 骨折

（1）概述

骨折是指骨的完整性和连续性中断。骨折时常常伴有肌肉、肌腱和韧带等软组织的损伤，骨折后常遗留不同程度的功能障碍，降低了患者的活动能力。骨折的愈合过程一般分为纤维骨痂期、原始骨痂形成期、成熟骨板期和塑性期四个时期。骨折后通过复位、固定等处理并在早期进行康复护理，对减少并发症、促进肢体功能恢复十分重要①。

（2）骨折康复护理评估

对骨折患者的康复评估主要从肢体长度和周径的测量、关节活动范围的测定、肌力的测定、肢体负重能力、日常生活活动能力、心理、营养和环境等方面进行。另外，骨折后临床常见的主要功能障碍有关节活动范围受限、肌力和肌耐力减退、肢体血液循环障碍、肢体负重能力下降，由于骨折部位的疼痛和肿胀使患者丧失部分或全部的活动能力。

①关节活动范围受限。损伤后关节内和周围的血肿、浆液纤维渗出物和纤维蛋白的沉积和吸收不完全，造成关节内或关节周围组织的粘连，影响关节的活动。制动会使关节周围的纤维组织和软组织缺乏必要的牵伸活动，使组织弹性和韧性减弱。另外，制动也会影响关节滑液的分泌与流转，造成软骨营养障碍及萎缩，导致关节疼痛或功能受限。

②肌力和肌耐力减退。长期制动和持续卧床，因肌肉失用，影响肌肉代谢而引起肌肉废用性萎缩，表现为肌肉变细、长度缩短、肌力和肌耐力下降。

③肢体血液循环障碍。肢体制动，可使关节活动和肌肉的收缩减少、肌泵作用减弱或消失，肢体血液回流出现障碍。另外，患者长期卧床也可引起血流

①杨玉秀，刘晓云，聂晶．常见老年慢性病临床护理精要［M］．北京：人民卫生出版社，2017：122-136.

减慢和血液黏滞性增加等，加重肢体的血液循环障碍，主要表现为肢体的肿胀、疼痛，严重者可形成下肢深静脉血栓，进一步影响肢体的功能活动。

④肢体负重能力下降。患肢的制动影响了其正常的负重功能，骨骼应力负荷减少，同时使骨组织血液循环减少，妨碍了骨的代谢，引起骨无机盐的流失，发生骨质疏松，使患肢的负重能力降低。

（3）康复护理措施

①康复护理的目标

康复护理应减少肢体制动所致的各种并发症和继发损伤，特别注意患肢的血液循环和淋巴循环，指导患者进行日常生活能力的训练，为患者的康复创造一个良好的治疗环境，协助治疗师在病房内接受基本康复训练。

②康复护理的重点

第一，上肢康复护理的重点，上肢的主要功能是手的运用。上肢的任何关节活动范围的受限均可减弱手的功能，从而不同程度地降低患者的日常生活活动能力，因此，在治疗上肢关节损伤骨折时，要重点训练各关节的活动。

第二，下肢康复护理的重点，下肢的主要功能是负重和行走。下肢各关节的活动范围和稳定程度是影响其功能的主要因素，在训练时要加强上述两方面的训练，因此康复护理的重点是维持下肢各关节的活动范围，进行下肢有关肌力的训练及关节稳定性和协调性的训练。

③康复护理方法

骨折患者康复的目的是通过各种康复方法最大限度地维持和恢复患肢的关节活动度和肌肉功能，预防挛缩等并发症的发生，主要方法包括运动疗法、作业疗法、物理因子疗法等。根据功能锻炼，康复护理一般分为三个时期。

早期。康复护理早期一般是指骨折后 1~2 周内。此期功能锻炼的主要目的是促进患肢的血液循环，以利固定和消除肿胀。主要方法包括：等长收缩练习、支具保护下的功能练习、加强活动训练、理疗。

中期。康复护理中期一般是指骨折后 2 周到骨折临床愈合的这一段时期。此期功能锻炼的主要目的是预防并发症，逐步恢复患肢的功能。主要方法包括：改善关节活动度、进行肌力练习、理疗。

后期。康复护理后期是指已达临床愈合或已除去外固定时期。此期康复护理的目的是恢复关节的活动度、增强肌力，恢复肢体的正常功能。主要方法包括：加强伤肢关节的主要活动和负重训练以及加强日常生活活动能力和工作能力的训练。

（4）健康教育。健康教育主要是宣传骨折的卫生保健知识，向患者及其家属宣传锻炼的意义和重要性，提高其主动性和积极性；宣传骨折后残疾的三级预防措施，减少并发症的发生；进行骨折后肢体功能锻炼的指导，使其能科学地进行训练。

7.1.4.2 骨关节炎

(1) 概述

骨关节炎又称退行性关节炎、增生性关节炎、老年性关节炎等，是一种慢性关节疾病，是由于关节退化、关节软骨被破坏所造成的慢性关节炎，以关节软骨变性、骨赘形成和软骨下骨质囊性变为特点。此病发病率随年龄增长而增高，女性高于男性。发病与遗传、内分泌、代谢障碍及外伤、劳损等因素有关。此病多发于负重关节如膝关节、髋关节。此病根据发病因素分为原发性和继发性骨关节病，前者是指关节无明显原因而逐渐发生退化性变，主要病因是老年性组织变性和劳损；若因某种已知原因导致软骨破坏或关节结构改变，日后因关节面摩擦或压力不平衡等因素而造成退行性变者称为继发性骨关节病。

(2) 主要功能障碍

①关节疼痛及压痛。受累关节疼痛是最突出的症状，初期为轻度或中度间断性隐痛，休息时好转，活动后加重，疼痛常与天气变化有关。

②感觉运动障碍。受累关节周围肌肉废用性萎缩、关节肿胀畸形，活动受限，皮肤弹性下降，局部有冷感、麻木感。

③日常生活活动能力下降。

(3) 康复护理评估

对骨关节炎患者的康复评估主要从疼痛、关节的压痛、肌力测定、关节活动范围（ROM）以及关节是否畸形、步行能力与日常生活活动能力（ADL）等方面进行。疼痛可以根据患者对其疼痛的部位、性质、程度、持续时间、缓解方式、服用止痛药类别、药量等来评估；关节压痛多采用 Ritchie 关节指数；肌力测定可采用徒手肌力检查法或等速肌力测试仪判断肌力减退的程度；关节活动范围（ROM）可用量角器测量关节活动范围以作为康复治疗前后的对比；关节畸形分析以膝关节内外翻畸形最常见，影响正常步态，也影响髋关节和踝关节的正常生物力线及负荷；步行能力主要看患者能否站立，完成由坐到立位的转换，行走的距离，室内、户外行走、上下楼梯等情况，并结合 15 米步行时间来评定。

(4) 康复护理措施

患者在急性期应注意休息，并通过甾体抗炎药物治疗，消炎退肿，缓解疼痛。急性期过后，应尽早介入下列康复护理措施。

①调整和限制活动量，减轻关节负荷。骨关节炎患者肿痛明显时，应调整和限制活动量，减轻关节负荷。患者可适当卧床休息，减少每日活动量，把活动量调整到关节能耐受的范围。

②运动疗法。运动疗法对增强骨关节炎患者肌力，保持或恢复关节活动范围，改善关节功能及预防和减轻骨质疏松具有重要作用。

③辅助工具的使用。骨关节炎患者可使用矫形器和助行器，辅助治疗和稳定膝关节，减轻受累关节的负荷和方便行动。

④物理因子治疗。运用非常普遍的方式包含温热疗法、中低频电疗法、高频电疗法、经皮电神经刺激（TENS）、超声波疗法、电磁疗法等。其能够发挥出增加营养代谢、缓解患者疼痛与痉挛、改善局部血液循环、消除炎症与水肿等一系列功能。

⑤心理康复护理。对骨关节炎病人来说，其病程非常长，病情容易反复，运动能力受到限制，极易出现精神抑郁情绪，存在严重的依赖性心理，不利于展开康复训练，所以应当对其采用合理的心理康复护理举措。

（5）预防办法

①功能锻炼。人体下肢远端的肌肉力量能够对膝关节形成保障，降低骨关节炎的发生概率，针对已经患了膝关节骨关节炎的病患，也能够避免病情进一步蔓延。有氧运动对优化与改进骨性关节炎导致的关节功能障碍十分有利。

②减肥。减重能够使症状性膝关节骨关节炎的出现概率降低。这几年，公众的平均体重明显上涨，肥胖早已变成中老年女性膝关节骨关节炎高发病率的致病因，所以对于中老年人群可采用适度减重的方式来进行预防。

③养成正确的工作、生活、学习姿势，避免运动损伤。这一举措能够使膝关节骨关节炎的发病率大大下降，对男性来说作用更加显著，关节外伤很容易使男性膝关节骨关节炎的发病率提高。比方说屈膝搬取重物、运动方式不够科学、缺少保障的工作模式等，都是造成膝关节骨关节炎发病率居高不下的原因。调整工作模式、进行适度锻炼，可以显著降低膝关节骨关节炎的发病率。

④积极开展宣传与教育工作。适度增强人体关节与肌肉的训练力度，养成良好的工作、学习与生活姿势，降低身体受损的概率，适度补充钙、铁元素，改善营养架构，确保达到均衡，强化机体的总体功能等，都是防范和治理膝关节病的有效方式。

7.1.5 呼吸系统常见慢性病老人的护理

7.1.5.1 慢性阻塞性肺疾病概述

慢性阻塞性肺疾病（COPD）属于肺部疾病，最直接的表现就是气流受限，而且是完全不可逆转的，同时表现出进行性发展趋势。如果肺气肿与慢性支气管炎患者通过肺功能检测发现存在气流受限问题，而且表现为不可逆，那么可认为其患上了慢性阻塞性肺疾病（简称慢阻肺）。由于慢性阻塞性肺疾病是一种不可逆性改变的疾病，最终会发展成慢性肺源性心脏病，并伴随呼吸衰竭、心力衰竭等并发症，从而严重影响患者的日常生活活动或职业、文化娱乐活动，大大降低患者的生活质量。

7.1.5.2 主要功能障碍与评估

（1）主要功能障碍

有效呼吸量降低。患者在呼吸过程中的有效通气量降低，呼气末残留在肺部的气体增加，可影响气体的吸入；长期慢性炎症，呼吸道分泌物的引流不畅，会影响肺部的气体交换；部分慢性支气管炎患者因年龄偏大，伴有不同程度的胸廓畸形，限制了胸廓的活动，导致肺通气量下降，出现缺氧症状，最终使患者表现为劳累性气短、气促、咳嗽、咳痰等。

病理性呼吸模式。慢性炎症使支气管管壁逐渐被破坏，特别是弹力纤维层破坏，支气管管壁对抗压力的能力降低。呼气时增高的肺间质压首先使支气管管壁过早塌陷，加重了气道狭窄，如用力呼气，则肺间质的压力增加和气道流速增加会导致支气管内的负压效应，可使气道狭窄进一步恶化。此外，慢阻肺患者由于呼吸困难而用力和快速呼吸，使胸腔内压力更为增大，从而使支气管管壁塌陷更加恶化，肺泡通气量降低，解剖死腔增加，呼吸耗能无谓增加，形成以呼气为特征的异常呼吸模式。

呼吸肌无力。病人呼吸越发困难、有效呼吸量明显骤减、病理性呼吸方式的形成都会对膈肌、腹肌以及肋间肌等一系列呼吸肌运动形成影响，最终形成了呼吸肌无力。

能量损耗增长与活动能力退化。在病理性呼吸方式里，原来不应当参与呼吸活动的肌群也蜂拥而至，气短、气促、气急又造成病患精神越发紧张，背部、颈部和身体的其他肌群越发紧张，身体能量损耗明显增长。另外，病人很容易由于恐惧产生劳累性气短的状态，约束了个人的活动，少部分病患长期卧病在床，更是失去了基本的工作活动与运动能力。

（2）康复护理评估

①健康状态评估

第一，病人一般状况，具体包含其姓名、工作条件、职业、性别、家庭状况、年龄等。

第二，和 COPD 相关的致病要素里，最为主要的要素为抽烟，应当对患者抽烟时长与具体数量进行询问。

第三，对病患的过去史进行了解，掌握其是否曾经得过哮喘、肺气肿以及慢性支气管炎等一系列疾病。

②肺功能评价

肺功能检测第1秒用力呼气容积（FEV1）百分比预计值及其占用力肺活量之比（FEV1/FVC）最具备适用性。

③运动能力评估

第一，平板或功率车运动测验。利用功率车或者是活动平板来开展运动检测，进而得到最大吸氧量、最大代谢当量（METs）值、最大心率、运动时间等一系列量化指标，最终对病人的运动能力做出估测。

第二，定量行走评估。针对一些无法通过活动平板运动来进行检测的病患，可以采用6分钟或者是12分钟行走距离测试的方式，进而掌握病患的运动能力和运动过程中产生低氧血症的概率。

④日常生活能力评估

通常来说，慢阻肺患者一般在平时生活过程中会存在活动障碍，比方说自我照看、家务劳动、与人交际、常规活动、购物等方面的障碍。

⑤心理社会评估

对护理人员而言，必须要掌握病人和家庭成员对疾病维持的态度，比方说情绪、生活模式、性格特征等的变化，是否会存在惧怕感、忧虑感与痛苦感，是否逃避生活，悲观厌世等。

7.1.5.3 康复护理措施

（1）护理原则及康复目标

①护理原则。改善心肺功能、预防并发症；以呼吸和运动训练为主，发掘呼吸功能潜力；改善和维持体力，提高运动耐力；提高机体免疫力和心理调适能力；强调自然放松、量力而行、持之以恒。

②康复目标。改善顽固、持续的呼吸道功能和体力活动能力障碍，预防并发症；消除遗传的功能障碍，发掘呼吸功能潜力，提高生活质量，降低住院率；稳定或逆转肺部疾病引起的病理生理和精神病理学方面的变化，尽可能恢复至最佳状态。

（2）护理措施。慢阻肺患者虽然都是康复的对象，但肺部功能中等或较重度的损害、在正规治疗下病情稳定、没有严重并发症的患者则是最理想的康复对象。

①维持健康积极的康复环境。每日进行两次通风，确保空气良好，每次最

少通风 15~30 分钟，防止烟雾灰尘、刺激性气体等存留在空气中；将室内温度维持于 18~28℃，将湿度维持到 50%~70%。在睡眠过程中，要确保环境安静，保证情绪舒缓，灯光亮度要合理。

1. 呼吸训练

第一，腹式呼吸，它是一种重建生理性呼吸方式，对慢阻肺患者康复而言是必不可少的康复举措。这种呼吸方式的重点体现在对膈肌与腹肌在呼吸运动过程中的活动进行协调，使得呼吸肌群趋于放松，避免形成上胸部活动；积极主动进行吸气，被动舒缓深长的进行呼气，在此过程中，应当规避过度通气。腹式呼吸采用的训练方式主要是：选择病人最为舒服的体位，将其双手依次放在前胸部与上腹部上，通过鼻子慢慢地进行呼气，膈肌最大化地降低，腹肌逐渐趋于放松，腹部上的手朝上抬高，胸部上的手停在原位，以控制胸廓运动；呼气过程中，腹肌逐渐收紧，此时腹部手感降低，以协助膈肌达到放松，膈肌伴随着腹腔内部压力越来越高，从而逐渐上台，使呼气潮气量增长。

第二，缩嘴呼吸锻炼。此法也称吹笛样呼气法。用鼻深吸气，同时关闭嘴；然后缩嘴为吹口哨状缓慢呼气，吸呼比率 1：2；呼吸频率小于 20 次/分。在进行呼气时，利用缩嘴的方式，约束呼气气流，规避肺泡气、管等快速塌陷，使得越来越多的残留气体向外排出，以增加通气量。

第三，缓慢呼吸。COPD 病人大多数呼吸非常浅并且较快，解剖死腔比值增长，采用缓慢呼吸的方式对降低其无效腔大有裨益。初学者要规避深呼吸太多，从而引发过度通气综合症，应当在训练三次或者是五次之后停下来几分钟，接着进行再次训练，不断反复直至掌握要领。

③排痰训练。促进有效排痰的方法主要有指导有效咳嗽、湿滑呼吸道、胸部叩击及胸壁震荡、体位引流和机械吸痰五种方法。

④运动疗法。COPD 病人在进入缓解期之后，可运用有氧训练与医疗体操的方式进行恢复，包含上肢与下肢锻炼与呼吸肌锻炼，通过全身的活动训练能够使四肢肌力与耐力显著增长，削弱了人体通气以及代谢的需求，这对提升机体免疫力大有裨益，同时也有利于患者缓解呼吸困难症状。

⑤氧疗。氧疗训练需要每日不间断的低流量（小于 5 升/分）吸入 15 个小时的氧，这种方式有利于提高活动的协调性，增加运动耐力，改善患者睡眠。

⑥心理护理。由于 COPD 患者的病程较长，患者因缺氧造成的呼吸困难又极大地限制了其活动范围和强度，而使部分患者丧失工作能力，甚至生活自理能力，因此患者容易产生自卑、沮丧、忧郁、焦虑等情绪。帮助患者松弛自身肌肉，学会自我减压，有利于其缓解焦虑心理，降低呼吸困难，亲朋好友、家

庭成员与社会的帮助，有利于患者更加乐观地应对困难，增加疾病康复的自信心。

⑦健康教育。第一，坚持全身运动。慢阻肺患者的康复是一项长期、艰苦的工作，锻炼应量力而行，其难度、强度和量都应循序渐进，出现不适症状时应暂停训练，并及时就诊。第二，指导正确呼吸和排痰。使患者掌握正确的呼吸方式，注意保护呼吸道清洁卫生和居住环境空气的清新，鼓励患者每日饮水约 2 000 毫升，要注意少量、多次饮用，指导患者家属掌握叩击排痰技巧。第三，对家庭用氧提供指导。护理人员要主动向患者和家属提供有关家庭氧疗的咨询和帮助。在氧气使用过程中必须做到防火、防震、防热、防油，在吸氧过程中严禁吸烟。提供吸氧装置，一般采用氧气瓶或制氧机，而氧气枕给氧时间短，达不到长期氧疗的目的。指导患者如何使用设备，经常检查导管是否通畅，定期更换保持清洁。慢阻肺患者应酌情采用低流量持续鼻导管吸氧，切忌长时间高流量吸氧。告知患者不要随意调节氧流量，以及进行安全用氧的教育。防止患者吸入氧气过冷或过于干燥，以免刺激气道收缩和痉挛，加剧呼吸衰竭和心力衰竭，可用电加温湿化瓶或将吸氧管放在暖水袋上。教会患者及其家属观察口唇、甲床、鼻尖、颊部及肢端的颜色。

第四，积极防治呼吸道感染。COPD 患者发生呼吸道感染，往往易并发呼吸衰竭和心力衰竭，因此，患者在冬季要注意保暖，可采用耐寒训练、食醋熏蒸、增强体质等方法来预防感冒，如已有呼吸道感染应尽早用药治疗。

⑧合理膳食指导。COPD 患者应摄入充足的热量、蛋白质及富含维生素的食物，以增加免疫力和减少感染。

⑨用药指导。详细做好用药指导，当患者同时服用几种药物时，应后服祛痰剂，且服后不宜马上饮水。对使用气雾剂的患者，应让患者演示正确使用气雾剂的方法及确定喷雾量，确保患者在家中正确使用。

⑩定期随访复查。慢阻肺患者可能并发自发性气胸、肺部感染、呼吸衰竭、慢性肺源性心脏病、消化性溃疡等疾病，因此应嘱咐患者定期门诊随访。

7.2 农村留守老年人常见心理疾病及护理

7.2.1 阿尔茨海默病及其护理

阿尔茨海默病是一种起病隐匿的进行性发展的神经系统退行性疾病，如果老年人的记忆在短时间内下降得非常显著，而且对其日常生活产生了明显影响，就要警惕老人是否出现阿尔茨海默病了。下面先看看老年人记忆衰退的正常变化规律与特点。

7.2.1.1 老年人的记忆变化规律与特征

老年人的记忆会衰退吗？人有至少140亿个脑细胞。而脑的潜能在人的一生中，只开发了不到1%，从这种意义上讲，人的记忆是无限的，老年人也不例外，并不会因年老而严重衰退。

（1）记忆的正常年老化

随着年龄的增长，人的记忆也会出现变动，它属于非常自然的一种现象，同时还是一种生理性变动，称为记忆的正常年老化。尽管其大多数时候会使老年人面临巨大的不便，然而通常而言也不会对老人的工作、学习与生活造成十分显著的影响。老年人的记忆特征与具体变化体现在如下方面：

第一，对老年人来说，他们的初级记忆和次级记忆对比明显更好，前者是人对刚看完或听说的此时依旧在大脑中存在印象的事物的记忆。随着年龄的增长，初级记忆减退速度会有所放缓，老年人通常对此维持得比较好，和青年人不存在明显差别。次级记忆指的是对已看完或听说了一段时期的事物，通过复述以及其他形式进行加工编码，从短时储存转变成长时储存，存放至记忆仓库，有需求时进行提取，这种类型的记忆维持时间非常长。次级记忆和初级记忆对比，伴随年龄的增长，它的衰退速度要快得多，不同年龄的差距较为明显。

第二，再认与回忆：对老年人来说，他们的再认能力和回忆能力对比要更好。再认指的是在个体已看完、听说或学习过的事物再次出现在面前时，其可以迅速地辨别出个人曾经的感受与认知；回忆主要是刺激物并不在面前，但是却要求再次呈现，它的困难程度和再认对比明显更大，所以不同年龄的差别也高于再认。

第三，通常来说，老年人的意义记忆和机械记忆对比减退速度较慢，老年人对逻辑关系与存在意义及价值的内容，特别是重大的事情或者是和个人的专业、传统经验及知识存在关联的内容，会维持非常好的记忆，这意味着信息存储成效主要取决于当前的信息和以往已经学习过的信息是否可以很好地关联起来。意义记忆产生减退的时间非常晚，通常老人在60~70岁才可能出现减退；反过来说，老人对必须要死记硬背，不存在关系的内容通常无法记清，机械记忆减退的时间非常早，减退速度十分快，超过40岁之后，一些人的记忆力就会逐渐减退，到达60~70岁的高龄之后，机械记忆减退会更为显著，这意味着各类记忆产生年老化的时期存在差别，记忆减退具备阶段性特征。

第四，日常生活记忆与实验室记忆：对老年人来说，他们的日常生活记忆和实验室记忆对比，前者会维持得更好。记忆和人的生活息息相关，对维持人们的日常生活能力与社会交际等方面大有裨益，比方说存取生活用品、外出购买所需物品，比方说和亲朋好友聚会。通常而言，老年人对日常生活中的记忆维持会更为关注且成效显著。

（2）记忆的病理性变化

记忆和机体健康相关。疾病通常会引发病理性老化，这是一种不正常的老化，其通常是一些疾病早期且较为普遍的临床症状，比方说脑血管疾病以及脑肿瘤等疾病，呈现出显著的记忆障碍，通常是医生做出诊断的一种重要根据。而在一些时候，对于记忆的病理性老化以及正常年老化，无法分清它们的属性，特别是疾病发生初期，区分难度较高，这是由于在人们记忆年老化的阶段，个体差别非常大，导致对老化的属性界限区分越发困难，唯有依靠在日常生活过程中细致的洞察，或者在临床方面以定期形式展开检查。假如察觉到患者不但对近期发生的事记忆减退，还对远事记忆存在障碍，而且就算不断提示，患者依旧很难回忆起，这就意味着其记忆产生了全面减退。但是这部分改变通常并非一定的，并且属于可逆的，在疾病康复之后，患者的记忆水平会有所提高。

（3）老年记忆的可塑性

老年群体的记忆减退和诸多要素息息相关，记忆的正常老年化状态能够逆转与延缓，并且加之老年人长时记忆没有出现减退，存在良好的理解记忆，并且具备显著的有意记忆优势，假如应用合理且有效的干预举措（比方说记忆训练），采用正确的治疗方案，对信息加工过程予以优化，依旧能够提升老年人的记忆能力，这意味着老年记忆功能具备可塑性。

7.2.1.2 阿尔茨海默病及其特征

（1）阿尔茨海默病的概念

痴呆指的是因为神经退行性变、外伤、营养代谢障碍、脑血管病变、肿瘤、感染等一系列要素影响所形成的将认知功能缺损作为具体临床表现的综合症，一般频发于老年人。痴呆属于一种慢性临床综合症，其并非特指某种疾病或者是某个神经病理过程，这种疾病不但会出现定向、思维、理解、学习、记忆等诸多方面的认知功能障碍，而且大部分患者也存在一定的行为异常。

痴呆的所有类型中，最常见的就是阿尔茨海默病（AD），就是我们俗称的老年痴呆症。目前通常将 65 岁之前的发病者称为早发型 AD，年龄超过 65 岁称为晚发型 AD。痴呆的第二种类别为血管性痴呆（VaD）。这两种类别在痴呆里是非常普遍且常见的，阿尔茨海默病在全部痴呆里占据比重达到50%～70%，血管性痴呆在所有痴呆里占据比重达到10%～25%，另外也存在皮克病、路易小体型痴呆、帕金森病、亨廷顿病等一系列类别的痴呆，我们经常提及的“老年痴呆”主要指阿尔茨海默病。

阿尔茨海默病是一种发病隐匿且呈现进行性发展的一种神经系统退行性疾病，其临床特点主要是记忆功能障碍、执行功能障碍、人格及行为改变、视空间技能受损、失语、失用、失认等一系列临床表现，它的致病原因截至目前也没有被查明。

这种疾病发病非常慢，且过程隐匿，患者与家属也很难讲清是什么时候发病的。大部分病患年龄超过70岁（男性与女性平均年龄依次为73岁、75岁），少部分患者在出现骨折、精神打击之后，症状会快速清晰起来。女性和男性相比患病率更高，男女患病比例为1：3。具体体现是认知功能降低、行为出现障碍、日常生活能力降低、产生精神症状。

（2）阿尔茨海默病的主要症状

阿尔茨海默病最为主要的症状体现在认知受损、社会生活功能减退、非认知性神经精神症状这三点上。在此之中，认知受损与非认知性神经精神症状会引发社会生活功能减退这一后果。

①认知功能损害症状

第一，记忆障碍。记忆障碍是阿尔茨海默病的核心症状，开始时往往很轻微，在相当一段时间内不被人注意。开始时是对新近发生之事的记忆（近事记忆）减退，而对以前发生的事情的记忆（远事记忆）则保持。表现为东西常常放错或丢失、购物忘记付货款、交谈开始后就忘了开头说什么，因此难以进行语言交流。常常因为记忆障碍而忘记赴重要约会、忘记回电话等。早期学习新知识、掌握新技能的能力减退，只能从事简单刻板的工作。随着病情的加重，远事记忆也逐渐受累，并随时间的推移而逐渐加重，记不住自己的出生年月、家庭住址和结婚时间、参加工作时间等生活经历，严重时连家里有几口人，他们的姓名、年龄都不能准确回答，日常生活和工作能力全面下降，不能适应周围环境。

第二，语言障碍。语言是通过应用符号达到交流的能力，包括对符号的理解和运用（表达）的能力。符号包括口头符号的和文字符号，亦包括姿势语言（手语或哑语、手势）。阿尔茨海默病患者可出现各种语言障碍，主要表现为语言内容空洞、重复和累赘。其中，找词困难是首先表现的语言障碍，经常忘记简单的词语，以致说出的话和写出来的句子常让人无法理解。

几乎各种类型的失语都可以在不同类型的阿尔茨海默病患者中发现，包括主动交谈、复述、命名、理解、阅读和书写功能的减退，常表现为主动谈话少、口语量减少、找词困难、回答问题语速变慢，或自发谈话多，语量正常、发音正常，但缺乏实质意义。所有失语者均有不同程度的命名障碍和听理解障碍，出现错语症，交谈能力减退，阅读理解受损，最后完全失语。阿尔茨海默病后期可以出现言语不能，或缄默。

第三，失认及失用。失认即排除意识障碍、感官功能不全、注意力下降，以及过去未接触过等原因，在面对某物时不能以相应感官认识该物。阿尔茨海默病患者通常视觉失认和听觉失认，其中以视觉失认较常见，如视物失认、颜面失认等。视觉失认表现为对物体或人物形象、颜色、距离和空间环境等失认。轻症患者容易在陌生地方迷失方向，严重者对熟悉的地方也会迷路，不能辨别物品，不能辨认亲友甚至自己。听觉失认主要表现为患者不能识别周围环境声音的意义，对语言的语音、语调不能辨认，从而不能理解语言的意义。

失用则是指感觉、肌力和协调运动正常，但不能进行有目的的动作，如不能按口头指令完成动作，不能模仿动作。严重者可表现为诸如穿外套时手伸不进袖子，铺台布不能把台布的角和桌角对齐，不能画最简单的几何图形等。阿尔茨海默病患者的失用多观念失用及观念运动性失用，简单动作可以完成，但是稍微复杂或技巧性的随意运动完成困难，动作笨拙，显得很不连贯、不确定。患者进食时不会使用餐具，而用手抓或直接用嘴去吃。

第四，失算。计算力障碍常表现为算错账、付错钱、不能回忆以前所学的乘法口诀、没有量的估价、对数字和运算符号认识障碍，最后连最简单的计算也不能进行。

第五，视空间感知障碍。视空间认识功能是指认识物与物之间的方位关系、物与观察者之间的空间关系及景物的方位的能力。由于视觉造成物体在空间内的各种特性的认识障碍称为视觉性空间知觉障碍，亦称视空间功能障碍。患者表现为不能找到自己住的房间，不认识非常熟悉的路，弄不清衣物的上下、左右等，对明显可见的物体不能凭视觉来判断定位，也就是在所见的两个物体中，不能判断哪个物体距自己更近；画图测验（如画钟测验、MMSE 中的描图测验等）不能准确临摹简单的图形。

第六，定向障碍。定向障碍是指患者可能出现时间、地点、人物以及自我定向障碍，如患者不知何年、何月、何日，不知道现在是上午还是下午，因而可能深夜起床去进行刷牙、洗脸等早晨的事情。

第七，执行功能障碍

痴呆最为常见的一种表现便是执行功能障碍，这种障碍和熬夜或者是相关的皮质下通路功能障碍信息相关。执行功能包含很多更高层级的认知功能，比如抽象思维、行为动机、复杂行为等等。执行功能障碍的具体体现主要是日常学习能力、工作能力降低，组织规划与管理能力下降。通过事物异同分析检测、连续减法、连线检验、词汇流畅性检验等一系列神经功能的心理测试，能够彰显出患者执行功能的具体受损状况。

②非认知性精神行为症状

第一，思维内容障碍。大部分是非系统性的思维内容障碍，患者很容易产生妄想的症状，比方说贫困、嫉妒、被害、被窃等方面的妄想。在此之中，因为痴呆病人极易忘掉东西摆放在哪里，所以物品被窃是最为普遍的一种妄想病症。症状加重时，会坚信有小偷入室盗窃。一般来说，痴呆病人的妄想并不系统，结构并不缜密，反反复复，变化莫测，时有时无。视幻觉多往往看见偷窃者或已故亲人与之对话，几乎所有患者有失眠或夜间檐妄，较少见的幻觉有嗅幻觉和味幻觉，例如闻到物质燃烧的异味等。

第二，幻觉。各类幻觉均可以产生，最普遍的是视幻觉，另外也存在言语性幻听。视幻觉主要是看到小偷或者是已经离世的亲友，和他们进行交谈；基本上全部病人均会存在一定的夜晚失眠症状。非常少见的幻觉包含味幻觉与嗅幻觉这两种，比方说闻及物品燃烧气味等。

第三，情感障碍。痴呆病人最为常见的症状有两种，首先是情感迟钝，其次是情感淡漠。在患病初期情绪并不平稳，一些时候情绪极易失控，变换多端，体现为时而忧虑烦躁，郁郁寡欢，时而突然发怒，又哭又笑，无动于衷，无法自制。在疾病演进中逐渐变得淡漠及迟钝，患者对外界刺激表现平淡或完全缺乏相应情感反应。患者对周围事物漠不关心，细微情感丧失最为明显。患者内心体验极为贫乏，往往不愿意交谈，对家人漠不关心。部分病人在痴呆的早期可能以抑郁、焦虑和易激惹等为主要突出表现。

第四，人格改变。额、颞叶受累患者常有明显的人格改变，患者表现懒散、退缩、以自我为中心、言语粗俗、行为不符合社会规范、不修边幅，耻辱感消失，当众脱光衣服等。一些病人的人格障碍会在患病之初表现出来，病人会逐渐活力不足，极易疲倦，工作积极性骤减，对以前热衷的活动缺少兴致，对身边的人和事极为淡漠，偶尔会不顾场合的开粗俗的玩笑，不像原来一样关注个人的穿衣打扮，越来越不喜欢干净整洁。还有一些时候，甚至会出现对幼童的猥亵现象，或者是暴露个人隐私部位等有违社会道德规范的不良行为。部分人会敏感多疑，容易猜忌，固执己见。

第五，进食、睡眠与行为障碍。病人经常会出现食欲减退情形，还有一些病人吃饭不知道饥饱，吃得太多，造成体重迅速增长。也有部分病人产生嗜异食的情形，以前不爱吃的食物会大量的摄取。病人可能会出现睡眠规律被扰乱、日夜颠倒等行为，体现为夜晚反复醒来。伴随阿尔茨海默病的发展，病人白日的睡眠量会增长，夜晚的睡眠会下降，睡眠规律被打破，病人异常的行为在晚上表现得非常显著，也称为日落综合征。病人极易产生一些不正常行为，比方说频繁的开关抽屉、不断踱步等呆板的行为，动作缓慢且愚笨，不愿与人交际，经常退缩。痴呆病人也很容易产生攻击行为，具体体现为抗拒他人照顾个人生活，比方说沐浴、换取衣物等。最为普遍的躯体攻击行为包含抓、挠、咬、踢等行为，有时一些病人会出现一些不恰当的性行为以及性攻击行为，少部分病人还会出现大声尖叫、撕咬衣物等一些怪诞的行为，这些怪诞行为很多时候和病人以前从事的职业和兴趣喜好息息相关。

③社会生活功能减退

阿尔茨海默病人因为思维、记忆、学习等诸多能力的退化，最终导致日常生活能力显著降低，必须要接受别人的照看，对家庭成员的依赖性越来越大。

发病之初因为近事记忆受到损害，患者学习和获取知识及技能的能力显著降低，在面对不甚了解的工作内容时，经常会出现疲惫感、失落感，容易暴怒。此时受到损害的主要是职业活动和社交活动。阿尔茨海默病进一步发展，病人使用工具性的日常生活能力受到损害，病人此时已不能独自打电话、理财、乘车外出、按时按量服药等，买东西时搞不清价钱，做饭也做不好，洗衣也洗不干净，只能做些扫地、拣菜等简单的家务。此时阿尔茨海默病老人虽然已不能独立生活，但基本生活尚能自理。到了中晚期，病人的基本生活自理能力也逐步受损，直至丧失，包括穿衣、梳洗、行走、洗澡、上厕所等都发生困难，生活需要人照顾。最后，病人就像婴儿一样，吃、喝、拉、撒都不知道，终日卧床，最终因感染、内脏疾病或衰竭而死亡。

（3）阿尔茨海默病的分期

阿尔茨海默病对不同的患者有着不同的影响方式，其临床表现由于受到病人过去的人格、身体状况及生活方式的影响而有不同的表现。阿尔茨海默病是一个进行性的病程，目前根据病情严重程度和了解到的各种阿尔茨海默病状的演变大致划分为三个连续的阶段：早期、中期、晚期。但三期的症状并无明确的界限，各期症状均有重叠和发展。比如都有记忆受损，性格和行为改变，生活自理能力减退等。我们必须了解：并不是每位患者都会出现所有上述症状，而且每个患者之间的症状表现也各不相同，任何患者之间都不会经历同样的阿尔茨海默病演变过程。阿尔茨海默病的某些临床表现可以在病程中的任何阶段出现，例如有些在晚期才会出现的异常行为也可能在中期就发生。此外，照料者也应该意识到患者在各个阶段中都有可能出现短暂的、头脑相对清楚的状况。

①早期（遗忘期）

第一阶段即发病的早期，大致为发病后的1~3年，主要表现是记忆力减退。最初出现的是学习新知识困难，对一些事情“记得不如忘得快”，但通常还能进行正常的社会交往，所以经常不被患者和家属注意。此时老人突出的症状是记忆障碍，尤其是近期记忆，患者经常忘记刚发生过的事情，而对以前陈芝麻烂谷子的事却记得颇为清楚，生活料理基本正常，家属有时还会误认为患者记忆力不错。此期的脑电图及头颅CT检查多为正常或仅在CT中发现轻度脑萎缩，智能检测常可以发现记忆力明显下降。

令人关注的是，在老年性痴呆发病之初，虽然老人会存在显著的记忆力减退、语言能力与计算能力等方面的障碍，然而依旧会有很多病人可以继续进行工作，原因在于其从事着个人熟知且了解的工作。若此时对其安排新的工作计划，那么他的工作能力退化才有可能被察觉到。

②中期（混乱期）

第二个阶段是患病中期，这一阶段病程非常长，通常在疾病发生之后的两年到十年中。进入该时期，患者的记忆力衰退会非常显著，不但无法记清近期出现的事情，而且远期记忆同样会显著衰退，很难精准的回忆出从前生活里产生的重要事情，比方说子女的生日、工作成就、结婚纪念日等，更有甚者，记不清个人一直在用的电话号码。与此同时，病人的认知能力、判别能力同样会出现衰退，不清楚今天是哪年哪月哪日，是何种季节；不知道在天冷天热时及时添衣减衣，不知道怎么穿好衣物和鞋子，比方说在天气暖和时，依旧身披羽绒服，或者身上穿了很多件衬衣，把内衣放在外衣外面穿等等；把物品摆放于不恰当之处，比方说把电熨斗放置于冰箱中，将手机放置于水中；病情加重时，不知道怎样大小便，不认识亲人朋友，不知道男性和女性的区别，不认识自己是谁，思维逐渐退化，在讲话过程中不知所云，所讲内容驴唇不对马嘴，他人无法明白其所表述的内容。在这一时期后期，病人通常已经很难照料个人的生活起居。

这一阶段病变的特征还体现在行为障碍、人格障碍与性格障碍。一些病人的性格变化与行为变化非常显著，比方说过去性格温顺，待人宽厚，如今性格易怒，容易暴躁，斤斤计较；过去脾气非常差，如今十分听话乖巧，性格温顺；一些患者整天没有事做，反复徘徊踱步、乱捡废品、莫名憨笑；一些病人活动非常少，经常在某个角落发呆，对身边的事物极为漠视；一些病人忧虑烦躁，坐立不安，无缘无故的吵闹；还有部分患者四肢痉挛，行为受阻，动作不灵敏，存在神经系统症候；部分病人外出距离稍微较远时便会迷路，在个人熟悉的环境里也会迷路。在此阶段病人脑电图检测能够看到慢波显著增长，脑部CT检查能够看到脑沟增宽、脑室明显增大、皮质有所萎缩等不正常情形，智能测试结果显示病人记忆力、思维判别能力、定向能力显著下滑。

行为、性格及人格障碍也是此阶段病变的特点。有些患者表现出明显的性格和行为改变，如以前脾气温和，为人宽厚，现在却变得脾气暴躁，心胸狭小；以前脾气很坏，现在却特别听话。有的终日无事忙，无目的地徘徊，收集废物，无原因地傻笑；有的患者则活动很少，呆坐一隅，对周围任何事物毫不关心；有的患者焦虑不安，甚至不分白天黑夜地吵闹不休；也有的出现四肢痉挛，动作不灵活等神经系统的症状。有些患者走得稍远一点就有可能迷路，有的甚至在很熟悉的环境中迷路。此期脑电图检查可见到慢波明显增多。脑CT检查常可发现脑室增大，脑沟增宽，皮质轻度萎缩等异常。智能检测提示记忆力、定向能力、思维判断能力都明显降低。

③晚期（极度痴呆期）

第三阶段为晚期阶段，一般在发病后8~12年。主要表现为非常明显的智能障碍，患者与周围环境已无法正常接触，语言支离破碎，毫无意义，最多只能记起自己和配偶或照料者等一两个人的名字。多数患者表情淡漠，终日少语少动，可出现肢体强直、挛缩，步态不稳，约有1/3的患者会发生癫痫，生活完全不能自理，需要他人24小时看护。此期脑电图检查可见到全面的慢波化、重度异常。脑CT检查可发现广泛的脑萎缩。记忆及智能检测已无法进行。

（4）阿尔茨海默病的早期信号

与其他疾病一样，阿尔茨海默病也必须进行早期治疗和干预，即越早治疗效果就会越好。但是早期的症状表现经常会被医生、患者家属或朋友所疏忽，或者将一些临床表现误解为年老所致，甚至认为是衰老的正常现象。由于这些症状多是逐渐发生，因此很难确定患者是从何时开始发病的。

由于阿尔茨海默病患者早期看起来都很健康，其行为举止等表现基本与常人无异，社会技能也比较完好，可以正常与同事和邻里交往，还可以参加一部分社会活动，因此他们在从事日常生活活动出现困难时很容易让人以为他们只是“变懒”了。但细心的家属和子女以及关系较好的老朋友才可能会觉得其中有些不对劲的地方不仅仅是“变懒”的问题。下面是阿尔茨海默病的 10 个早期常见表现：

第一，记忆力减退。患者记忆力减退以近事遗忘最为突出，是痴呆早期最常见的症状。患者对当天发生的事不能记忆，刚刚做过的事或说过的话不记得，熟悉的人名记不起来，忘记约会，忘记贵重物品放何处。

第二，难以完成熟悉的工作。痴呆患者难以胜任日常家务。例如，患者可能不知道穿衣服的次序、做饭菜的步骤。

第三，语言障碍。痴呆患者可能经常忘记简单词语或以不常用的词语来代替，结果说出来的话让人无法理解，叫不上日常物品的名字，口语量减少。

第四，计算力减退。患者常算错账、付错钱。

第五，时间和地点定向障碍。患者经常会忘记今天是星期几，记不清具体的年、月、日，熟悉的地方也会迷路。

第六，空间定向力障碍。患者经常会穿外套时手伸不进袖子，迷路或不认得家门，不能画简单的几何图形。

第七，判断力受损，抽象思维困难。痴呆患者反应迟钝，很难跟上他人交谈时的思路。

第八，情绪或行为改变。患者的情绪可以变得极不稳定，较以往抑郁、淡漠或易激动、焦躁不安、注意力涣散。

第九，人格改变。患者的为人处世较病前不同，如怀疑家人偷窃自己的钱财或把一些不值钱的东西也藏起来。

第十，兴趣丧失。患者可能变得消极，缺乏主动性，长时间坐在电视机前消磨时光或终日昏昏欲睡，对以前的爱好也失去了兴趣。

以上都是阿尔茨海默病的一些早期信号。当然不是早期阿尔茨海默病患者都会出现上述表现，也许只出现某几种，也许部分症状更为突出一些，但家属一定要注意这些征兆，当老年人出现记忆力下降及情感改变等症状，应尽早去医院检查，以免延误治疗的时机。

7.2.1.3 阿尔茨海默病的提早预防与诊断

阿尔茨海默病是以记忆障碍、运动障碍、认知障碍等为主要临床症状的进行性神经系统变性疾病。目前还没有理想的治疗方法，因此，早诊断、早预防很重要。

（1）阿尔茨海默病的提早预防

①依据阿尔茨海默病的发病规律进行预防

与阿尔茨海默病相关的很多危险因素与人们日常生活方式有关，因此，预防阿尔茨海默病应从中青年做起。如养成良好的饮食、休息和用脑习惯，尽量避免患上一些慢性疾病，包括高血压、糖尿病，还应控制血脂、避免脑外伤等。

②重视营养，均衡饮食

多食用三高（高蛋白、高维生素、高纤维素）和三低（低脂肪、低糖、低盐）食品，戒烟、戒酒。合理安排一日三餐，保证人体所需的营养成分，防止体重增加，避免使用铝制炊具等。

③坚持适度锻炼和适当训练，减缓大脑的衰老

经常做适度的有氧运动，可以增进循环系统健康，促进足够的氧气供应大脑，保持脑细胞代谢旺盛。多进行益智训练，如手的运动对大脑是一种良性刺激，可增加脑血流量，满足大脑的需求，因此，老年人可多做益智活动训练。

④调控情绪，保持良好心态

老年人应尽量避免不良心理刺激，学会自我控制和自我调节，遇事要想得开，不以物喜，不以己悲，保持一颗平常心。年轻的心态是一剂最好的健脑良药。

⑤老有所为，勤于用脑

人要活到老，学到老，用脑到老，在生活中不断创造。老年人要多走出家门，多参加社会活动。平常要常看有益的书报杂志、影视节目，练练书法、学学绘画，或与人对弈、弹拉歌曲，也可学电脑、学外语、玩智力拼图和模型等。

（2）阿尔茨海默病的提早诊断

事实上，阿尔茨海默病无法完全治愈，而且是一种不可逆转的疾病。然而，多年的照护经验表明，早发现早干预是最有效、最科学的抑制病情恶化的手段。阿尔茨海默病老人给患者本人、亲人、家庭照护者带来了巨大的身体、情感和经济方面的压力，如果不重视早预防、早诊断、早干预，后果更加严重，因此，需要重视阿尔茨海默病的早诊断和早干预，注意他们早期发病信号，如发现记忆力减退、判断力差、书写困难、言语障碍、人格改变等，要尽早就医，做到早发现、早干预，才能缓解身心机能的急剧衰退。

另外，阿尔茨海默病早诊断早干预还有下列意义：

①早期诊断，就可以早期干预。只有早确诊，老年患者才能在照护者的帮助下，采取有效的方法来保持生活能力，最大限度地减少并发症，提高生活品质。

②早期诊断，才能让患者在还有决策能力的时候做出决定，包括计划未来

的照护方式——居家照护还是去养老机构养老？在法律和财务方面可以做好准备。

③早期诊断还可以让家庭照护者获得辅导和培训，并有时间寻找社会照护和支持资源。就算后来把老人送到养老机构，也能够和护理人员一起制订更好的照护计划，而机构专业护理人员也能够从患者家人那里多多了解老人，以提供以人为本的个性化照顾。

7.2.1.4 阿尔茨海默病的日常护理知识

对阿尔茨海默病老人进行护理涉及的工作非常复杂与烦琐，护理人员一方面要投入很多时间、精力与耐心，另一方面也要对这种疾病的特征有所了解，维持乐观的态度，这样才可以让病人在温暖的气氛下颐养天年。养老院、居家养老机构、社区养老机构以及老年公寓等服务机构内存在大量的阿尔茨海默病老人，他们的智力退化、记忆力障碍非常普遍，怎样对其进行更好的护理，使病人减轻病痛，避免疾病进一步蔓延呢？这要求养老服务人员掌握如下知识与技能。

（1）日常护理知识

①生活护理。协助并引导阿尔茨海默病老人形成有节律的睡眠习惯，保证他们的睡眠质量，尤其是对精神兴奋型的病人要给予广泛关注，对失眠的病人可为其提供剂量合理的安眠药，室内温度要偏向凉爽，衣着适宜。护理人员要按照计划时间帮助患者进食、吃药、休憩、参加室外活动，避免病人产生意外。

②饮食护理。大部分阿尔茨海默病患者会存在气血不足的情况，在护理过程中，要为其提供营养充足的饮食，比方说瘦肉、蒸鱼、红枣燕麦粥、鸡蛋等。针对一些体重过重的病人，要为其提供清淡的食物，多吃水果与蔬菜，比如芹菜、香蕉、苹果、豆芽、油菜、黄瓜等。

③活动护理。患有阿尔茨海默病的病人需要每日清早或夜晚在空气较好之处进行散步，通过快走等方式活动筋骨，能够提升他们的摄氧量，刺激患者的脑细胞，避免脑细胞退化，同时对这种疾病的康复也十分有利。展开头颈向左向右旋转运动，通过这类躯体运动，一方面能够让患者的上脊椎转动更为灵活，防止老年人患上脊椎骨脑底动脉循环不全等疾病，另一方面也能够预防老人脑动脉硬化，这些举措也是阿尔茨海默病患者的有效护理模式。

④心理护理。因为阿尔茨海默病患者记忆力下降，理解能力衰退，所以在为其提供护理的过程中，大部分人反应非常迟钝，还有一些人会忘记护理人员提出的要求，动作缓慢。护理人员需采用微笑、亲切、自然、柔和的眼光和话

语对待他们，不急不躁，心平气和地与他们交谈，给患者以鼓励，帮助他们恢复正常的社交能力。

⑤康复护理。护理人员要注重指导老人进行功能训练，有目的地帮助阿尔茨海默病老人进行益智活动训练，恢复其生活自理能力，延缓其智力衰退。

（2）护理注意事项

众所周知，阿尔茨海默病对老人的危害是很大的，不仅身体受到伤害，也会给其心理上带来巨大创伤。因此，护理阿尔茨海默病患者需要注意以下事项。

①细致地进行生活照看。掌握老年病人的睡眠习惯与方法，为其设定恰当的作息时间，全面考量病人的兴趣、喜好与特长，强化病人饮食的营养均衡，保障食材多元、丰富、有营养，主要摄入容易消化、蛋白含量高、纤维素较多、低脂食物。在喂取食物过程中，应当缓慢进行，避免老人噎到或呛到。另外也要关注病人辨别、理解所摄入食物的能力，掌握他们的饮食习惯。

②关注病人情感波动，增进沟通与交流。对患者人格给予充分尊重非常关键，不能伤害他们的自尊心，可采用触摸等动作与温和的言语，使之感受到关注与抚慰。在讲话过程中，声调应当低一些，态度必须亲切，速度要慢，切不可嘲笑患者，同时也不能随便拒绝病人的要求。

③增强防备力度，规避意外事件出现。对病情严重的病人，必须二十四小时陪护，病情轻微的病人，只要在其活动范围之中强化看护即可。不可允许病人独自出行，防止迷路。应当在患者的口袋中装上写着他们名字、住址、联络方式的安全卡。家庭安全同样要引起关注，比方说使患者穿上防止滑倒的鞋子；在厕所、浴室等位置安上扶手；对卧病在床的患者安装护栏等。

④对于有异常行为的病人，要反复进行强化训练。如果病人有随地大小便的现象，家人就应掌握病人大小便规律，定时督促病上厕所，帮助病人养成有规律的生活，活动时间不易太长，周围环境要相对清静，病人有不合理要求时，要劝阻或分散其注意力。

⑤对重症患者，经常进行口腔护理，并对其皮肤和隐私部位等进行清洁护理。多为卧病在床的患者翻动身体，拍打身体，晾晒被子，每天及时通风，此外也要为患者进行肢体关节的活动，以维持肢体的正常功能，规避出现肌肉萎缩或者是关节畸形。

⑥ 细心观察患者病情的变动。由于患者感觉不灵敏，主动能力缺失，因此必须增强对其躯体变动的洞察能力，对疾病做到早发现早治疗。

7.2.2 老年抑郁症及其护理

7.2.2.1 老年抑郁症及其危害

（1）抑郁的概念

抑郁是人类出现频率最高且十分重要的一种情绪，所有的个体在完整的生命过程里，都会感知到这种情绪。不管是我国还是国外，抑郁这一词汇很早便出现了。我国古代所保存的中医文献对“郁症”这种情绪类型进行了清晰的记录。抑郁（Depression）这个词汇发源于拉丁文“Deprimere”，含义为“下压”。17 世纪以后，其被用于表现人的情绪状态，它的主要症状被称为“缺乏快乐”（anhedonia，源于希腊文），含义为失去体验快乐的能力。

抑郁在心理学探究方面，通常也被看作抑郁倾向或者抑郁情绪。心理学领域的研究者对抑郁情绪的探究给予了广泛关注。本书中提及的抑郁情况同样指的是抑郁情绪，它所反馈出的是一般个体存在的主观感受。抑郁情绪包含四项特点：第一，悲观厌世、无助失望、淡漠的心境；第二，睡眠存在障碍，性欲下降，食欲不足，对事物失去兴趣；第三，自我评价消极，自信心骤减，常常感觉没有价值，自卑情绪严重，抑郁严重者会出现自杀心理；第四，活动能力退化，面对社会交际、家务活动、工作学习等方面，经常退缩和回避。对普通人来说，抑郁的发生率达到了 13%～20%，重度抑郁达到了 5%左右，抑郁对不同地位、受教育水平、性别、年龄、种族的人都会产生影响。根据相关探究资料可知，这几年抑郁的发生率存在一定程度的提高，针对抑郁的探究得到了社会各界的高度重视。

（2）老年抑郁症的概念

老年抑郁是非常普遍的一种老年期精神障碍。由广义层面而言，老年抑郁症指的是出现在老年期（60 岁以上）这类特定群体身上的抑郁症，具体包含两类，首先是原发性抑郁症（包括青年时期发病，老年时期复发）；其次是老年期的各类继发性抑郁。就狭义层面而言，这一概念主要指的是年龄超过 60 岁第一次发病的原发性抑郁。根据国际通行的精神疾病诊断与分类系统可知，ICD-10、DSM-IV 以及中国的 CCMD-3 都没有把老年抑郁作为一种独立诊断的疾病类型，但是它的具体发病年龄、临床症状和一般抑郁症也存在很多差别。伴随老年人口数量越来越多，病人的发病率逐年攀升，老年抑郁症逐渐变成了老年期非常普遍的一种精神障碍，这种疾病应当获得心理学领域与医学领域的高度关注。

就老年抑郁症的发病率而言，因为采用的调研方式，比方说年龄架构、诊断标准、样本渠道、筛选模式等存在差别，获得的结果通常差距悬殊。患有抑郁症的老年人里，女性和男性对比发病率高得多。由于老年妇女得抑郁症的比重超过25%，和老年男性对比超出甚远，因此专家反复强调，老年妇女的抑郁症防范和治疗非常关键。女性容易患有这种疾病，主要是因为在她们的生命周期之内，会对激素分泌形成影响的“特殊时期”多于男性，比方说绝经期、孕期或者是哺乳期等。女性进入绝经期之后，假如患上了更年期综合征，那么大部分很容易产生不同程度的抑郁症状。

（3）老年抑郁症的危害

老年人非常容易出现抑郁症，而且很容易被忽略。如今，抑郁症已经成为一种非常常见的慢性疾病，存在很大危害，而且有着极高的致残率，必须得到重视。通过世卫组织发布的最新资料可知，截至2020年，抑郁症已经变成了位居癌症之后的人类健康杀手，老年人出现的自杀心理与行为存在50%~70%的原因在于患有抑郁症。就老人自身而言，抑郁症很容易造成他们身体功能衰退，精神运动受阻，情绪异常失落，极易使之产生自卑自负、体重骤减、食欲较低、悲怀厌世、疲倦无力、闭经绝经、夜不能寐等问题。除此以外，抑郁症也会使老人面临如下危害：

①睡眠障碍。原来睡眠质量非常高的老人，有可能忽然无法入睡，一些人尽管能够入眠，然而很早便醒了，还有一些人睡觉之后又自我感觉没有入睡，也就是“睡眠感丧失”，这时，采用抗神经衰弱的药物进行治疗通常成效较差。

②便秘。以前大小便正常的老人排便会越发困难，情形严重的，一个星期都无法排便，另外也会产生一系列消化系统障碍，比方说食欲减退、不想进食，也有一些人会产生口臭、腹胀等症状。

③心血管异常。患有抑郁症的老人很容易产生血压过高、心率过快以及部分冠心病的症状，这类老人大部分性格较为内向，患病以前不擅长与人交往，患病之后并未获得亲朋好友、家庭成员的理解与支持，又或者是无法排解抑郁情绪，这对其身体康复极为不利。

④自杀念头与行为。老人抑郁症呈现出显著的慢性化特征，一些老人无法抵御抑郁的折磨，迸发出了自杀的想法，希望能够通过死亡得到解脱。这种疾病很难在短期之内被察觉到，待到被察觉之时，症状已经十分严重了，更有甚者许多老人早已出现了自杀的意识与行为。据此可知，老年抑郁症造成的危害非常严重。

7.2.2.2 老年抑郁症的诱发病因

对于老年抑郁症的致病成因，现阶段并未完全确定，也许和遗传要素、生化要素和社会心理要素等息息相关，诸多要素彼此交织，相互影响，都对抑郁症的形成产生了显著影响。

（1）遗传因素

通过调研了解到，40%～70%的老年人存在遗传倾向，也就是说，超出50%的老人存在家族遗传史，所以抑郁症老人的家庭成员，尤其是近亲出现抑郁症的危险性和普通人对比要高得多。中外学术界对老年期情感障碍相关遗传要素展开了大量探究，结论表明，老年期第一次发病的老人，遗传负荷和早年发病者对比要低得多。现阶段，对于老年抑郁症遗传形式并没有形成清晰的结论，大部分学者表示此病来源于多基因遗传。

（2）社会心理因素

一方面，老年人在生理“老化”的同时，心理功能也随之“老化”，心理防御和心理适应的能力减退，一旦遭遇生活事件便不易重建内环境的稳定，如果又缺乏家庭和社会的支持，心理活动的平衡更难维持；另一方面，老年期更易发生重大生活事件，如躯体疾病、外伤、活动受限、失明、失聪、离退休、经济困窘、生活环境恶化、社交隔绝、丧亲和被遗弃等。因而，遭受各种心理应激的机会也越来越多。因此，社会心理因素在老年抑郁症发病过程中的作用就显得更为突出。此外，病前人格特征如焦虑、强迫、冲动等特质也与老年抑郁症的发病有关。

（3）生化代谢和神经内分泌异常

神经递质代谢研究和精神药理学研究资料初步证实了中枢神经递质代谢异常可能与老年抑郁症的发生有关。主要有5-羟色胺（5-HT）假说、去甲肾上腺（NE）假说、多巴胺（DA）假说及γ-氨基丁酸（GABA）假说等。目前以5-HT假说和NE假说较为肯定。但具体的作用机制还不明确，针对老年期情感障碍的研究更少。

研究发现重性抑郁老人，存在下丘脑—垂体—肾上腺轴（HPA）和下丘脑—垂体—甲状腺素轴（HPT）的功能异常。神经内分泌改变的病理生理意义目前还不明确，有待于进一步研究阐明

（4）大脑解剖结构和病理改变

近十几年来，CT和MRI技术相继用于情感障碍的研究。国外研究提示，老年期抑郁症患者有脑室扩大的倾向，且有脑室扩大者的发病时间较晚，两年死亡率明显增加，提示器质性脑损害对老年期抑郁症可能具有一定的病因学意义。另有学者认为，晚发病的老年性抑郁与早发病者相比较，脑室扩大和皮质萎缩更明显，故脑组织退行性变可能对晚发性老年抑郁症的病因学意义更大。

但是目前关于老年期抑郁症患者的脑形态学研究尚未完全成熟，有待进一步积累资料追踪研究。

7.2.2.3 老年抑郁症的类型及临床表现

常见的抑郁症类型及其临床表现有以下几种：

（1）心因性抑郁

病人不能体验乐趣是心因性抑郁较常见的特点。病人不但对生活的热情和乐趣下降，越来越不愿意参加正常活动，如社交、娱乐，甚至闭门独居、疏远亲友。病人对外界刺激比较敏感，如失业或收入减少、健康状况不良、子女因结婚而离开家居住、丧偶孤独等等。心因性抑郁多以情绪焦虑、沮丧开始，可伴有抑郁症状，严重时可有自杀倾向，易反复发作，每次发作症状相似。

（2）内因性抑郁

内因性抑郁可表现为抑郁与躁狂交替或单纯的抑郁症状，躁狂症状较轻，持续时间较短。老人整日有气无力，行动迟缓，情绪忧郁，白天卧床不起，夜里不睡，此类老人自杀倾向较重，家属应密切观察其异常情绪变化。老年病人对忧伤的情绪往往不能很好表达，常用“没有意思，心里难受”或对外界事物无动于衷，常否认或掩饰心情不佳，甚至强颜欢笑。亲属及熟人也可能意识不到其患有严重情感疾病，而只以为是些躯体的“不舒服”，病人常被误认为患有严重躯体疾病而送到综合医院接受医学检查，导致延误治疗时机。

（3）疑病型抑郁

老人往往过度关注自身健康，以躯体不适症状为主诉（消化系统最常见，便秘、胃肠不适是主要的症状），主动要求治疗，但往往否认或忽视情绪症状，只认为是躯体不适引起的心情不好。有时也因身体的轻微不适、治疗无效诱发，逐渐出现疑病与抑郁的情绪，严重时会怀疑自己的所有器官都有问题，抑郁症状也会不断加重。

（4）焦虑性抑郁

焦虑性抑郁患者精神创伤可有可无，表现为焦虑烦躁，坐立不安，易怒，半夜起身喃喃自语。焦臣性抑郁患者见到医生就抓住双手不停地诉说躯体不适，有时躯体焦虑完全掩盖了抑郁。也有的焦虑性抑郁患者无故报怨人们对他不好，以致使人无所适从。

（5）假性痴呆型抑郁

认知功能障碍也是老年抑郁常见的症状。患者情绪低落，反应迟钝，对周围事物不感兴趣，对日期、地点、亲友姓名、日常生活事物一问三不知，给人以痴呆的形象。经过抗抑郁治疗后，痴呆症状也随之消失。国外作者称此种抑郁为抑郁性假性痴呆。其中一部分老人会出现不可逆性痴呆。

7.2.2.4 老年抑郁症的认识误区及预防

抑郁症严重影响着老人的身体健康，并且，抑郁症不单对老人自己的身心健康不利，对周围的亲人也有很大的危害，因此，对于抑郁症应早预防、早诊断。如果能及早地识别抑郁症的早期表现，对老人自身的病情特点、发病原因、促发因素、发病特征等加以综合考虑，就可制定出预防复发的有效方案，做到“防患于未然”。

（1）对老年抑郁症的几个认识误区

①误区一：只是情绪问题，不是疾病

抑郁症是一种常见的精神疾病，患病率很高。人都有情绪不好的时候，但情绪不好到了一定程度，持续到一定时间，就可能是抑郁症，就不应该被认为是通常的情绪不好，而应该以抑郁症来对待。

②误区二：老伴去世，悲伤过度，不是得了抑郁症

亲人去世后，亲属（居丧者）一定非常痛苦，情绪行为也一定与平常不同，医学上称作居丧反应。居丧反应是一种正常的悲痛反应，亲属经常向周围人诉说悲伤的心情，会有轻微的负罪感，如认为自己没有照顾好死者，会有轻微的体重减轻与睡眠紊乱，但在2个月内严重症状会消失，居丧者会试图重返工作和社会活动，如尽量与家庭成员在一起或去工作，居丧者主动通过这些方式来转移注意力，摆脱悲痛情绪，1年内情绪逐渐平稳。而居丧抑郁症老人是一种异常的悲痛反应，与居丧反应有多方面不同，抑郁症老人会有强烈的负罪感，认为自己有罪，会有强烈的无价值感，认为自己活得毫无意义，经常考虑或企图自杀，有明显的体重减轻和睡眠紊乱，这些严重的症状持续2个月以上，老人几乎不想也无法重新开始工作与社会活动，这种异常的情绪可持续1年以上。因此，切不可把抑郁症当成正常的居丧反应。

③误区三：退休后抑郁，是不适应

遇到不如意的生活事件，医学上称作不良生活事件或负性生活事件，每个人都需要一个适应过程。在此过程中，可能会出现抑郁、焦虑的情绪。性格开朗、心理素质好的人，能很快度过这一时期，接受现实，正确面对以后生活；性格不开朗、心理素质差的人，则可能出现持续较长时期的抑郁、焦虑情绪。医生判断老人是否得了抑郁症，是根据前面所述的抑郁症临床诊断标准，不管有无重大刺激，不管是什么性格类型，只要严重到一定程度，满足标准，就诊断为抑郁症，就应该进行抗抑郁治疗。当然，抑郁症与性格、生活事件有密切联系，性格不开朗、不乐观的人在不良生活事件发生后，更容易得抑郁症。中

老年抑郁症患者发病前常有家庭矛盾、经济纠纷、身患重病等诱发因素。特别是在离、退休后，由于离开工作岗位，社会活动圈子缩小，老人更容易产生孤独、无助、自卑等不良心理，很容易患抑郁症，不可掉以轻心。

④误区四：只是身体不好，没有精神问题

有些中老年抑郁症患者，往往主诉最多的是躯体的各种不适，到多家大医院各个科室反复检查，但又找不到任何器质性的病因。其实，在这些躯体不适下常掩盖着老人内心抑郁的体验。遇到这种排除躯体疾病后的老人，经过专科医生的仔细询问，能发现老人内心存在着无愉快感、无兴趣、精力缺乏等抑郁体验。这种情况，医学上称作隐匿性抑郁。经过抗抑郁治疗后，躯体不适将缓解。

⑤误区五：也就说说，不会真的自杀

患抑郁症老年人长期心情低落，愉快感丧失，觉得自己没用了，没有希望了，生不如死，经常出现自杀想法，自杀企图，甚至有自杀行为。与青壮年老人相比，老年抑郁症患者一旦下决心自杀，意志更加坚定，行为更加隐蔽，自杀的发生率也更高。因此，抑郁症老人只要有自杀想法，就必须严加护理，千万不可忽视。

（2）老年抑郁症的提早预防

①早发现、早诊断、早治疗

如果能及早识别抑郁症的早期表现，对老人自身的病情特点、发病原因、促发因素、发病特征等加以综合考虑，就可制定出预防复发的有效方案，做到“防患于未然”。

②加强心理治疗与社会支持

对于病情趋于恢复者，应为其介绍卫生常识，进行多种形式的心理治疗，要求病人能正确对待自己，正确认识疾病，锻炼自己的性格，树立正确的人生观，面对现实生活，正确对待和处理各种不利因素，争取社会支持，避免不必要的精神刺激。

③危险因素及干预措施

老年期抑郁症与心理社会因素息息相关，因此，预防危险因素并采取干预措施是十分必要的。预防的原则在于减少老年人的孤独及与社会隔绝感，增强其自我价值观念。具体措施包括：鼓励子女与老年人同住，安排老年人互相之间的交往与集体活动，改善和协调好包括家庭成员在内的人际关系，争取社会、亲友、邻里对他们的支持和关怀。鼓励老年人参加一些力所能及的劳动，培养多种爱好等。

④社区干预及家庭干预

争取在社区康复服务中心进行社会技能训练和人际交流技能训练，提高独立的生活能力，发展社会支持网络，帮助病人重新获得人际交往的能力。家庭干预包括以心理教育与亲属相互支持为主的干预及生存技能、行为技能训练为主的措施。

7.2.2.5 老年抑郁症的诊断依据

目前，诊断老年期抑郁症主要依据病史、精神检查和躯体检查的资料，以及现象学描述的办法，尚无特异性的诊疗措施。根据中国精神疾病分类和诊断标准，老年期抑郁症应满足以下条件：

第一、以情绪低落为主要特征，并且持续至少两周。

第二、在情绪低落的基础上，应具有以下中的至少四项：①对日常活动丧失兴趣、无愉快感；②精力明显减退、无原因的持续疲乏感；③精神运动迟滞或激越；④自我评价过低、自责、有内疚感，可达妄想程度；⑤联想困难，或自觉思考能力显著下降；⑥反复出现想死的念头，或有自杀行为；⑦失眠、早醒、睡眠过多；⑧食欲不振、体重明显减轻；⑨性欲明显减退。

7.2.2.6 老年抑郁症的心理护理方法

老年抑郁症的心理护理方法很多，常见的且行之有效的方法有认知疗法、支持性疗法、行为治疗法、人际关系治疗法、回忆疗法、音乐疗法等。这里主要侧重于认知疗法、回忆治疗及其应用。

（1）认知疗法

①认知疗法的概念

20 世纪 60~70 年代，美国出现了认知疗法（congnitive therapy）。认知就是认知过程或认知活动，具体涉及思维和想象、观念体系及信念。因为相关要素的影响，比如知识，文化等，不同人对问题的看法有所差异。认知疗法基于人的认知过程这一前提条件，对其行为以及情绪理论假设造成影响，从而采取的认知与行为方法，目的在于改变求助者不良认知，矫正其不良行为。

②认知疗法的核心——重建认知结构

对于某个事物或者对象来说，个体所具备的看法或者观点称为“认知”。认知也包括个体对自身的看法，包括个体对他人的想法，以及对其他事物的看法等。这些看法会对个体的心理活动带来一定的影响，部分影响是积极的，部分影响是消极的。要使某种消极心理被克服，可以采取改变个体对这些事物的看法的方式。总而言之，技术核心在于转变求助者的歪曲认知。

一般情况下，认知歪曲的表现方式包括以下几点。

第一，任意推断。其具体含义指的是在证据不足的情况下随随便便给出结论。例如“我太没用了，因为我去买东西的时候商店关门了。”

第二，选择性概括。其具体含义指的是对某一件事情来说，只是参考性的细节获得结论，而不考虑其他方面，也就是典型的以偏概全。

第三，过度引申。其具体含义指的是通过某个琐碎事情获得结论。例如“因为我不了解一个问题，因此我是个笨人”。

第四，夸大或缩小。对于某个事件来说，评价其意义的过程中不够公平公正，而是歪曲事实。例如“只是随意地开了个玩笑，并不是真正地撒谎，但是却认为对方丝毫没有诚意”。

第五，极端思维。这种思维认为生活就是非黑即白。比如求职没有成功，就会出现以下思维，“我太沮丧了，我真的很没有用，没有企业聘用我了”。

比如，对于同一个医院而言，从小孩角度来看，他们可能认为这是一个非常恐怖的地方，来到这个地方就要打针。对于普通人来说，他们可能认为这就是一个救死扶伤的场所，能够帮助患者减轻病痛。但是，对于部分老人而言，他们可能认为这就是一个通往坟墓的门。因此，其核心并不是“医院”从客观角度来说是什么，而是在不同人的眼中，他们将其看成什么。不同人的认知是有差异的，而这种认识就会影响他们的行为。

再比如，一个个体始终觉得自己表现较差，让我自己的父母也对自己感到不满。所以，无论做任何事情，他都充满了自卑感，情绪也比较低落。认知疗法通俗来讲就是帮助个体对自我有一个新的认知，通过客观评估自己以提高个体信心。

艾利斯是认知治疗的重要代表。他提出，对一个个体来说，之所以会出现这种情绪和行为，其根源就在于该个体对某个事件的解释和评价，包括其对这个事情的认知和信念等。也就是说，如果其认知和信念不够准确合理，那么，必然会出现不正确的情绪或者不良的行为反应。一旦出现这种情况，就要对个体进行及时的疏通和引导，让他重新建立理念，以此来实现治疗的目标。这种理论称为认知行为治疗。

（2）回忆疗法

①回忆治疗的概念

这一概念来源于老年精神医学。对老人进行一定的引导和鼓励，让他们回忆之前的生活，帮助他们重新认识自我，降低他们的心理压力，缓解他们的情绪，提高他们的自尊和信心，这种方法其实就是一种比较简单的心理干预方式。在西方国家，很多专家专门分析了这种方法的效果。他们认为，该方法具有一定的可行性，同时也具有一定的价值，可以有效地帮助老人缓解抑郁情绪。然而，我国和西方国家是有所差异的，所以，方法也并非适用于所有的老人，实施过程中还需要谨慎仔细。

②回忆疗法的护理技术

在使用该疗法的过程中，主要方式就是引导老人讨论并分析他们之前的事情，或者和他们共同分享之前的照片以及之前的收藏品等，以此来勾起他们的记忆，并使他们能够积极地和干预者交流。

根据部分研究，对于老年人而言，他们往往是回顾自己的人生经历，以此来达到内心的满足。假如他们无法实现完整，那么必然会对人生充满不良的看法，导致他们自身出现一些不良情绪，比如抑郁等，还有可能产生绝望的情绪。该方法就是引起他们回顾之前都不堪的事情，对其进行再次分析，赋予其新的意义。但是，该方法的重点并不在于这个事件，而是要引导老人转变心态和想法，能够及时走出阴影，正确看待自己的经历和生命。

Hwang 等（2003 年）在分析过程中结合回忆治疗理论基础，指出了标准化操作的不同阶段，具体包括以下几方面。

第一，如果老年人生活的环境具有一定的压力，而且老人也经过了各种各样的重大事件，或者经过了很多重大的变化，那么，这对于回忆治疗而言是非常有利的，这也是治疗的首个阶段。

第二，对护理人员来说，必须高度关注这些改变。并由此进入第二阶段，全方位评估老人的心理健康情况。评估过程中，使用的方法也非富多样，主要有自评问卷，观察测量，他评问卷等。除此之外，必须要确保评估工具有一定的效度以及信度。

第三，针对不同的老人建立相应的目标。上个阶段进行评估之后，如果发现他们有不同程度的社会孤立，或者有一定的抑郁情绪，就要及时的设定目标，确保目标具有针对性。随后，还要按照不同的护理诊断，给他们实施针对性的治疗策略。

第四，选择治疗类型。治疗不是间断的，而是连续的，所以，必须全面考量老人的实际状况。想要达成治疗目标，都需要结合不同形式的回忆治疗。

第五，对效果进行评估。长期效果及短期效果都是非常重要的。

（3）音乐疗法

①音乐疗法的概念

该疗法指的是在治疗过程中使用音乐达到预期目标，主要涉及重建、维持和促进生理及心理健康。对于一个个体而言，优美的音乐可以帮助他们发泄情绪，而且还有利于推动血液循环，甚至促进肠胃蠕动，提高新陈代谢的效率，使消极情绪得到缓解，推动身体健康发展。

②音乐疗法的护理技术

第一，音乐的选择。对不同的老人而言，他们的症状有所差异，生活环境也各有不同，自身的性格偏好等也存在差异。所以，作为医护者，音乐的选择也需要做到因人而异。比如，如果病人病情发作，而且情绪不高，精神过于萎靡，那么在治疗过程中会选择那些更加明快且生动的乐曲。如果患者情绪过于高涨，但是充满敌意，那么往往会选择那些比较轻松缓和的音乐。

选择的主要标准为：首先，音乐中的低音厚实深沉，内容必须丰富多样，无论是中音还是高音，音色都必须透明并且具有强大的感染力。其次，三要素必须和谐，分别是音色、响度和音频。

第二，音乐治疗方式。方式包括两种类型，首先，单一音乐治疗。其具体含义指的就是单纯听音乐，或者参加音乐活动，通过这样的方式来实现预期的目标。但是这种活动和普通的欣赏娱乐音乐也有差别。在治疗过程中，治疗人员需要结合老人的疾病差异，给出针对性的音乐处方，对于老人来说，接触不同的音乐，他们的机体也会出现相应的改变。其次，音乐电疗法。这种方法就是把音乐疗法和其他电疗法科学有效地融合在一起，使用频率最高的就是音乐电流的电击疗法、音乐磁场疗法以及电针疗法等等。该方法是通过结合传统的磁疗以及电疗等发展起来的，互相取其中的优势，达到更显著的疗效。

第三，音乐治疗疗程。一般每天需要治疗一次，一个疗程总共 7~14 次，每次时间大约 20 分钟。疗程和疗程之间的间隔时间为 7 天。病人必须实施两个疗程。在每一个疗程中，还要提供一定的集体性心理保健，实施音乐艺术讲座。对于特殊性病例而言，还要辅助个别心理治疗。

第四，注意事项。必须高度重视“三不宜”：空腹时，不宜听进行曲，否则会让人的饥饿感更强；吃饭时，不宜听打击乐，否则会导致人的心跳速度加快，情绪变得更加不稳定，导致食欲受到影响，同时也会影响消化；睡觉前，不能听交响乐，否则会让人心情过于激动，最终不能入眠。

7.2.3 老年焦虑症及其护理

7.2.3.1 焦虑症的概念

焦虑是个体由于达不到目标或不能克服障碍，致使自尊心或自信心受挫，或使失败感、内疚感增加，所形成的一种紧张不安且带有恐惧性的情绪状态。生活中，我们经常看到有些老年人心烦意乱，坐卧不安，有的为一点小事而提心吊胆，紧张恐惧。这种现象在心理学上称为焦虑，焦虑心理如果达到较严重的程度，就成了焦虑症，又称焦虑性神经官能症。焦虑症是以焦虑为中心的症状，呈急性发作形式（惊恐障碍）或慢性持续状态（广泛性焦虑），并伴有自主神经功能紊乱为特征的一种神经官能症，主要表现为无明确客观对象的紧张、疑惑、忧虑、坐立不安，常“预感”“设想”某种不好的事件将要产生，还有自主神经症状（发抖、心悸、眩晕、尿频尿急、胸部有压迫感、咽部阻碍感、腹胀腹泻、多汗、四肢麻木等）。

老年焦虑症起初只表现为突出的焦虑情绪，长期累积便会引发焦虑症。焦虑症和焦虑情绪不同，它会导致老年人身体免疫力下降，心情抑郁，深深影响老年人的正常生活，所以，一旦发现老年焦虑前兆就要及时治疗，防止病情恶化。现代调查显示，我国目前老年抑郁症或焦虑症的发病率在13%~27%，在刚步入老年的人群当中发病率更高。因此，老年焦虑症不容忽视。老年焦虑症高危人群有伴有躯体疾病者，居住在私人疗养院或伴有慢性疾病者。

7.2.3.2 焦虑症的分类

焦虑症一般有急性发作焦虑（惊恐障碍）和慢性持续焦虑（广泛性焦虑）两种。

（1）惊恐障碍。惊恐障碍又称急性发作焦虑，发作时病人常有濒临灾难性结局的害怕和恐惧，伴有濒死感或失控感以及严重的自主神经功能紊乱症状，老人发生强烈不适，伴有胸闷、心动过速、心跳不规则、头痛、头昏、眩晕、四肢麻木和感觉异常、呼吸困难或过度换气、出汗、全身发抖或全身无力等自主神经症状。其特点是发作的不可预测性和突然性、反应程度强烈，终止也很迅速，并且发作无明显原因或特殊情境，一般历时5~20分钟，很少超过1个小时，时隔不久又可突然再发。老人在发作期间意识清晰，病发之后仍有余悸，担心再发，多数老人由于担心发病时不能控制自我或得不到相应的帮助而产生回避行为，如不敢单独出门，不敢到人多热闹的场所，渐渐发展为场所恐惧症。

（2）广泛性焦虑症。广泛性焦虑症又称慢性焦虑症，是焦虑症最常见的表现形式，常缓慢起病，以经常或持续存在的焦虑为主要特征。广泛性焦虑症具有以下表现。

①精神焦虑。精神上的过度担心是焦虑症状的核心，表现为对未来可能发生的、难以预料的某种危险或不幸事件的经常担心。有的老人甚至不能明确自己到底在担心什么，就是一天到晚地担心，伴心慌出汗等症。有的老人虽然知道担心什么，担心的内容也与现实生活相关，但其担心、焦虑和烦恼的程度与

现实很不相称。此类老人常有恐慌的预感，终日心烦意乱、忧心忡忡、坐卧不宁，似有大祸临头之感。

②躯体焦虑。躯体焦虑表现为运动不安与多种躯体症状。运动不安：老人出现不停地来回走动，不能静坐，经常性摆弄手足，无目的的小动作颇多。还有的老人表现舌、唇、指肌的震颤或肢体震颤。躯体症状：气短、气喘、呼吸困难，并常有胸部、颈部及肩背部肌肉酸痛，出现紧张性头痛，还会伴有心动过速、皮肤潮红或苍白，口干，便秘或腹泻，出汗，尿意频繁等症状。甚至，有的老人可出现早泄、阳痿、月经紊乱等症状。

③觉醒度提高。觉醒度提高表现为过分的警觉，对外界刺激很敏感，易于出现惊跳反应，情绪易激惹，感觉过敏，怕光、怕水，或者怕听到水响，有的老人能体会到自身肌肉的跳动、血管的波动、胃肠道的蠕动等，并一再注意它。但需要老人集中注意力完成一项任务时，老人往往又难以做到，容易受其他事物影响。另外，老人常常睡眠欠佳，难以入睡、睡中易惊醒。

7.2.3.3 老年焦虑症的特点

老年焦虑症往往表现为心烦意乱、注意力不集中、焦虑紧张、脾气暴躁等。因其症状特点与其他精神类疾病有类似之处，所以极易混淆。因此，要鉴别老年焦虑症必须事先了解其特点。

（1）有躯体症状，本人痛苦，但查不出疾病。老年病人常因全身难受，不能躺，不能坐，不愿吃，不能睡，不能干活等而奔走于各综合医院。老年病人向医生述说自己头昏、头痛、头胀、脑门冒汗、厌食、胃胀气、便秘、胸闷难受等症，但经检查，并无异常，如颅脑 CT 无异常，胃肠透视、胃镜检查无异常，血化验正常，24 小时动态心电图无异常。虽有部分老年病人血压、血糖偏高，但无病史，并且与其所述痛苦程度也不符。因此，这些无器质性病理改变的疼痛感、头昏、气短、恶心、腹痛、睡眠不佳等症状，是焦虑症躯体焦虑的复杂表现。

（2）过度依赖，依赖医院，依赖亲人。老年病人常在儿女们的搀扶簇拥下进出各家医院，从西医到中医，从门诊到住院处，一年四季经常到医院就诊，或住上几次院。为此，病人的家人及儿女们付出很大的时间与精力，但病人的病情并不见好转，有时甚至越发厉害。弗洛伊德把这种现象解释为“后增益效应”，即神经症（包括焦虑症）产生后，病人缺乏安全感，需要呵护关照，达到精神上和物质条件上的满足。而此时家人给予病人过度治疗和无微不至的照料，使病人因病“受益”，于是神经症持续下去。

（3）产生与现实不符的过分担忧。老年焦虑症患者可能身体本无疾病，或有一点无伤大雅的小病，却老是担忧自己的病治不好，不断地去医院看病，并不断询问医生，或向自己的家人述说，但又忧心看病花钱多，或者过分不放心老伴的身体，不放心儿孙的前途等。这种“杞人忧天”式的恐惧担忧是老年焦虑症的核心症状，其主要表现是，与现实处境不符的持续恐惧不安和忧心忡忡。

（4）用药成瘾，不能自拔。为了降低老年焦虑症患者的负性情绪或改善其生理症状，医生会开药给老人，如苯二氮卓类药物，此类药物可使老人保持内心的平静，尤其静脉注射此类药物，虽然老人很快进入舒服、轻松、能睡状态，但长期用该药，却能成瘾，难以戒断，一旦停药，老人反应强烈，他们甚至会不断央求医生或护士，让其注射此类药品。然而，成瘾会使病情更加恶化，老人却意识不到这点。

（5）不隐瞒自杀想法。许多老年焦虑症患者认为焦虑症真是让人痛苦之极，宁可断胳膊断腿，也不想得此病。随着年龄的增加，老人耐受性变差，因此，老年焦虑症患者常常经不住折磨，最终选择自杀。其实，在生活中，他们也毫不隐瞒自杀想法，经常唠叨，实在受不了这个罪，不行，我得去死，你们谁也帮不了我。他们让家人去买安眠药，甚至商量怎么死。无论家人怎样劝说，帮其找乐，悲剧还是经常发生。

老年焦虑症是比较容易治疗的心理疾病，但因老年人常常有其他病症相伴，所以导致焦虑症难以识别，容易发展为其他严重的精神类疾病，以至于治疗困难，还可能引发高概率的自杀行为，因此，老年焦虑症不容忽视。

7.2.3.4 老年焦虑症产生的原因

老年焦虑症是影响老年人健康的一大杀手，那么哪些原因会导致老年焦虑症呢？如果找到原因，加以防止，就可以更好地减少老年焦虑症的发生，保持老年人的健康水平。

总体来说，老年焦虑症的发生既与先天的素质因素有关，也与外界的环境刺激有关。通常认为，人格因素与该病的发病有关，如具有时间紧迫感、喜欢竞争的A型人格特征的个体，常处于快节律、高压力的生活环境之下，易患惊恐障碍；常常处在现实压力之下，又对压力始终缺乏合理的应对方式的个体易患广泛性焦虑。具体而言，以下相关因素会引发老年焦虑症。

（1）遗传因素。遗传在焦虑症的发生中起重要作用，有人发现其血缘亲属中同病率为15%，远高于正常居民；同卵胞胎的同病率为25%，而单卵双胞胎为50%。另外，有人认为焦虑症是环境因素与易感素质共同作用的结果，易感素质是由遗传决定的。

（2）生物学因素。进入老年期后，身体各方面都开始发生老化，学习能力及记忆力明显下降，心理上对周围人的包容量变小，更容易引起适应障碍。老年人的脑部觉醒程度明显下降，易产生焦虑。同时，老年人的脑部和躯体疾病的发病机会也较多，造成脑的活动能力下降，也容易出现焦虑；反之，躯体方面存在的症状又往往使焦虑症状加剧，并可伴有大量的自主神经系统症状。

（3）人格因素。有人认为人在进入老年期后，生命的动力开始衰退，意志及进取心也逐渐减弱，灵活性也下降，人格特征失去柔韧性，不容易适应环境的变化。有人提出老年人性格变化的“环境脱离假说”，认为进入老年期后，随着社会活动改变、人际交往减少，与家人的情感交流也相应发生变化，老人对周围环境渐渐失去兴趣，必然引起本人的个性发生改变，变得保守、顽固、缺乏人情味、以自我为中心、嫉妒心强、易怒、不主动参与社会活动。这样的人格易引发心理疾病，如焦虑症，且由于老年人的人际交往少，社会支持也少，故而，当老年人有情绪问题时，得不到别人及时的疏导，易使情绪问题变复杂，最终演变为焦虑症等神经症。

（4）环境因素。人在进入老年后，所遇到的生活事件增多，如疾病缠身、医药费用上涨、退休、经济收入降低、丧偶等，因此，老年人要重新适应环境的变化，但由于其应变能力差，故而适应这些变化很困难。有人认为老年期遇到的社会心理问题犹如人生初期遇到的多种问题一样，也要花很大精力才能适应，而老年人的应变能力却明显降低，精力也大不如前，这些为焦虑症的产生提供了温床。

7.2.3.5　老年焦虑症的防治措施

（1）拥有良好心态。古人云：“事能知足心常惬。”首先，老年人对自己的一生所走过的道路要有满足感，对退休后的生活尽量适应。理智的老年人，不会老是追悔过去，悔恨当初自己的行为与决定，总去注意过去留下的脚印而忽视当下的幸福，而是注重开拓现实的道路。其次，应当控制心理情绪，切勿过度悲喜，放宽心态，遇事多往宽处想，让个人的主观意识和客观发展现实更为契合。

（2）重视自我疏导。轻度焦虑情绪的消除需要依靠自身来完成，在产生焦虑情绪之后，首先必须认识到这属于一种焦虑心理，应摆正对这种心理的态度，不能到处寻找理由掩盖这种焦虑心理；其次必须要增强自身消除焦虑心理的意识与自信心，发挥主观能动性，转移个人的注意力，使焦虑心理尽快消除。如果个人的注意力能够被转移至他处，那么心理层面获得的体验感与满足感便可以消除这种焦虑心理，这种方式是运用得非常普遍的一种情绪转移办法。

（3）注意自我放松。在老年人出现了焦虑情绪时，要学会采用自我意识放松的形式进行调节，即有意识、有目的地在行为层面呈现出快乐、自信、放松、愉悦，比方说找到非常舒服的位置，紧闭眼睛，逐渐对个人下指示：“放松头部、颈部、手指、脚趾、四肢……”通过意识的驱使，让个人实现全身放松，处于平静祥和的状态。通过全身放松，必然可以缓和焦虑心理，此外也可应用想象放松法排除焦虑不安情绪，比方说紧闭眼睛，在大脑里想象进入景色优美的的草地上，草地边有个小湖，湖心一片连绵的荷叶浮在清澈的水面上，含苞待放的荷花婀娜地立在其间，偶有几只蜻蜓点水飞过，湖面便荡起圈圈涟漪……

（4）接受心理咨询与心理治疗。当老年人感到紧张焦虑，用以上的方法，如自我放松、自我疏导等，都无法缓解时，可以主动寻求相关的人员进行心理咨询与心理治疗。

在对老年焦虑症进行治疗过程中，最关键的是依靠心理调节。对老年人群来说，可利用心理咨询的方式寻求别人的疏导，这样才有利于迅速恢复疾病。假如病人的焦虑症非常严重，那么此时可通过对医生或者是心理咨询师发起咨询的形式，明确致病原因与具体病理，接着利用心理治疗来排除忧虑情绪，消除相关影响要素，降低焦虑发作时出现的精神压力。草地边有个小湖，湖心一片连绵的荷叶浮在清澈的水面上，含苞待放的荷花婀娜地立在其间，偶有几只蜻蜓点水飞过，湖面便荡起圈圈涟漪……

（5）接受心理咨询与心理治疗。当老年人感到紧张焦虑，用以上的方法，如自我放松、自我疏导等，都无法缓解时，可以主动寻求相关的人员进行心理咨询与心理治疗。老年焦虑症在治疗时最主要的还是要靠心理调节，老年人可以通过心理咨询来寻求他人的开导，以尽快恢复。如果患了比较严重的焦虑症，老年人应向心理学专家或有关医生进行咨询，弄清病因、病理机制，然后通过心理治疗，逐渐消除引起焦虑的内心矛盾和可能有关的因素，解除对焦虑发作所产生的恐惧心理和精神负担。

（6）配合药物治疗。如果焦虑过于严重时，便需遵照医嘱，选服一些抗焦虑的药物，如氯氮草、多虑平等。目前，在临床中应用较为广泛的一类药物是苯二氮类药物。该类药物能有效改善老年焦虑，但此类药物长期使用会导致严重副作用，会导致认知功能降低，精神运动功能受损等。因此，在使用该类药物时需相当谨慎。并且提醒老年人在使用该类药物时，还需注意使用时所存在的潜在危险，如与伴有躯体疾病的老人所用的药物相互作用问题。

7.2.3.6 老年焦虑症的心理护理

（1）老年焦虑症的诊断。如何正确诊断焦虑症呢？焦虑症的诊断标准有哪些？无论是惊恐障碍还是广泛性焦虑症，都属于神经症（神经症是一种精神障碍），那么如何诊断神经症呢？

①神经症的症状标准

许又新教授在《神经症》中提出了神经症临床评定方法，包括如下三个方面。

I. 病程：不到3个月为短程，评分为1；3个月到1年为中程，评分为2；1年以上为长程，评分为3。

II. 精神痛苦的程度：轻度病人自己可以主动设法摆脱，评分为1；中度病人自己摆脱不了，需借别人的帮助或处境的改变才能摆脱，评分为2；重度病人几乎完全无法摆脱，即使别人安慰开导他或陪他娱乐或易地休养也无济于事，评分为3。

III. 社会功能：轻度社会功能受损害者能照常工作学习以及人际交往，评分为1；中度社会功能受损害者工作学习或人际交往效率显著下降，不得不减轻工作或改变工作，或只能部分工作，或某些社交场合不得不尽量避免，评分为2；重度社会功能受损害者完全不能工作学习，不得不休病假或退学，或某些必要的社会交往完全回避，评分为3。

3分以下，可以认为还不够诊断为神经症；3~6分，神经症的诊断是可以成立的；4~5分为可疑病例，需进一步观察确诊。

②惊恐障碍的症状标准

I. 惊恐发作需符合以下四项：第一，发作无明显诱因、无相关的特定情境，发作不可预测；第二，在发作间歇期，除害怕再发作外，无明显症状；第三，发作时表现出强烈的恐惧、焦虑，及明显的自主神经症状，并常有人格解体、现实解体、濒死恐惧，或失控感等痛苦体验；第四，发作突然开始，迅速达到高峰，发作时意识清晰，事后能回忆。

II. 病程标准：在1个月内至少有3次惊恐发作，或在首次发作后继发害怕再发作的焦虑持续1个月。

III. 排除标准：排除其他精神障碍，如恐惧症、抑郁症，或躯体形式障碍等继发的惊恐发作。

③广泛性焦虑的症状标准

I. 以持续的原发性焦虑症状为主，并符合下列两项：第一，经常或持续的无明确对象和固定内容的恐惧或提心吊胆；第二，伴有自主神经症状或运动性不安。

II. 严重标准：社会功能受损，病人因难以忍受却又无法解脱而感到痛苦。

III. 病程标准：符合症状标准至少 6 个月。

IV. 排除标准：甲状腺功能亢进、高血压、冠心病等躯体疾病继发的焦虑；兴奋药物过量和药物依赖戒断后伴发的焦虑；其他类型精神疾病或神经症伴发的焦虑。

（2）老年焦虑症的心理治疗

当老年人确诊为焦虑症后，需要及时治疗。对老年焦虑症的治疗是综合性的，除药物治疗外，更要考虑到老年焦虑症的心理因素，如生活单调、寂寞，若无子女在身旁孤独感更甚，这些都可能成为诱发因素。因此，老年焦虑症在辅助药物治疗的同时，更要重视心理治疗。

①放松疗法①

放松疗法又称放松训练，它是按一定的练习程序，学习有意识地控制或调节自身的心理生理活动，以达到降低机体唤醒水平，调整那些因紧张刺激而紊乱了的功能。放松疗法的种类较多，如呼吸放松、渐进式放松、想象放松等。

I. 呼吸放松法：咨询者可能会遇到这样的来访者，他在面临某些特殊的场合时易感紧张，此时已无时间和场地来慢慢练习上述的放松方法。在这种情况下，可以教他最简便的深呼吸放松法，这和日常生活中人们自我镇定的方法相似。

具体做法是让对方站定，双肩下垂，闭上双眼，然后慢慢地做深呼吸。咨询者可配合对方的呼吸节奏给予如下指示语：一呼→一吸→一呼→一吸，或深深地吸进来，慢慢地呼出去；深深地吸进来，慢慢地呼出去……

这种方法虽极简单却常常能起到一定作用。此法也可由咨询者先教会来访者再让其自行练习，以备必要时应用。

II. 渐进式放松法：在实施渐进式放松疗法时，首先应选择一处环境安静、光线柔和、气温适宜的地方，周围不要有干扰刺激，可以选择播放轻松、缓慢、柔和的音乐。接着指导老年人排完大小便后宽松衣带、鞋带和颈部的衣扣，让其坐在舒适的椅子上，头向后靠，双手放于椅子扶手上或自然下垂置于腿上，两腿随意叉开相距约半尺，整个身体保持舒适、自然的姿势。

实施放松训练时，从某一部分肌肉训练开始，完成之后，再训练另一部分肌肉放松，如此逐渐达到全身放松。在训练时，护理人员应配合轻音乐小声说出指导语，有可能的话，可将指导语录下来，让老人自我训练。录制的指导语速度与实际训练中的速度应完全一致，并配有恬静优雅的背景音乐。下面是一例指导语示范：

---

①钱铭怡. 心理咨询与心理治疗［M］. 北京：北京大学出版社，2003：132-138.

现在我们开始肌肉放松训练，因为全身肌肉放松能消除您的紧张和焦虑。首先，我们要知道什么是紧张、什么是放松。现在注意听我的口令。

请握紧右手，要用劲。(停2秒)

请注意手掌、前臂与上臂有什么感觉。(停3秒)

请注意，不同部位的感觉是有区别的。手掌有触觉和压觉，胳膊是肌肉紧张的感觉，请特别注意这种肌紧张的感觉。(停1秒)

好，请松开拳头，彻底松开，这就是放松。再来一次，看看紧张和放松有什么区别。(停10秒)

现在练习头部的肌肉，请把眉毛往上抬，再把眉头皱起来。对！保持这个样子，记住，这就叫作愁眉苦脸，这是烦恼的表情。好，放松，眉头放松，眼睛轻闭，好了，烦恼没有了，呼吸也均匀了，注意呼吸时的感觉。（停2秒）吸满一口气，（停2秒）再慢慢呼出来，要慢，要均匀，注意放松的感觉，好像把沉重的包袱放下来一样。(停2秒）好，现在咬紧你的牙，体验一下紧张的感觉。(停2秒）放松，再放松，完全放松后下巴是会下垂的。（停3秒）请将舌头用劲抵住上颌，体验舌头紧张的感觉。（停2秒）好，将舌头放松，放松，放松后的舌头便有膨大了的感觉，细细体味一下。(停3秒）现在训练颈部肌肉，不要靠在椅背上，笔直坐着，对啦，请注意背部和颈部的紧张感觉。(停2秒）现在放松背部肌肉，随意靠在椅背上。对！再放松颈部肌肉，让头部随重量下垂，前倾后仰都可以。对，就这个样子，这就叫放松。（停3秒）现在练习抬肩，左边的，还有右边的，对，体验肌肉紧张的感觉。（停2秒）现在放松，完全放松，让双臂自然下垂。（停3秒）现在收腹，使劲收，好像有人向你的肚子击来一拳。(停2秒)

现在放松，好像内脏在下坠。(停3秒）请把脚跟靠向椅子，对，努力下压，好，同时抬高脚趾。你会觉得小腿和大腿绷得很紧。(停2秒）好，现在放松，完全放松。好，现在休息一会儿。(停1分钟）现在继续练习，你刚才做得很好，跟着我的口令再练习一次。现在握紧双拳，对了，再紧皱眉头，对，咬牙，抵舌，耸肩，挺胸，昂头，直背，收腹，坚持住！再双腿下压，脚趾上翘。好！这就是紧张，全身紧张。（停5秒）现在逐步放松，松拳，舒展眉头，放松牙关、舌头，双肩下垂，对啦，靠背，垂首，松腹，再放松双腿。很好，深深吸一口气，（停2秒）慢慢呼出。随着空气的呼出，你已彻底地放松。(停2秒）再来一次深吸慢呼……现在，你正在享受肌肉完全放松的状态，这是你以前不曾体验过的……

III. 想象放松法：放松训练还有一种有效方式，即想象放松。这种方法是利用对那些让人平静、心驰神往的情景与画面进行想象，进而实现放松身心的意图。多展开放松训练，能够强化记忆，提升学习效率，有利于控制患者情绪，长期参与这项活动也能转变个人性格，扭转不良行为，它对焦虑症、恐怖症等诸多神经症存在显著的治疗成效。

在使用想象放松时，指导语极为重要，老人可据此进行想象，因此好的指导语可有效减少老人焦虑、紧张等情绪。可以这样给出指示语：

我独自平静地躺在沙滩上，旁边无人，我感知到了暖阳的照射，碰到了后背下铺盖的沙子，我的身心感觉到十分舒服和放松，清风吹来了一股海腥味，大海的浪涛有节律地吟唱歌谣，我安静地倾听着这令人心驰神往的波涛声……

②系统脱敏疗法

采用系统脱敏疗法的步骤：

第一步，护理人员与老人协商，向其介绍系统脱敏疗法，并征得其同意。

第二步，建立焦虑等级。这一步包括两个内容：一是找出所有使老人感到焦虑的事件，并报告出对每一事件的主观感受，这种主观感受可用主观感觉尺度来度量，一般这种尺度为0~100，可以分为10个等级，单位为sud；二是将老人报告的焦虑事件按等级由小到大进行排序。

第三步，进行放松训练。一般需要6~10次练习，每次历时半小时，每天1~2次，以达到全身肌肉放松为合格。

第四步，分级脱敏训练。系统脱敏要求老人在完全放松的状态下进行，因此，护理人员首先应让老年焦虑症患者放松，从等级中最低的焦虑事件开始，由护理人员或咨询者向老人反复呈现焦虑事件，从老人难以接受到能够接受，反复进行，直到老人对某一等级的事件不再感到焦虑，即这一等级的脱敏过程结束。转入上一级焦虑事件，直至完全适应。

③强化法

强化法建立在操作性条件作用的原理之上。一个行为发生后，根据当时“连带发生的情况”，会决定加强或减弱该行为的再发生。假如连带发生的情况为奖励与嘉赏等“正性”情况，往往会加强该行为的再发生；若连带发生的情况为处罚或排斥的“负性”情况，常会减弱该行为的再出现。即某一行为若得到奖赏，那么，以后这个行为重复出现的频率就会增加；反之，得不到奖赏的行为出现的频率就可能会减少。在强化的时间间隔方面也遵循操作性条件作用原理。

强化法的类型。正强化：给予一个好刺激。为了能建立一个适应性的行为模式，运用奖励的方式，使这种行为模式重复出现并保持下来。奖励的方式可以是给予对方喜爱的实物，代币、金钱，也可以是微笑点头、称赞和表扬。负强化：去掉一个坏刺激。负强化是为引发所希望的行为的出现而设立的。例如较大点的小孩仍有吸吮手指的习惯，这种行为一出现就受到指责，一旦他不再吸吮手指了，立即停止对他的批评。正惩罚：施加一个坏刺激。这是当不适应的行为出现时给予处罚的一种方法，往往是给对方一种坏刺激，如批评、罚款等。这种惩罚必须注意，惩罚的是什么，意义要明确，时间要适当。如随地吐痰，当即罚款即是正惩罚的一例。负惩罚：去掉一个好刺激。这种惩罚比正惩罚更为常用。当不适当的行为出现时，不再给予原有的奖励。如小孩完成作业之后可以让他看电视剧《西游记》，没有完成则不让他看。

强化法的具体方法。塑造是行为治疗中最常用的方法之一。塑造是通过强化的手段矫正人的行为，使之逐步接近某种适应性行为模式。塑造过程中，采用正强化手段，一旦所需行为出现，立即给予强化。

在塑造方法的应用中，要注意选定适当的目标。假定要塑造孩子学会关心他人的行为，第一步，当孩子得到吃的东西时，知道问一声别人（妈妈、爸爸或爷爷、奶奶）要不要吃。如孩子问了，虽然没真把自己的糖果给别人，也可以表扬他，因为他达到了第一步的标准。当这种行为稳定地出现后，就进入第二步，这一步的标准是孩子真的把自己的糖果给了别人（父母、爷爷、奶奶），再予以表扬。此时如果孩子只是问别人要不要，没真的给别人时，就不再表扬他了。第三步，可以扩展到邻里的孩子，他可以注意到家人以外的人了，也给予表扬。如此做下去，使孩子的行为一步步接近希望的行为模式。

代币制管理法是一种利用强化原理促进更多的适应性行为出现的方法。这是使用有形的可得到实物奖励的正强化的方式之一。代币指可以在某一范围内兑换物品的证券，其形式有小红旗、小铁牌、小票券等。比如，老师为了让刚入学的小学生坚持上学，每天给到学校的同学发小红花，4 个小红花可以换 1 个大红花，或其他如铅笔、橡皮等奖品，这种方式即代币制管理，目的是让孩子适应学校的生活。这种方法因使用具体的代用货币来作为对好的行为的嘉赏而得名。

消退法采用的方式是对不适应的行为不予关注，不给予强化，使之渐趋削弱以致消失。例如，小孩多以哭闹的方式引起大人注意，若大人对此不予理会，孩子哭得没意思了，即会自行停止此行为。

在使用退法时，注意要同时强化对方出现的适应性行为，而且做时一定要坚持住，因为往往在开始时，情况可能比以往更糟。

强化法的注意事项。强化的方法不止上述几种，但所有强化方法的运用，都有一些重要的技巧与要领。第一，要清楚想改变的“目标行为”是什么；而且要选择适当，否则就不能达到有效的咨询效果。第二，强化物要适宜，要能够起到咨询者所希望的强化作用。第三，强化物的呈现要及时，意义要明确。表扬什么，惩罚什么，咨询者一定要做到心中有数，且表达要明确。第四，对于正强化来说，强化的标准要逐渐提高，强化的次数要逐渐减少。正强化的目的是要使适应性行为出现，不适应行为减少或消除。当来访者的适应性行为稳定地出现时，即可逐步减少正强化的次数，或只在其又有进步时才给予强化。第五，要注意强化的比例。不宜为了少许的更改，就供给大量的赏罚，而大大的更改，却只给少许的赏罚，不成比例，失去其作用。第六，强化亦可由实物渐次变为言语，先采用效果明显的强化物再逐步改为言语的强化。

④模仿学习法

模仿学习也是行为治疗常用的方法之一，其原理主要来自社会学习理论。行为治疗利用人类通过学习获得新的行为反应倾向，帮助某些具有不良行为的人以适当的反应取代其不适当的反应，或帮助某些缺乏某种行为的人学习这种行为。

模仿学习是建立在班杜拉的社会学习理论基础上的一种治疗方法。它又叫示范法，是指向求助者呈现某种行为榜样，让其观察示范者如何行为以及学习示范者的行为得到了什么样的行为的后果，以引起他们从事相同或相似行为的一种治疗方法。模仿学习可广泛应用于适应障碍、多种行为异常，如恐怖症、社交障碍等的治疗。

模仿学习通常采用这样三种方式：看电影或电视录像，听录音，由咨询者做示范。模仿学习可分为以下几种：生活示范。让求助者在现实生活中观察示范者演示的适当行为（一般需要演示几次），之后让求助者重复演示者的行为，并对之进行强化。象征性的示范。用相关的电影和录像带，或者是图画、游戏等给求助者进行示范，并对求助者的模仿行为进行强化。还有一种形式的象征性示范，即自我示范，它是指将求助者和别人的行为录下，让求助者观察自己采用不同方式行事的结果并进行自我强化。角色扮演。它是指由治疗者设立一个情景，治疗者和求助者一起扮演该情景中的不同角色，通过在这样的特定情景中人际的互动及对后果的学习让求助者明白什么样的行为方式是更合理更有效的。参与示范。它是指治疗者参与演示行为，引导求助者改变行为。内隐示范。通过治疗者的描述，让求助者进行想象、思考等信息目标行为。

模仿学习又分被动的学习和主动的学习两种。在被动的学习中，来访者只是看录像，听录音或观察示范情境，自己并不参与其中；主动的学习当中，来访者不仅要观察而且要参与行动。应该指出的是，主动的模仿比被动的观看更为有效，主动的模仿类似于角色扮演中的一部分内容。

⑤厌恶疗法

厌恶疗法是一种通过将人们不适应行为和某种令人讨厌的惩罚性的刺激反复结合，建立不适应行为与惩罚性的不良刺激之间的条件联系，从而减少不适合行为的一种方法。即当求助者的不适应行为即将出现或正在出现时，给予一个令其不快的刺激，使求助者产生厌恶其不适应行为的主观体验。经反复实施，求助者的不适应行为和厌恶体验之间就建立了稳固的条件反射，此后，当求助者再要做出这种不适应行为时，即使不给予不愉快刺激也会产生厌恶体验，从而达到消除不良行为的目标。

厌恶疗法的原理是经典性条件反射，这也是行为治疗法中重要的一种方法。这种咨询基本上就是“处罚消除法”，其要点在于当非适应性行为发生时，供给令求助者不喜欢、甚至厌恶的情况，以便依靠此“负性条件”消除目标行为。所谓负性的条件范围甚广，包括咨询者的皱眉、摇头的不赞成，口头的训骂，皮肤上的刺痛、电击，限制舒适性行为等。不用说，负性的条件不能太伤害求助者，事先要取得求助者与家属的同意与合作。在临床上通常用于戒烟、戒酒、戒毒、消除强迫症等。

厌恶治疗的具体操作步骤：第一步，确定需要治疗的目标行为，即确定求助者迫切需要戒除的不良行为习惯。第二步，选用适当的厌恶刺激。厌恶刺激必须是强烈的。有些求助者其实是深知自己的那些行为是不合理、需要纠正的，但就是无能为力。原因就在于那些行为虽然不被社会广泛接受，也会为自己带来一些困扰甚至会危害自己，但在另一方面它们却能为求助者带来更大的满足和快感，正是这些快感强化了不良行为习惯而难以戒除。所以，要想用厌恶疗法进行治疗，厌恶刺激所带来的恶性感受必须能压倒不良刺激带来的快感。

常用的恶性刺激有以下几种：一是电刺激。二是药物刺激。常用的药物刺激有阿扑吗啡、依米丁（吐根碱）、酒石酸锑钾（吐酒石）等，这些药物常用于治疗与吃有关的行为障碍。三是想象厌恶疗法。即先引导求助者进入想象，想象自己的不适行为，然后咨询师再不断地叙述某些令人极度厌恶的情境，反复将不良行为的现象和厌恶的情境联系在一起。这种方法操作简便易行，实用性也较广，而且安全、不会伤害来访者，所以常被采用。四是其他的刺激。如羞辱、橡皮绳、针刺、尖锐刺耳的声音、强烈的光线等。

采用厌恶疗法时的注意事项。一是厌恶疗法中对恶性刺激的要求较高，安全的同时还要有效，因此，整个过程必须在专业医师的严格控制下方能进行。

二是治疗前务必向求助者解释清楚治疗的原理、过程以及可能出现的情况，取得求助者同意并最好签订协议后方能进行。三是目标行为或靶症状需单一而具体，这样治疗才能有效。四是要严格把握好时机，准确地施加厌恶刺激，这样才能建立不适合、行为和恶性刺激之间的联系。五是在有其他办法可用时，就不要采取厌恶疗法。

⑥决断训练

决断训练又称肯定性训练、自信训练和声明己见训练。决断训练适用于人际关系的情境，用于帮助来访者正确地和适当地与他人交往，表达自己的情绪、情感。

决断训练特别适用于那些不能表达自己愤怒或苦闷的人，很难对他人说"不"字的人和那些很难表达自己积极情感的人。一个人常因缺乏自我信心，不敢向人拒绝，说个"不"字，或者提出自己的意见，坚持自我主张，结果严重影响了人际关系，不能跟同学或同事来往，不敢跟异性朋友结交，或跟有权威的领导或上司相处。对于这样的人，可实施自我主张、自我肯定、自我信心训练。

决断训练一般有下述几个步骤：第一步，确认需要进行决断训练的问题。心理诊断中咨询者应予以查明，并对来访者个人生活史做了解。即令来访者说明自感懦弱、没信心的人际行为，并请来访者描述自己希望养成的新行为。第二步，激发来访者进行决断训练的动机。决断训练有时涉及来访者对于某类事物的态度与看法。比如很难说"不"字的人，虽因难以拒绝他人的某些过分要求感到不快，但仍会认为拒绝别人的请求是一种不礼貌的行为或认为那样做就显得自己太自私了等。这种情况就需要咨询者帮助他们认识搞清楚决断训练的意义。例如自私的含义是只顾自己不顾别人的利益，而决断性行为并非不考虑他人的利益。决断行为是在别人提出过分要求时，进行拒绝或当自己感到自己做不到某事时说"不"字。第三步，定义适当的行为。这一步是咨询者与来访者要共同找出哪些是适宜的行为，并鼓励来访者注意观察他人的有效行为；或由咨询者作为模型，使来访者认识到对同一种问题还可有另一种解决或应付的方法，认识到自己的行为是不适宜的。咨询者也可作为客观的观察者，把自己对对方行为的感想反馈给对方。第四步，决断行为的训练阶段。这一阶段更多地采用了角色扮演的方法，使来访者在这一过程中，通过主动模仿学习新的行为方式。在此期间，咨询者不仅要帮助来访者学会用言语表达自己的情感，而且应注意视线的接触、身体语言、面部表情的作用，帮助对方学习非言语的表达方式。

7.2.4 老年自杀心理与护理

7.2.4.1 自杀的概念

一些学者指出，自杀通常指的是个体在不能控制某个事态的发展过程，或者是无法适应某些环境变动的无力感的驱使下，对自身的价值进行了全面的否定，误以为个人陷进了绝境之中，逐渐失去了控制事态发展并与之抗衡的能力，心理平衡感逐渐消失，处在了崩溃边缘，对事物感到无力且绝望，进而实施了在自我看来是仅有的，可以实现自我解脱但却又非常极端的自我毁灭行为。世界卫生组织在2004年对自杀进行了重新定义，即自杀者个体在了解或者期待该行为的致死性后果的前提下，蓄意的一种自愿实施行为。

依据对自杀的解读可知，其呈现出4个实质特点：首先，它是一种蓄意行为；其次，它是人的一种自我毁灭性行为；再者，它存在诸多施行办法；最后，它的意图在于死亡。

7.2.4.2 自杀的心理学理论研究

（1）心理动力学理论

弗洛伊德指出，个体的生命具有两类本能，首先是生的积极的本能，其次是死的消极的本能，两者处于彼此约束与控制的均衡化状态里。如果来源于潜意识的死的本能消极力量对生的本能支持力量形成了压制，那么人便有可能采用自行毁灭的形式，走上自杀之路。在弗洛伊德看来，自杀主要是死的本能在生命里占有主导位置，进而形成的意识行为。罗森指出，个体在成年之后会出现诸多重要的改变，便希望在心理层面象征性的杀死代表父母意愿和其他权威的原有自我，他指出自杀是对杀死被其他非我力量进行支配的原有自我的误用。

（2）行为主义理论

Chiles指出，自杀行为属于一种习得的行为模式，想要自杀的人把它视作处理问题的有效办法，诸多内外部原因均会强化自杀形式。大多数自杀者面临的无力感、焦虑感、失望感、恐惧感，通常会在自杀行为施行之后产生一些缓解，实际上这类缓解最终会变成他们消解不能排解的消极情绪的强化物。内部强化主要指的是实行自杀行动之后，宣泄了个人的消极情绪，个体的精神状况与情绪状态有所缓和。外部强化主要指的是在实行自杀行动之后，不良的人际关系与不利的危险环境得到了暂时的改进，因此在内部和外部的强化效应之下，自杀行为变成了患者发泄负面情绪、改进内部与外部环境的高发生率的方式。

（3）认知理论

部分认知心理学专家指出，个体在遭受挫折以后，假如展开了不合适的原因剖析，便会导致其认知事物能力有所下滑，长期认知能力衰退，极易引发是非不分、容易暴怒、过于冲动、意识丧失等后果，最终会让人把自杀视作一种消除不良情绪、摆脱痛苦处境、改善自身现状的有效方式。

7.2.4.3　我国老人自杀的特点

据相关统计数据显示，我国老年人自杀呈现以下特点：

（1）生活贫困者居多。当下，中国贫富悬殊较大，而老年自杀者的家庭人均收入普遍偏低，贫困是导致老人自杀的重要原因之一。

（2）男性略多于女性。中国男性比女性生活压力大，责任重，所以在自杀老人中，男性占自杀总数的51%，女性占自杀总数的49%。

（3）农村多于城市。老年自杀者中，农村占自杀总数的94%，城市只占自杀总数的6%，但现在城市的自杀比例却在不断上升，所以城市人口也不可忽视这个问题。

（4）文盲半文盲多。老年自杀者的平均文化程度普遍偏低，其中61%是纯文盲。所以加强文化教育很重要。

（5）孤寡老人占多数。孤单是老年人最大的杀手，所以社会要多关心孤寡老人，子女要关心自己的父母，让他们老有所乐。

7.2.4.4　自杀的原因

老人自杀的原因包括神经生物学、人格特质、遗传和家族史、心理社会因素、疾病五个方面，自杀归根结底是各种因素综合作用下心理严重失调的表现。[①] 结合老年心理学相关知识，主要原因有以下几种。

（1）疾病导致自杀

老年期是各种疾病的多发期和高发期。根据流行病转变的知识可以知道，当今的疾病类型已由过去的急性传染病转化为慢性的退行性疾病，如心脑血管疾病、骨质增生、癌症、眼睛黄斑病变等。这些消耗体力的慢性病长期折磨着老人的身体和精神，他们面对难以接受的现实，一方面不愿意再忍受疾病的折磨，另一方面因中国目前的老人总体来说积蓄不多，医疗保障欠缺，大额的医疗费用承受不起，又不愿意增加子女的负担，或子女压根就是视老人为负担，这就造成老人丧失生存的勇气和信心，容易轻生。

（2）“角色”丧失导致自杀

老人面临着许多角色困境。随着年龄的增长，人可能会失去原先扮演的角色而又得不到新的角色的补充，而且大多数的角色丧失是不可逆转的，如退休

①王婷．老年心理慰藉实务［M］．北京：中国人民大学出版社，2014：216-233.

就丧失了员工的角色。同时，角色丧失往往意味着一种习惯已久的生活方式的终结，一种人际资源的断送，一种良好感觉的失去。这种无角色状况往往会导致老人对自己的社会性存在产生怀疑和困惑，从而产生一种被抛弃的不良感觉。有些角色丧失对老人的打击往往是致命的，比如老人年龄大了后最在乎的是配偶、子女、健康、金钱。尤其是子女，这是他们的面子和生活的精神支柱。当配偶或子女因意外离开造成老人妻子（丈夫）、父母角色丧失的时候，老人往往会非常难受。他们会在别人津津乐道地讨论老伴、子女的时候默默逃离，回到家里潸然泪下。

（3）社会功能丧失导致的自杀

老年期社会联络的减少，经济收入的减少，孤单的生活及社会支持系统的减少等都会使老人感到社会地位的丧失。有的老人会因此而持有悲观的态度，认为自己不中用了，没有人再过问自己，以活一天是一天的心态对待生活，生活上缺乏积极的目标，自尊自信都比较低，长期的社会孤立会使老人感到孤独、隔绝、寂寞，丧失生活的兴趣，产生消极思想，以至于毫无畏惧地结束生命。

（4）家庭琐事导致的自杀

在农村，“婆婆与媳妇因一个苹果吵架”“子女说一句不孝顺的话”“与隔壁邻居为一根葱吵架”等导致自杀的不在少数。究其原因，这样的自杀首先和正义有关，这种正义体现在复杂的家庭政治之中。精神因素虽然也起着重要的作用，但这种作用只有与家庭政治结合起来，才能发挥力量。家庭正义可以分为两个层面：一是形式上的正义，即过日子的制度框架；二是形式正义基础上的公平交往，即把形式正义中的相互尊重、彼此平等原则贯彻到日常交往中。琐碎的小事之所以能引起自杀，大多是因为这种“公平交往”受到了威胁或者是破坏。自杀，在某种意义上可以被看作家庭政治中的权利游戏。

（5）精神疾病导致的自杀

单一化的精神疾病并非促使自杀行为出现的完整条件，这种条件还包含个人的脆弱性以及环境要素。老人自杀最为普遍的原因便是抑郁症，年轻人自杀最为主要的精神疾病表现为物质滥用以及重型精神病，而在其的后半生中，具体体现为抑郁症。Conwell 分析了 141 个年龄处于 21 岁到 92 岁自杀身亡的人发现，人的年龄越来越大，抑郁症变成了最为主要的诊断，抑郁症是自杀最为强大的致病因。特别是在老人自杀行为里，抑郁症起到了不容小觑的刺激作用。老年抑郁症自杀率很容易伴随配偶丧失、药物滥用、认知功能弱化、酒精中毒、焦虑症、人格障碍、慢性疾病等而上升。现如今，老年人患抑郁症越来越多，面临的自杀风险也越高，最直接的表现为罪恶感、视力降低、精神运动性激动等。站在医院的角度来说，老人出现自杀行为和长期严重的焦虑以及抗精神病药物使用引起的焦躁不安息息相关，此外也和绝望心理存在密不可分关系。这类老人经常会感到无力感、绝望感、痛苦感、自尊心受挫，这部分情绪均会对其自杀行为的实施形成影响。

7.2.4.5 老人自杀的防范措施

我国老人的自杀现象日益严重，这从某种角度上彰显出了社会转型阶段社会经济制度、政治制度、文化制度产生了重大改变，个体的价值理念、对孝道文化的解读等同样产生了变动，各类养老制度不够健全等要素的影响，也和老人的选择息息相关。总体来说，如果想防范老人自杀，离不开政府部门、心理工作者以及家庭等主体齐心协力，共同参与其中。

（1）维护老人的正当利益。

现阶段，老人遭受侵犯的主要原因来自经济、房产、赡养、家庭等方面的纠纷，针对这部分老人，应当从法律层面为其提供权益保障，另外也要对老人个人、亲属、子女、朋友、同事等增强宣传教育力度。

（2）健全养老保障系统

①大力发展养老福利事业，国家要想方设法推动社会朝着家庭化养老与社会养老方式高度融合的路径发展。可由政府相关部门组织牵头，通过招商引资、建立基金会等多种方式兴办养老院、托老所、老人休闲活动中心、老人互助协会等，尽可能地满足老人“老有所养”的需求。解决孤寡老人的照护问题，让老人重新找到归属感，避免因独居产生心理问题而导致自杀。

②完善老年群体医疗保障制度，加大宣传力度。针对部分老年群体因难以支付所患疾病的治疗费用而选择自杀的情况，政府相关部门应当进一步完善各项医疗保险制度，逐步提高老人医疗费报销标准，减轻这部分弱势群体的医疗费用。

③完善新型农村社会养老保险制度

认真做好宣传普及工作，让“新农保”政策深入人心，提高农村的参保意识，以利于新农保工作的展开。此外，强化政府责任，加大各级财政投入力度，让农村老人真正得到实惠。

④大力弘扬孝道文化

在思想文化阵地，如果没有先进的文化去占领，一些根深蒂固的传统观念和落后腐朽的文化就会去占领，如薄养厚葬。可以通过多种宣传渠道，采取群众喜闻乐见的方式，积极开展孝道文化的宣传教育。通过广泛宣传，使年轻人进一步了解孝道文化的价值、重要性，明确孝道文化在和睦家庭、代际传承方面的重要性，增强年轻人的主动孝养意识。

⑤加强养老保障的法制建设

养老保障相关制度的建立和运行离不开法律的保障，用法律作为支撑，是养老保障工作顺利开展的前提条件，也是提高办事效率，方便政府管理的有效手段。加快养老保障立法步伐，对遗弃、虐待老人的事件追究法律责任。

(3) 关注老人心理健康

①对有心理问题的老人，早发现早干预

社区医院不可以对老人的体检与疾病跟踪表现为“走过场”，应对老人展开心理普查，筛选出抑郁症、酒精中毒等老人。为老人服务的特殊机构亦有助于自杀预防。应建立老人自杀预防服务，老人精神卫生服务，老人酒精中毒服务，丧失亲属者咨询服务；退休和寡居者支持组织；自杀幸存者服务等。

②心理咨询者介入有自杀倾向的老人

针对有心理困惑的老人，心理咨询师要介入，并提供相应的服务。这些服务由政府帮老人买单。

第一，多给予老人积极的心理暗示。暗示是在无对抗的条件下，用含蓄间接的方法对人们的心理和行为产生影响，从而使人们按照一定的方式去行动或接受一定的意见，使其思想、行为与暗示者的意志相符合。暗示可以分为积极心理暗示和消极心理暗示，也可以分为他人暗示与自我暗示。

老人保持积极阳光的心态对他们的健康十分有益，即使是已经走出困境的老人，自我及他人的积极暗示也可以让自己在心理上有所收益。有研究表明：老人的易受暗示性较强，对老年癌症病人实施暗示性护理可以延长老人生命及降低疼痛程度。

第二，采用认知行为疗法治疗抑郁症。认知行为治疗可以帮助自杀老人了解自杀是负性心理刺激的后果，同时通过“活动安排表”的方法进行干预，要求老人做每日活动计划（计划要经老人同意），计划确定后尽量不要改动，活动结束后评分记录。如老人有困难，可由家庭成员协助完成。通过认知疗法让老人了解自杀原因，改变原有认知，通过行为干预减少和避免心理刺激，从而改变老人的自杀念头。

7.2.4.6 自杀老人的心理护理

(1) 心理护理的程序

①危机处理

一旦发现老人自杀危及生命时，根据老人的自杀手段尽快采取营救措施，如老人吃药、割腕等，要及时送医院，由医务人员鉴定病情，同时尽快通知病人家属，家属对老人自杀有知情权。

②心理评估、诊断、指定方案

待老人情绪稳定时，通过心理评估，了解老人的心理状态，做出心理护理诊断，制定出心理护理方案以便实施心理护理。如果是在心理筛查（可用自杀意念自评量表进行筛查）或者在护理中发现老人有自杀意念，那就忽略掉第一步的危机处理，直接进入到心理评估环节。

第一，心理评估。

初步评估：老人相关临床资料的汇总、整合和评价。针对老人和他的亲属朋友等，可采用观察法、调查法、会谈法、生活史分析法等，整合并评价和老人相关的人口学资料以及社会交际、性格特征、生活状况、身体素质、婚姻情况、家庭成员、娱乐活动等资料，并要重视精准的判别资料是否真实可靠，根据整合的资料进行全方位、客观化的剖析，以掌握老人的情感、需求、意愿、情绪、心理、认知、能力、个性等，分析和研究老人自杀的影响要素与现阶段的心理状态。

进一步评估：对老年人的心理状态展开评估。结合初步心理评估得到的结果，选择适合老年人的心理测量量表，在实际量表确定过程中，要格外注重指向性问题。举例来讲，如果老人表现出非常明显的焦虑心理或者抑郁心理，可以对应选择焦虑自评量表以及抑郁自评量表，从而展开更精准的评估。为了明确早期致病成因，可以选择 SCL-90 病因探索性量表。如果认为老人存在精神病倾向，可以选择 MMPI 量表，假如认为其存在智力障碍，那么可以选择智力量表，有需求时，也可采用人格问卷的形式，以明确和老人相关的人格要素。针对酗酒老人或者精神病患者，可展开认知能力、智力等方面的测试。针对年龄较长、受教育程度不高的老人，护理人员可以根据量表内容和老人展开回答式调查，选取心理测量量表时，必须要确保选取的量表本身具有较高的可靠性，明确常模在临床应用上的时限，真正保障获得的老年人心理状态评估结果精准可靠。

第二，进行心理护理诊断。

采用更加严苛、缜密的心理评估对老年人进行心理诊断，在此基础上科学合理地编制有效的护理方案，为其提供护理服务。

第三，制定心理护理方案。

编制切实可行的心理护理方案。依据老年人的心理状态，利用和老人商讨等形式明确出双方都可以接受和认可的心理目标，接着根据老人的一般状况、心理状态、评估状况等编制目标清晰、具有针对性、切实可行的心理护理方案。

编制完心理护理方案之后，必须要将其贯彻到位。在进行贯彻实施时，需要根据现实状况对方案的不足之处进行调整，应当有针对性地编制不同老人的心理治疗方案，比方说运用精神分析理论疗法，使老人潜意识的问题逐渐意识化；选取认知疗法进行诊治，帮助老人明确问题的根源，引导他们寻找最佳的问题处理方式；应用情绪管理疗法，让老人能够自行控制情绪，以获得良好的心理治疗成效。引导老人学会自我催眠，帮助其进行自我放松，使老人可以有意识、有目的地让自己周身肌肉放松，精神松懈，利用与自我的潜意识进行对话，以激起他们的潜能，转变老人的负面心态，改善其不良行为。假如老人可以坚持天天如此，那么必然可以精神高涨，全身放松，获得药物无法代替的治疗效果。另外，也可协助老人获得更好的人际关系：对老人来说，心理康复的最好良药便是和睦良好的人际关系，通过他人乃至社会的爱护，重新激起自杀老人对于幸福生活的追求，使之重塑自信心，抛弃自杀想法，用积极的心态应对生活。

第四，心理护理成效评价。

通过对老人的心理行为进行客观评估，进而迅速调整现有的心理护理方案，确保老人保持积极向上的心理状态。

（2）心理护理的方法

①认知治疗——合理情绪治疗

20 世纪 50 年代，埃利斯创立了合理情绪治疗（rational—emotive therapy，简称 RET）。在认知心理治疗中，合理情绪疗法具有至关重要的作用，该方法之所以会被认为认知行为疗法，主要原因在于该疗法也使用了行为治疗的某些方式。

ABC 理论是合理情绪治疗的基本理论。其关键在于引起情绪的并非某个诱发性事件，而是在于经历了该事件的个体对该事件的解释和评价。A（activating events），B（beliefs）和 C（consequences）分别代表的含义是诱发性事件，个体遇到该事件之后出现的信念，在某一特定情景下，个体的情绪和行为结果。一般情况下来说，人们通常指出，A 直接引发了人的情绪和行为，也就是说，C 是由 A 引发的，但是，结合 ABC 理论来看，引起人情绪和行为反应的直接原因并不是 A，而是 B。

不合理信念所具备的主要特点：韦勒斯曾经研究了其特征，并对其进行概括，以下详细介绍。

第一，绝对化要求。该特征最为常见。对于某个事物而言，人们以自己的意愿为切入点，认为该事件一定会发生或者一定不会发生的信念称为绝对化要求。该信念一般情况下都和“必须”以及“应该”息息相关。

第二，过分概括化。也就是以偏概全的特征。埃利斯曾提出，过分概括化和逻辑是存在冲突的。这样的特征就仿佛我们在判断一本书的过程中，仅仅是根据封面来判断，这样的判断明显是不合理的。在社会生活中，对于部分个体来说，如果遇到失败或挫折，他们总会认为自己没有任何用处，认为自己是“废物”。

第三，糟糕至极。这种特征认为，如果发生一件不好的事，那么就会让人非常恐惧，而这种事情也是非常糟糕的。这种观念会让人走入极端，出现不良情绪，而且会深陷这些情绪中不能自拔，包括耻辱、悲观、抑郁等等。

合理情绪治疗的主要步骤包括以下几点：第一步，要让来访者明确地掌握他们自身所持有的思维方式是不够正确的，而且要帮助他们理清原因，让他们了解出现这种现状的根源所在，让他们充分掌握不合理信念和情绪困扰这两者之间可能的联系，也可以通过一些间接或者直接的方式来让他们学习 ABC 理论的原理。第二步，要给他们明确解释，他们的困扰情绪之所以会不断地延续下去，造成这种情况的主要原因并非早年生活，而是因为他们自身所持有的信念不够科学合理。第三步，是通过以与不合理信念辩论（disputing irrational beliefs）的方法为主的咨询技术，让他们充分了解自身所持有的信念的不合理和不科学之处，引导他们及时放弃这些信念，从而使得他们能够彻底的改变这些信念，在咨询中，这一步重要程度最高。第四步，在上述步骤完成之后，就要着手改变这些来访者的不合理信念，并帮助他们建立科学合理的思维模式。上述环节完成以后，能够真正地消除他们的不合理信念，同时彻底的毁灭因为这些信念而导致的情绪困扰，来访者自身也会拥有更科学有效的思维方式，最终拥有良好的心态。

与不合理信念辩论的方法：在咨询的第三步中，采用这一辩论方法的咨询者要积极主动地、不断地向来访者发问，对其不合理的信念进行质疑。从提问的形式上看，可以分为质疑式和夸张式两种。

一是质疑式。治疗者直截了当地向来访者的不合理信念发问，如“你有什么证据能证明你自己的这一观点?”“是否别人都可以有失败的时候，而你不能有?”“是否别人都应该照你想的那样去做?”“你有什么理由要求事物按你所设想的那样发生?”“请证实你的观点”等。

一般来说，来访者不会简单地放弃自己的信念，虽然他们往往不加批判地接受了许多现成的看法，但面对来自治疗者的质疑，他们也会想方设法地为自己的信念辩解。因此，治疗者需不断努力，借助于这种辩论过程的不断重复，使对方感到为自己的不合理信念辩护变得理屈词穷了，使他们真正认识到他们的那些不合理的信念是不现实、不合逻辑的东西，他们的那些信念是站不住脚的，进而分清什么是合理的信念，什么是不合理的信念，最终以合理的信念取代那些不合理的信念。

二是夸张式。这是咨询者针对来访者信念的不合理之处，故意提一些夸张的问题，其落脚点与质疑式提问是一样的，是把对方信念的不合理之处、不合逻辑、不现实之处以夸张的方式放大给他们自己看，仅仅是方式上略有区别。

例如，一个患有社交恐惧的老人说："别人都看着我。"治疗者问："是否别人都不干自己的事情了，都围着你看?"对方回答："没有。"治疗者："要不要在身上贴张纸写上'不要看我'的字样?"答："那人家都要来看我了!"问："那原来你说别人都看你是否是真的?"答："……是我头脑中想象的……"

②暗示疗法

第一，暗示的概述。

暗示，是在无对抗条件下，用含蓄间接的方法对人们的心理和行为产生影响，从而使人们按照一定的方式去行动或接受一定的意见，使其思想、行动与暗示者的意志相符合。

暗示是一种被主观意愿肯定了的假说，不一定有根据，但由于主观上已经肯定了它的存在，就会促使其心理尽量趋向于主观假说。一个人生了病，一时查不出病因，因为怀疑是得了癌症。这时，如果有位医生说他是癌症，这个病人是会相信的。

暗示不仅对人们的心理与行为发生影响，还会引起人们的生理变化。在实验室内，反复给被实验者喝大量糖水，经过检验，可以发现其血糖增高，出现尿糖、尿量增多等生理变化。后来，不给糖水，实验者用语言来暗示，结果同样会发生上述生理变化。这一实验表明，语言暗示可以代替实物，给人脑以兴奋的刺激，虽然被实验者未喝糖水，但人脑仍然参与了体内糖的代谢活动。人们常讲的"望梅止渴"，即是暗示作用。

暗示这种社会心理现象在生活中十分普遍。一方面，暗示者通过暗示的方法使他人发生自己所希望的行为，另一方面，被暗示者接受暗示而发生符合与受暗示不断地相互作用着，一个人无时不在接受别人的暗示，也无时无刻不在暗示他人，从而使得人与人之间发生了相互影响与相互作用。

第二，他人暗示与自我暗示。

暗示信息来自他人，成为他人暗示。权威的暗示是他人暗示的特殊情况。我国谚语讲："人微言轻，人贵言重"，说的是人的地位不高、名声不响，则说话没有威望，不能引起别人的重视；如果声望高的、有地位的权威说话，就容易博得人们的相信。前者不易发生暗示作用，后者的暗示作用很大。

暗示信息来自本人，称为自我暗示。自我暗示对自身可以产生积极的作用，也可以产生消极作用。一个人的自信心其实就是积极的自我暗示。当一个人面临一项具有挑战性的新任务时，如果能看到自己的力量，并且有足够的勇气来承担这一任务，那么，他一定能很好地完成任务。反之，如果缺乏自信心，则工作往往做不好。生活中往往有一种"疑神疑鬼"的自我暗示。

自我暗示对个人的心理和生理有着重要的影响。在严重的消极的自我暗示下，一个人可以变得突然耳聋眼瞎，但其视力与听力的丧失并不是因为视神经与听神经受损，而是大脑中分管视觉和听觉的有关区域功能受到扰乱，使其丧失了正常的工作能力，不能正常地获取外界信息，当然也就不能对外界信息做出反应了。

第三，暗示的技巧。

老人的易受暗示性较强，有研究显示，对老年癌症病人实施积极性暗示护理，既可以延长老人生命及降低疼痛程度，又可以减轻老人焦虑、抑郁等负性情绪，调节行为与生理功能，达到促进身心康复的目的。此外，对健康的老人而言，积极的心理暗示可以促进其以乐观、豁达、积极的状态面对生活，提高耐挫力。具体来说，暗示包括以下四个方面。

一是语言暗示。护理人员掌握积极暗示性语言的应用技巧是提高心理护理素质的关键，此举可以使老人有意无意地在心理活动中受到良好的刺激、鼓励，保证正向的评价，如欣赏并赞美老人的精神风貌、衣着等点滴变化。比如，陈婆婆穿上了儿子买的保暖鞋，护理员可以及时地夸陈婆婆的鞋子漂亮实用，夸陈婆婆的儿子懂事孝顺。禁止在老人面前谈论其他老人的病情恶化或死亡等事件，如果在老人面前谈论其他病情恶化或死亡的老人，会增加老人的恐惧感，他们害怕自己会像病情恶化或死亡的老人一样，从而整天在思考病痛、死亡。同时使用安慰诱导性语言，语言中给予老人安慰和希望。比如，王大爷，你今天精神真好，按照您现在的状态，肯定可以活到一百岁。

二是体态暗示。工作时应对自如，节奏有序，给老人沉稳舒适的感觉，此外，多给老人拥抱、支持性的握手，少故意避开等肢体语言。护理员忌做事没有条理、慌张，护理员的状态会影响老人对养老院、环境的评价。比如，有护理员因老人患有严重的前列腺炎，小便臭而在护理组组长的要求下帮助老人小便，在帮忙老人小便前，带了三个口罩，在老人小便时，将头扭向一边，手不停地挥动，这让老人感受到被嫌弃。

三是表情暗示。表情自然，与老人的病情和感受相适应，适时地以微笑面对老人。如果护理员看到老人因吃饭弄脏了自己的衣服而皱眉，表面看是很小一件事情，实际上给老人所带来的负面影响可能是不可估量的。

四是环境暗示。创造温馨、和谐的住宿环境，其他人有不良情况发生（如患重病或病情恶化）时，要及时避开对老人的影响。有的养老院里停放着救护车，也有的养老院装修得像医院或酒店，给老人感觉自己可能随时会生病或这和家差距太大，不是万不得已，我才不会来这样的地方，为此，居住环境设计的温馨，护理人员的友善礼貌等会增加老人对养老院的归属感。

附　录

附录1　农村留守老年人护理状况调查问卷

重庆农村留守老年人护理状况调查问卷

老年朋友：

您好！我们正在进行“重庆农村留守老年人护理保障机制研究”课题的调研，用于更全面、更深入地了解重庆农村留守老年人护理现状。调查获取的信息将为提升重庆农村留守老年人护理水平提供科学依据。

本问卷采取匿名形式，答案无所谓对错。您在本问卷中提供的信息仅用于本次调查，我们将对您的回答进行保密，请放心填答。谢谢！

重庆农村留守老年人护理保障机制研究课题组

一、基本信息

1. 性别：A. 男　　　　　　B. 女

2. 年龄：______岁

3. 您现在有__________个子女（包括收养的子女）？

4. 您儿子、儿媳、女儿、女婿，住在本村（没外出打工，但不同吃住）______人；住在本村（没外出打工，同吃住）______人；住在本村（外出打工）人；不住在本村______人。

5. 目前，有______个（外）孙子女由您抚养。

6. 您目前的年收入：______元；子女每年给您______元。

7. 婚姻状况

A. 未婚　　　B. 已婚　　　C. 离异　　　D. 丧偶

8. 健康状况

A. 健康，无疾病　　B. 患有慢性病（病名：　　）

8. 您目前最需要何种形式的服务？

A. 日常生活照料　　B. 医疗护理服务

C. 老人娱乐活动　　D. 其他（　　）

问卷一：重庆农村留守老年人生活照护状况问卷

1. 在生活自理方面，您是否有力不从心的感觉？（选C答案的结束问卷一的调查）

A. 经常有　　B. 偶尔有　　C. 从未有过

2. 目前，您在进食方面（吃饭、喝水）情况怎么样？

A. 需要协助　　B. 完全依赖别人完成

C. 需要照顾但无人照顾

3. 目前，您在如厕方面情况怎么样？

A. 需要协助　　B. 完全依赖别人完成

C. 需要照顾但无人照顾

4. 目前，您在活动方面（上下床及坐卧、行走）情况怎么样？

A. 需要协助　　B. 完全依赖别人完成

C. 需要照顾但无人照顾

5. 目前，您在个人清洁方面（洗头、洗澡、洗衣服、修剪指甲）情况怎么样？

A. 需要协助　　B. 完全依赖别人完成

C. 需要照顾但无人照顾

6. 目前，您在睡眠方面（入睡、翻身）情况怎么样？

A. 需要协助　　B. 完全依赖别人完成

C. 需要照顾但无人照顾

7. 您对目前的生活护理满意吗？

A. 不满意　　B. 一般满意　　C. 满意

8. 当您需要生活护理服务的时候，您会求助于谁？

A. 配偶　　B. 子女　　C. 邻居、亲友

D. 养老院　　E. 其他（　　）

9. 您觉得谁应该承担老年人生活护理的主要责任？

A. 配偶　　B. 子女　　C. 政府

D. 养老院　　E. 其他（　　）

问卷二：重庆农村留守老年人心理护理状况问卷

1. 您是否在多数时间里感到孤独？

A. 是　　B. 不确定　　C. 否

2. 您对目前的生活感到满意吗？

A. 不满意　　B. 一般满意　　C. 满意

3. 您平时打发闲暇时间的方式主要有：

A. 看电视　　B. 健身　　C. 赶场

D. 走亲戚　　E. 看报纸　　F. 玩手机

G. 聊天　　H. 其他（　　）

4. 子女一年中大概有多少天可以和您待在一起？

A. 5 天及以下　　B. 6~15 天

C. 16~60 天　　D. 60 天以上

5. 您觉得您的子女是否关心您？

A. 不关心　　B. 一般　　C. 关心

6. 您觉得子女是否嫌弃您？

A. 从不　　B. 有时候会　　C. 经常

7. 您是否遭受过家庭成员的虐待、谩骂？

A. 从未有过　　B. 偶尔有　　C. 经常

8. 您觉得谁应该关心老年人的精神生活？

A. 配偶　　B. 子女　　C. 政府

D. 其他（　　）

9. 您觉得政府应该为老年人提供什么样的休闲娱乐设施？

A. 休闲场所　　B. 健身器材　　C. 麻将、棋牌

D. 其他（　　）

附录 2　农村留守老年人护理保障机制养老院/敬老院访谈提纲

重庆农村留守老年人护理保障机制养老院/敬老院访谈提纲

尊敬的养老院/敬老院负责人：

您好！我们正在进行“重庆农村留守老年人护理保障机制研究”课题的

调研，旨在更全面、更深入地了解重庆农村留守老年人护理现状。此次访谈获取的信息将为提升重庆农村留守老年人护理水平提供科学依据。希望您为该研究提供宝贵的意见和建议，我们将对您提供的信息严格保密，并衷心感谢您的支持！

重庆农村留守老年人护理保障机制研究课题组

一、您所在的养老院/敬老院基本情况（规模、软硬件设施、收费等）。

二、您所在的养老院/敬老院里，来自城市、农村的老年人各占多大比例？

三、您所在的养老院/敬老院里，有多少老年人是留守老年人（子女不在身边，均外出打工）？

四、请谈谈您所在的养老院/敬老院里，农村留守老年人的健康状况（行动、视听觉、语言表达、慢性病）。

五、您所在的养老院/敬老院里，农村留守老年人入住前和家人、亲戚、朋友关系如何？

六、您所在的养老院/敬老院里，农村留守老年人入住后和家人、亲戚、朋友关系如何？

七、您所在的养老院/敬老院里，农村留守老年人因为什么原因住进养老院？

八、您所在的养老院/敬老院里，工作人员是否为老年人提供心理护理服务？如果有，具体包括哪些？

附录3 农村留守老年人护理保障机制专家访谈提纲

重庆农村留守老年人护理保障机制专家访谈提纲

尊敬的专家：

您好！我们正在进行“重庆农村留守老年人护理保障机制研究”课题的调研，旨在更全面、更深入地了解重庆农村留守老年人护理现状。此次访谈获取的信息将为提升重庆农村留守老年人护理水平提供科学依据。希望您为该研究提供宝贵的意见和建议，我们将对您提供的信息严格保密，并衷心感谢您的支持！

重庆农村留守老年人护理保障机制研究课题组

1. 基本信息（姓名、职务、从事该工作年限等）。

2. 您所在区县（镇、村）老年人人数？留守老年人人数？

3. 您所在区县（镇、村）农村留守老年人养老方式有哪些？

4. 据您了解，有没有子女因赡养留守老年人而产生矛盾的情况？如果有，怎么解决的？

5. 农村老年人怎么打发闲暇时间？如何提升农村老年人的精神生活质量？

6. 目前，政府对农村留守老年人有何照顾和救济政策？

针对农村留守老年人的现状，您觉得可以从哪些方面提升农村留守老年人的生活质量？

附录 4　农村留守老年人生活照护手册

根据全国老龄办数据，截至 2015 年年底，我国约有农村老年人 1.24 亿人，约占全国老年人口总数的 56%。其中，空巢、留守老年人约 5 000 万人。失能老年人主要在农村，留守老年人中，很多处于轻度、中度失能而又无人照护的状态。

农村留守老年人生活照护手册，是为了让生活照护的知识、理念深入家庭、社会，给农村留守老年人、其配偶、其子女以及政府提供可参考的材料，为农村留守老年人安度晚年营造良好的环境。本手册未经许可，严禁复制、更改，不得用于商业用途。

目　录

一、关于农村留守老年人自理能力评估

老年人健康体检表见表 1。老年人生活自理能力评估表见表 2.

表 1　老年人健康体检表

老年人健康状态自我评估 *	1. 满意　2. 基本满意　3. 不太满意 4. 不满意	
老年人生活自理能力自我评估 *	1. 可自理（0~3 分） 2. 轻度依赖（4~8 分） 3. 中度依赖（9~18 分） 4. 不能自理（≥19 分）	

该表为自评表，根据下表中 5 个方面进行评估，将各方面判断评分汇总后，0~3 分者为可自理；4~8 分者为轻度依赖；9~18 分者为中度依赖；≥19 分者为不能自理。

表 2　老年人生活自理能力评估表

评估事项、内容与评分	程度等级				
	可自理	轻度依赖	中度依赖	不能自理	判断评分
(1) 进餐：使用餐具将饭菜送入口、咀嚼、吞咽等活动	独立完成	—	需要协助，如切碎、搅拌食物等	完全需要帮助	
评分	0	0	3	5	
(2) 梳洗：梳头、洗脸、刷牙、剃须洗澡等活动	独立完成	能独立地洗头、梳头、洗脸、刷牙、剃须等；洗澡需要协助	在协助和适当的时间内，能完成部分梳洗活动	完全需要帮助	
评分	0	1	3	7	
(3) 穿衣：穿衣裤、袜子、鞋子等活动	独立完成	—	需要协助，在适当的时间内完成部分穿衣动作	完全需要帮助	
评分	0	0	3	5	
(4) 如厕：小便、大便等活动及自控	不需协助，可自控	偶尔失禁，但基本上能如厕或使用便具	经常失禁，在很多提示和协助下尚能如厕或使用便具	完全失禁，完全需要帮助	
评分	0	1	5	10	

续表

评估事项、内容与评分	程度等级				
	可自理	轻度依赖	中度依赖	不能自理	判断评分
（5）活动：站立、室内行走、上下楼梯、户外活动	独立完成所有活动	借助较小的外力或辅助装置能完成站立、行走、上下楼梯等	借助较大的外力才能完成站立、行走，不能上下楼梯	卧床不起，活动完全需要帮助	
评分	0	1	5	10	

二、农村留守老年人生活照护常见误区

误区 1　“老了不能照顾自己就是给儿女添麻烦，不如早早走了好。”

事实上，照顾生活不能自理的父母是儿女应尽的职责。

［**案例**］夏奶奶今年 82 岁，丧偶，唯一的女儿在城里带孩子，平日里看着身体硬朗的夏奶奶突然一天因中风导致偏瘫，在城里的女儿不得不丢下外孙回到农村照顾她。想到外孙女在城市的家太小容纳不下她，外曾孙没人带，女儿也有自己的难处。有一天，趁着女儿不注意，夏奶奶偷偷地喝下了家里的老鼠药。

随着年龄的增加，老年人具有生理机能减退、身体储备能力下降、发病急而快等特点，一旦发病，极容易导致老年人生活自理能力下降。生活需要他人照料的老年人随着年龄的增大而增多。让老年人老有所养、老有所依、老有所乐、老有所安是儿女的义务，也是社会的责任。

误区 2　“坚决不住养老院。”

事实上，越来越多的人认可和喜欢养老院养老。

王大爷丧偶多年，膝下有两个儿子，均在外务工。前不久，王大爷一场大病后生活不能自理。两个儿子都在城里忙于生计，商量决定让王大爷住进养老院，可是王大爷坚决不住养老院。迫于无奈，两个儿子请邻居张大爷帮忙照顾父亲的生活，张大爷每天仅仅是按时给王大爷送饭，在如厕、做清洁等方面，王大爷觉得困难重重，家里臭气熏天、杂乱无章。

有王大爷这样想法的留守老年人特别多。农村老年人不愿意入住养老院主要有四个原因：第一，在农村传统的观念里，养儿防老，只有五保老人才住养老院，如果有子女还去养老院的话，是一件没有面子的事情，会被人看不起。第二，担心养老院费用太高，造成子女负担太重。第三，受封建迷信思想的影响，怕死在外面，变成孤魂野鬼。第四，害怕进了养老院后，子女再也不要自己了。

社会在进步，思想在进步，农村留守老年人需要放下这些想法，在必要的情况下入住养老院，真的是好处多多。作为子女，也要多关心父母，让父母有安全感。

误区 3：“老年人不长身高了，随便吃点就好。”

事实上，老年人需要丰富的营养。

［**案例**］张奶奶的儿子儿媳在城里打工，她和孙子在农村相依为命。张奶奶总是把好吃的留给孙子，认为孙子吃了有营养的食物可以长高点，自己每天随便吃点白米饭、面条就可以了。某天，张奶奶突然晕倒，送往医院后发现是营养不良导致的。

老年人消化系统、心血管系统及其他器官功能都有所下降，为了促进消化和吸收，保证营养均衡，老年人的饮食需要注意以下 11 个方面：色香味要全，饮食要清淡，食品要多样，蛋白要优质，蔬菜要新鲜，水果要适量，饭菜要松软，食物要温热，进食要缓慢，喝水要充足，食量要控制。

误区 4　“只漱口不刷牙，这是祖宗传下来的规矩。”

事实上，清洁口腔有益健康。

［**案例**］李大爷没有刷牙的习惯，掉了一两颗牙的时候，也没有急着去补，想着怕麻烦花钱多，缺就让它缺着吧，这导致邻牙松动脱落也加快了。今年，61 岁的李大爷牙齿已经全部掉完，吃饭只能用牙龈稍微磨磨就吞下去，这影响了他的消化和营养吸收，导致肠胃功能不好。

农村很多老年人一直以来都有不刷牙的习惯，更没有洗牙的习惯和条件，很多老年人的牙齿早早就脱落了，却不当回事。牙齿缺失直接导致咀嚼功能下降，增加胃肠消化食物的负担，不利于通过饮食摄取足够营养。不注意清洁口腔，还会导致龋齿、牙槽骨萎缩等问题，间接造成心脏、大脑、肾脏等器官的病变。

误区 5　“瘫痪老年人已经够可怜了，让他躺着就好。”

事实上，老年人能走就不能一直躺，能自己做的事情一定要自己做。

王奶奶今年 71 岁，偏瘫半年了。儿子、女儿都在外打工，老伴张大爷照顾她的生活起居。张大爷念着王奶奶受苦受累了一辈子，最后却落下这个病，于是，每天让王奶奶躺着就好，吃饭都是一口一口喂王奶奶。可是张大爷发现，原来还可以自己坐着，拿筷子吃饭的王奶奶现在坐不稳，筷子也拿不稳了。

只要老年人还有没丧失的功能，她都可以自己去完成。比如，没有丧失手部功能，可以自己吃饭、喝水、更衣，那就要自己做。长期不动、卧床会导致肌肉萎缩，如果照护者做得太多，老年人就会越来越“懒”，再想恢复自理能力就很难了。

误区 6 “老年人跌倒了马上扶起来。”

事实上，要先判断，再采取措施。

张大爷今年 71 岁，丧偶，子女在外务工，独居。有一天，邻居小王看到张大爷不小心在院坝里摔倒，他很紧张，马上冲上去，抱住张大爷边大声呼喊边使劲摇晃，见张大爷没反应，马上把张大爷抱起来，并和邻居一起把张大爷抱到家里的床上躺着。

小王的做法是错误的，老年人跌倒不要急着扶。正确做法是先查明情况，再给予帮助。老年人摔倒后，怀疑有骨折时，可就地保暖、止痛，防止休克；如出血就要马上止血，就地固定；如果怀疑脊柱骨折，或感觉问题比较严重，应帮助老年人保持身体不动，就地等待救援。若老年人没有骨折，意识清醒且没有身体不适的，一般休息一会儿就可扶起；如老年人表示心口疼，且本来就有心脏问题的，则可能出现心绞痛，要立刻协助老年人含服硝酸甘油等急救药物，待症状缓解后扶起。如果老年人处于昏迷状态，怎么都叫不醒，则需要请乡村医生来现场查看，在等待的时间里，需将老年人在原地缓缓放平至仰卧位，但千万不可搬动，更不能抱住老年人又摇又喊。同时，要将老年人的领口解开，并将其头部倾向一侧，保持呼吸道通畅，防止呕吐物反流入呼吸道而引起窒息。

三、给子女的四条建议

1. 了解老年人的生理特点、心理特点、常见疾病、饮食需求等。
2. 在经济上给父母保障，在心理上给父母支持。

3. 如果父母生活不能自理，能回家乡照顾最好，如不能回家乡照顾，需请亲友照顾或送养老院，同时，尊重父母的想法，考虑父母的感受。

4. 当父母老了，像照顾孩子一样照顾父母，像他们曾经照顾我们一样照顾他们。

四、给农村留守老年人的建议

1. 定期进行健康检查，及早发现疾病，并进行相应的治疗。

2. 戒烟限酒，坚持锻炼身体，但切忌繁重体力劳动。

3. 高血压老年人应避免精神紧张，改变不良生活方式，常去村卫生站检测血压，合理用药，保持血压稳定。

4. 冠心病老年人应控制危险因素，避免诱因，长期用药，合理饮食，防止便秘，注意保暖。

5. 骨关节炎老年人适当运动，冬季保暖，补充营养，及时止痛。

6. 监控自我心理变化，及时调节，防止受伤或自伤。

五、老年人基本急救方法

1. 人工呼吸

（1）利用10秒钟，采取一听、二视、三感觉的方法检查老年人是否有呼吸。

（2）如果老年人没有呼吸，立即进行人工呼吸。

（3）先缓慢吹气两次看呼吸道是否畅通。吹气时，口要包住老年人的口，手要捏住老年人的鼻孔，看到胸部有起伏，说明呼吸畅通。

2. 海姆利克急救法

（1）噎食者站着或坐着意识存在时

抢救者站在老年人背后，用两手臂环绕老年人的腰部。一手握拳，将拳头拇指一侧放在老年人胸廓下和肚脐上的腹部。用另外一只手抓住拳头，向内上方，快速地、反复地、有节奏地、有力地、冲击性地压迫老年人的腹部，以形成的气流把异物冲出。重复以上手法直到异物排出。操作时让老年人头部略低，嘴巴张开，以利堵塞物吐出。

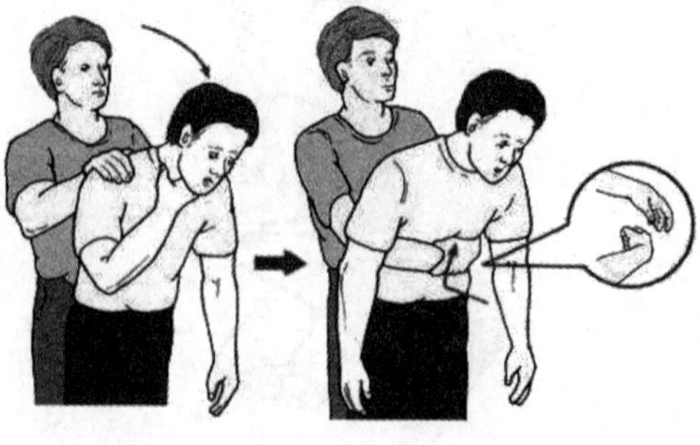

（2）噎食者躺倒在地意识丧失时

让老年人仰面平卧，两腿左右分开。面对老年人，迅速骑跨在老年人的髋部，双膝跪在地上。两手掌重叠，十指相扣，把手掌根植于老年人剑突下，肚脐上的腹部，用身体的重量，向内上方、快速、反复、有节奏、有力地冲击压迫老年人的腹部，直至堵塞物排出。如看到堵塞物进入口腔，迅速用食指抠出。

3. 外出血的基本救助

（1）指压止血法。用手指压迫伤口近心端动脉血管于骨表面，阻断血流，达到止血的目的。

（2）加压包扎止血法。用消毒纱布或清洁布块覆盖伤口局部，用宽布条、绷带或三角巾加压包扎。本方法适用于全身任何部位的出血。

（3）注意事项。如果遇到老年人伤口处有不能移去的异物时，可在异物四周用纱布或其他布类卷成卷，环形将异物固定，然后再加压包扎，注意不要将异物拔出，避免造成更大的出血。

六、关于农村留守老年人的相关法律法规

2017 年 8 月，《“十三五”国家老龄事业发展和养老体系建设规划》明确指出：推动农村特困人员供养服务机构服务设施和服务质量达标，在保障农村特困人员集中供养需求的前提下，积极为低收入、高龄、独居、残疾、失能农村老年人提供养老服务。通过邻里互助、亲友相助、志愿服务等模式和举办农村幸福院、养老大院等方式，大力发展农村互助养老服务。

2018 年 12 月，《中华人民共和国老年人权益保障法》明确规定：老年人享有赡养权。享受子女的抚养，包括老年人抚养过的继子女，孙子孙女（父母先于祖父母去世的）。

2018 年 2 月，民政部、公安部等 9 部门联合印发《加强农村留守老人关爱服务工作的意见》，意见指出：强化家庭在农村留守老年人赡养与关爱服务中的主体责任；发挥村民委员会在农村留守老年人关爱服务中的权益保障作用；发挥为老组织和设施在农村留守老年人关爱服务中的独特作用；促进社会力量广泛参与留守老年人关爱服务。

附录5　农村留守老年人心理护理手册

农村留守老年人心理护理手册

根据全国老龄办数据，截至2015年年底，我国约有农村老年人1.24亿，约占全国老年人口的56%。其中，空巢、留守老年人约5 000万人。据有关调查显示，农村留守老年人中，抑郁症者占63.9%（轻度抑郁症者31.3%，中度抑郁症者23.8%，重度抑郁症者8.8%），在过去5年有自杀想法者占16.3%（曾想到过死或有自杀念头者占14.2%，曾考虑自杀者占1.4%，曾有过自杀行为者占0.7%）。农村留守老年人心理问题带来了较大的社会负担。

农村留守老年人心理护理手册以“普及、传播农村留守老年人心理护理知识”为宗旨，致力于促成农村留守老年人心理健康。未经许可，严禁复制、更改，不得用于商业用途。

目　录

农村留守老年人心理护理常见误区

当提到心理护理的时候，你最先想到的是什么？

目前，在世界范围内老年人自杀率高是一个较为普遍的现象，与其他国家一样，我国老年人自杀率和自杀死亡率比其他年龄阶段人自杀率和自杀死亡率都要高，这一现象在农村地区尤为突出。武汉大学社会学系讲师刘燕舞的调查表明：中国农村老年人自杀率已从 1990 年的 1‰上升到 2010 年的 5‰。农村留守老年人自杀率处于高位。

对农村留守老年人展开心理护理迫在眉睫，我们都需要参与进来。

农村留守老年人心理护理常见误区

误区 1 “自杀是遭遇挫折的年轻人的事情”

事实上，老年人自杀率高于其他年龄段人群的自杀率。

［**案例**］ 林婆婆老伴早年去世，育有一子，在外务工。林婆婆前不久被查出肝癌晚期，疾病带来的疼痛以及不想拖累儿子的心理让林婆婆狠下决心：买了包老鼠药让自己安静地离开了世界。

武汉大学社会学系讲师，同时也是国家社会科学基金项目“农村老年人自杀的社会学研究”项目主持人的刘燕舞走访了湖北、山东、江苏、山西、河南、贵州等 11 个省份的 40 多个村庄。他发现，农村老人的自杀现象“已经严重到触目惊心的地步”。基于养儿防老观念的影响，以及农村缺乏社会养老保障体系的支持，缺乏子女支持的农村留守老年人自杀非常普遍。

误区 2 “我的父母变得越来越不可理喻了”

事实上，可能是你的父母患上了阿尔茨海默病。

［**案例**］ 在外打工的小李春节回家发现 70 岁的爸爸越来越不可理喻了，经常怀疑别人偷自己的东西，把东西藏来藏去，事后却找不到。情绪易激动，经常打人骂人甚至拿着杯子往别人身上砸。有时候情绪低落，谁也不理。间歇性大小便失禁，有时候总感觉有人在叫他，答非所问。

该案例是明显的阿尔茨海默病，曾名老年痴呆症，是一种起病隐匿的进行性发展的神经系统退行性病变。临床上以记忆障碍、失语、失用、失认、视空间技能损害、执行功能障碍以及人格和行为改变等全面性痴呆表现为特征，病因迄今未明。

误区3　“老年抑郁症只是情绪问题，不是疾病”

事实上，抑郁症是一种常见的精神疾病。

周爷爷两儿一女均外出务工，老伴于去年去世。自从老伴去世后，周爷爷整天无精打采、行动迟缓、表情淡漠呆滞，以往感兴趣的事现在觉得索然无味。这一个多月，周爷爷特别悲观，觉得生不如死，活得很痛苦，于是想到触电身亡，但由于开关跳闸而自杀未遂，后面尝试了割脉、服药、上吊等均未成功。周爷爷的儿女觉得父亲太闲了才有时间胡思乱想，以至于寻死，等过段时间情绪好了就没问题了。

该案例中周爷爷患有抑郁症。抑郁症严重影响着老年人的身心健康，并且，抑郁症不仅对老年人的身心健康不利，对周围的亲人也有很大的危害，因此，对于老年抑郁症应早预防、早诊断、早治疗。

误区 4　“也就是说说，不会真的自杀”

事实上，可能某天真的就自杀了。

［**案例**］　马奶奶有一个儿子，但儿子儿媳都外出打工，将孙子豆豆留在老家让马奶奶照顾，豆豆不慎造成腿部残疾，马奶奶被儿子儿媳批评照顾不周后常以泪洗面，时常自责，情绪越来越消沉，无精打采，多次给亲友倾诉，称自己痛不欲生，真想去死，亲友见其说了很多次却没有实际行动，以为就是说说而已，不料，有天早上，邻居发现马奶奶上吊了。

的确有以自杀来威胁以控制别人的事情，但向周围人吐露自杀念头往往是发出求助信息，这时候听者一定要引起警觉。老年人一旦下决心自杀，意志更加坚定，行为更加隐蔽，自杀的发生率更高。因此，老年人只要有自杀的想法，就必须严加护理，千万不可忽视。

误区 5　“只要给父母邮寄钱回家他们就开心了”

事实上，留守老年人除了物质上的需求外，心理慰藉也不可少。

［**案例**］　小王这些年在外打拼，当初一个人到深圳闯荡，如今在深圳买房买车娶妻生子，小日子过得很幸福。小王按时给远在四川老家的父母邮寄零用钱，但很少和父母聊家常，从未向父母表达过自己的爱，认为父母在家乡有吃有喝就会过得很幸福。突然有一天，父亲给小王打电话哭诉，感觉自己和老伴被小王抛弃了。这个时候，小王才恍然大悟：对父母的爱也是需要表达的。

年轻人在城市忙于生计，几乎完全忽略了留守父母的感受。同时，中国人不善于表达自己的感情，子女们很少会直接向父母表达“爱”“想念”等情感，许多留守老年人由此产生了被遗弃的感觉，觉得人生毫无意义，他们期待的养儿防老到最后仅仅是遥不可及的思念。为此，子女应多与留守父母沟通，成为父母最为重要的社会支持之一。

误区 6 “坚决不接受老年人再婚”

事实上，老年人需要解决亲情以外的寂寞和孤独。

李大爷两个女儿大学毕业后都在城市定居，一年半载难得见上一面，老伴去世后李大爷倍感孤独，邻居刘奶奶也是一个人独居在家，常常对李大爷嘘寒问暖，逐渐地，俩人有了暧昧关系。于是，李大爷向两个女儿表达了与刘奶奶结婚，名正言顺在一起过日子的想法，但遭到了两个女儿的极力反对，女儿们不明白爸爸怎么这么快就忘记妈妈了，要是亲朋好友们知道了，这是一件多么丢脸的事情，同时，刘奶奶家里条件那么差，今后刘奶奶的赡养和家里财产分配也是个问题。

老年人的婚姻关系及其家庭结构对他们的晚年生活质量有着重要的影响。农村留守老年人生活单调孤寂，在偏远地区丧偶独居的留守老年人有时候一天也没有人和自己说一句话，为此，老年人找个老伴，有的是情感交流需要，有的是生活相伴需要，也有纯粹的生理需要，都是为了解决亲情以外的寂寞和孤独，是亲情无法代替的一种精神慰藉和幸福。作为子女，应尊重老人的选择，支持老人的想法。至于财产问题，可以提前拟定协议，按照协议来分割。

有自杀倾向的九个信号

表示自己一事无成、没有希望甚至感到绝望。

感到极度挫败、羞耻或内疚。

曾经写出或说出想自杀。

谈及“死亡”“离开”及在不寻常情况下说“再见”。

将致爱的物品送人。

避开朋友或亲人，不想和人沟通或希望独处。

性格或仪容剧变。

做出一些失去理性或怪异的行为。

情绪反复不定，由沮丧或低落变得异常平静、开心。

发现农村留守老年人有心理问题怎么办

1. 树立正确的疾病观：患心理疾病与感冒发烧一样，就是一种疾病，很正常。

2. 周围人要避免在老年人面前表现出消极情绪，尤其是不要因此批评、责备老年人，让老人感受到自己是被接纳的，被尊重的，让老年人有尊严地安度晚年。

3. 如果老年人的心理问题威胁到他自己或周围人的生命安全，必须对其进行 24 小时陪伴，不要让他一个人待着。

4. 子女、邻居、村干部等应该帮助老年人获得专业的照护。①专科医疗机构。可以就诊于精神专科医院、综合医院的临床心理科、身心医学科、社区医院的全科等。②心理咨询机构。③网络咨询。子女、邻居、村干部等可以通过网络进行咨询。④电话咨询。⑤紧急求助。可以拨打心理危机干预热线4001619995。电话的那一端会有专业的心理医生提供帮助。

给子女的三条建议

孤独是农村留守老年人面对的最大精神问题，老年人很难找到精神寄托，无法享受过去大家庭的天伦之乐，精神世界比较空虚，心理上显得孤独无助。为此，子女可以从以下三方面入手，做好父母的心理护理。

1. 了解老年常见心理疾病

央视新闻 2014 年 9 月 21 日在报道中指出：我国阿尔茨海默病的患病人数在 800 万以上，65 岁以上的老人患病率高达 6.6%，同时老年人抑郁症、焦虑症发病率也较高，但子女认知度低、感觉羞耻、不理解，这造成了留守老年人患病却得不到关爱，反而是冷漠与指责。

子女需要了解老年常见心理疾病，如阿尔茨海默病、抑郁症、焦虑症。了解老年人由于生理方面的退行性变化及社会规定的各种年龄限制引起的一些能力丧失及权利被剥夺，容易产生消极情绪。

2. 理解、尊重父母

理解、尊重父母的生活方式、生活习惯、对于婚姻的选择等，在父母过度节约、唠叨、害怕被抛弃等的时候，换位思考，接纳、理解、尊重父母，给父母足够的安全感。不能和父母生气，不要质疑或者嘲笑父母的落伍，更不能训斥父母。

3. 关心、体贴父母，在情感上给予慰藉

多向父母表达爱、关心、挂念等想法，当面表达感谢父母的养育之恩，常回家看看，多陪父母聊家常、走亲戚、做农活。如果做不到常回家看看，可以多给父母打电话。如果有条件，可以接父母到城市里看一看，住一住。

给农村留守老年人的五个建议

1. 明白农村老年人留守将会是我国巨大社会变革中的一个长期现象。

2. 老年人可以在身体状况良好的情况下，多与子女、亲朋好友、邻里沟通，积极主动地寻求社会支持。

3. 购买精神生活用品，如收音机、电视机、手机，在田间地头听听收音机，晚上没事做的时候看看电视，想子女的时候打打电话。

4. 多给自己积极的心理暗示，常常对自己说：一切都会好起来的，我会拥有更好的生活等。

5. 学会宣泄自己的不良情绪，如通过找人聊天、哭泣、美食等途径宣泄不良情绪。

关于农村留守老年人的相关法律法规

2017 年 8 月，《“十三五”国家老龄事业发展和养老体系建设规划》明确指出：发挥农村基层党组织、村委会、老年协会等作用，积极培育为老服务社会组织，依托农村社区综合服务中心（站）、综合性文化服务中心、村卫生室、农家书屋、全民健身等设施，为留守、孤寡、独居、贫困、残疾等老年人提供丰富多彩的关爱服务。

2018 年 2 月，民政部、公安部等 9 部门联合印发的《加强农村留守老人关爱服务工作的意见》指出：强化家庭在农村留守老年人赡养与关爱服务中的主体责任；发挥村民委员会在农村留守老年人关爱服务中的权益保障作用；发挥为老组织和设施在农村留守老年人关爱服务中的独特作用；促进社会力量广泛参与留守老年人关爱服务。

2018 年 12 月，《中华人民共和国老年人权益保障法》明确规定：家庭成员应当关心老年人的精神需求，不得忽视、冷落老年人。与老年人分开居住的家庭成员，应当经常看望或者问候老年人。

后　记

本人与课题组成员用了两年的时间，完成了重庆市教育委员会人文社会科学研究项目“重庆农村留守老年人护理保障机制研究”（17SKG274）。之后，通过梳理相关文献，并再次深入农村，深入留守老年人的家庭，将自己的调研结果与所思所想整理成本书。同时，本书也是重庆市教育委员会人文社会科学研究项目“重庆渝东北地区农村老年人健康素养研究”（19SKGH262）的研究成果之一。

书稿完成的一刻，顿感轻松。本人深知，该书凝聚着我与课题组成员的心血，也记录着我们的成长经历。在该书的调研与写作过程中，得到了许多同事、朋友的指导、关心和支持，也得到了相关专业学生们的大力帮助。首先，感谢肖建英教授。从课题的立项、研究实施、结项到本书的写作框架，肖建英教授全程倾力参与，给予了许多建设性的意见。其次，感谢苏红教授。在问卷的编制和统计分析过程中，苏红教授总是耐心地指点，从而使问卷的逻辑更严谨，统计方法更科学。再次，感谢姚红教授。姚红教授对年轻人成长的关心与温厚谦和的学者风范深深感染着我。最后，要特别感谢老年服务与管理专业的学生们。他们对课题进行实地调查，为我们提供从样本点选择、调查对象抽样与深入自己所在的村镇实施全面调查的帮助，他们是优秀的“青春养老人”。

释放感是短暂的，“任重道远”很快又浮现于脑海。党中央、国务院高度重视农村留守老年人关爱服务工作，党的十九大报告明确要求加快建立健全农村留守老年人关爱服务体系。2017 年，民政部会同公安部等 9 部门发布了《关于加强农村留守老年人关爱服务工作的意见》（民发〔2017〕193 号）。农村留守老年人的养老还有诸多问题需要继续深入研究，目前的研究只是一个课题的结束，农村留守老年人的养老研究之路永无止境。

青秋蓉

2020 年 4 月 3 日

后 记